中小企業の正しいIT構築の進め方

あなたは騙されていないか？

小林 勇治 [著]
Yuji Kobayashi

同友館

中小企業IT構築のバイブル的存在

　この本の著者である小林勇治先生とは，中小企業診断協会本部において共に活動した間柄であるが，先生は当時から中小企業者のための経営図書を数多く出版されていた。

　本書はそれらの集大成とでもいうべき大作である。当然のことながら，本書は**「弱い立場である中小企業者に対するお役立ち」**の視点が全編にわたって貫かれており，まさに**「中小企業IT構築のバイブル」**とでもいうべき存在感にあふれた名著であるといえよう。

　著者が指摘するように，システム開発プロジェクトの実態調査に見られる成功率は近年急速に上昇しているが，ベンダー対ユーザー間の成功格差は拡大する傾向にあることも事実であろう。

　このような状況を鑑み，著者は主としてアマチュアである中小企業者の視点からプロフェッショナルであるベンダーに対し，どのように対応すべきかを述べている。

　ちなみに，現在，世界的に注目を浴びているトマ・ピケティ（仏経済学者）が，その著書『21世紀の資本』で世界的な格差の拡大に警鐘を鳴らし，それへの対応策を提言しているが，本書もIT構築の現場で，その一端を担うものとなることが期待できるだろう。

　つまり，アマであり弱者である中堅・中小企業でITに困っている人を救済する目的で出版されたのが本書であり，著者の指摘のとおり，「数少ないユーザー側視点から記述された」名著である。したがって，アマチュアである中小企業のユーザーにとってわかりやすく，現場感覚に基づいて記述するなど，弱者にとってのバイブル的存在となることは明らかである。

　中堅・中小企業のIT構築に困ったり，苦労されている企業の方々は，ぜひ本書を熟読されることをお薦めしたい。

本書が，読者企業のIT構築に対する悩みを飛躍的に払拭することが期待できるからである。

一般社団法人中小企業診断協会　会長
大阪経済大学大学院　客員教授

福田　尚好

推薦の言葉

　「2倍高く買い，2倍の納期，33%の成功率」といわれる中小企業のシステム化を打破するための教本ともいえる本書は，著者の30年に及ぶ経験から生み出されたMMMメソッドを具体例で解説している。

　特に中小企業におけるシステム構築は，専門要員もいないなかで，勢いベンダー任せになりがちである。最近は，作らないアプローチも出てきてはいるが，最初の段階の要件の確定はユーザサイドの責任において検討を進めなければいけない。しかし，そこもおろそかになることが多い。結果として，3割強の成功率にとどまってしまう。

　いかに当初予定した納期，コスト，品質でシステム化を進めるか，本書は，著者のこれまでの経験をもとに，システム開発の各フェーズで，どんな課題（落とし穴），騙されポイントがあるかをつまびらかにして，その対応を平易に説いている。

　各フェーズで説かれている教訓，発せられているメッセージは，「そのとおり，納得」と思うものばかりである。もっと早くこの本に出合っていたら…という思いを強くする諸兄も多いと思う。それだけ示唆に満ちた書であるといえる。

　「もしや騙されているのではないか」，「どのようにすれば騙され（失敗し）」，「どのようにすれば騙されずに済むか」という挑発的ともいえる問いかけで，正しいIT構築の進め方を述べた，著者渾身の書である。日頃，「騙されないシステム化」を求め続けておられる経営者，システム担当者に，まさに，お薦めの書であるといえる。

特定非営利活動法人　ITコーディネータ協会　会長

播磨　崇

はじめに

　この本は，中堅・中小企業でIT構築に困っている人のための本である。今までのIT構築で社長やIT構築プロジェクト責任者として**「何かおかしい」**と感じている人や**「もしや騙されているのではないか」**と思っている人のために，「正しいIT構築の進め方」を記述したものである。

　本書は数少ないユーザー視点からの記述である。IT構築に関しては数限りない書籍が出版されてきたが，しかし，出版されるほとんどはシステムベンダー（提供者）視点での記述であり，ベンダーの利益をいかに多くするかなのである。それでは中堅・中小企業ユーザーの利益は確保されない。

　昨今の業界誌で「IT構築の失敗例」や「動かないコンピュータ」が報道されているが，これは20世紀の時代から言い続けられ，未だ一向に改善されているようには思えない。

　筆者のITコンサルティング30年の経験から，**「中小企業よ，IT構築で騙されてはいけない」**，また多くの企業が**「IT構築投資金額が当初見積金額から1.9倍高になっている」**（The Standish Group社調べ）と言いたい。

　素朴で善良なる中小企業が，なぜか納得できないシステムに開発追加料金を支払っているのではないだろうか。その挙句，納期は遅れ，品質も納得できないまま稼働させている実態がないだろうか。『日経コンピュータ』が2003年に国内で初めて行ったシステム開発プロジェクトの実態調査によると，プロジェクトの成功率は26.7％，2008年の調査でも31.1％にとどまっている（『日経コンピュータ』2003年11月17日号，2008年12月1日号）。

　米国The Standish Groupの2012年調査では，成功率33％，不成功率48％，放棄率19％となっており，ここ10年余り大きくは変わっていない。

　しかし，2014年10月の『日経コンピュータ』の発表では成功率が75％に急激に上昇している（『日経コンピュータ』2014年10月16日号）。この内容を

見ると，納期が3か月未満の成功率81％，3〜6か月未満78％，6か月〜1年未満74％，1年以上67％という数字になっている。

近年，IT構築一括契約でなく，要件定義，設計，開発，テストという具合に，分割契約する傾向がある。契約期間が短縮されれば，成功率は表面上高まるし，ベンダーの開発リスクを回避できるからである。

しかし，ユーザーにとってはどうであろうか。**IT構築が全体でいくらの投資になるのか，IT投資効果がどの程度なのか**を予測できないまま，要件定義だけの契約をし，続いて設計の契約をするという具合になるので，それ自体は短期間契約であるため成功率は高くなるのは当然である。開発の段階になって大幅に予算オーバーするので中止しようと思っても，既に50％程度の金を支払っているので，疑問に思いながらも引くに引けずにずるずると開発を続けざるを得ない状態になっていないだろうか。そして，結果的には社長やCIO（最高情報責任者）が想定していた金額の1.9倍に限りなく近くなるであろう。

このことは，プロが素人を騙す手口によく似ているように思えてならない。IT業界に長年席を置く者にとって，これはゆゆしき現象で，どうしても我慢がならないのである。

そこで，本書は，専門スタッフにそれほど恵まれない中堅・中小企業であっても，「どのようにすれば騙され（失敗し）」，「どのようにすれば騙されず（成功）に済むか」を具体的に記述した。

第Ⅰ部は「このようにしてユーザーは騙され，失敗する」とし，IT業界の現状の課題を述べた。第1章では「常識では理解できないIT業界の特異性」，第2章では「ITベンダーは成功率を高めるための5つのギャップ克服を提示していない」，第3章では「IT構築要素不整備は，欠陥車でカーレースに参加するようなものだ」，第4章では「成功メソッドを持たないまま進め，IT構築が失敗する」とし，第5章では「こんなIT構築プロセスでよいのか」，第6章では「こんなIT構築契約でよいのか」というように第Ⅰ部ではIT構築は失敗の現実を記述している。

第Ⅱ部では「このようにすれば騙されずに成功できる」とし，それらの解決

策と，**正しいIT構築の進め方**を述べている。その中で，第7章は「常識で理解できるIT構築にしよう」，第8章は「MMMメソッド活用で5つのギャップ克服と品質を高めよ」と記述し，第9章では「MMMメソッド・IT構築5つのウェア要素整備度を高めよ」，とソフトウェア・ハードウェアだけの構築でなく，マインドウェア，ヒューマンウェア，コミュニケーションウェアの必要性を記述した。そして，第10章「MMMメソッド・階層レベルの掘り下げで開発の一貫性を保てよ」とし，第11章では「MMMメソッド・IT構築プロセスで成功率を高めよ」第12章は「騙されないIT構築契約はこのようにせよ」としてある。

　この目次からすると，ベンダーいじめのように受け取る人もいるかもしれないが，それは筆者の真に望むものではない。ITベンダーにとっても「手戻り」をなくしてコスト削減できるように工夫したつもりであるし，ITコーディネータや中小企業診断士等ITコンサルタントにとっても有効に使えるように工夫した。

　IT（情報技術）とあるのは，最近いわれているICT（情報通信技術）も含めて情報システム全体をも包含した意味合いで使っている。筆者は以前から情報システムの要素の中に，コミュニケーションウェア（約束事等）を定め，ネットワークやEDI（電子的データ交換方式）を含めて情報システムとして扱っているからである。

　これらを通じて，中小・中堅企業のIT構築に困ったり，苦労している企業に対して，少しでも役立ちたい一心で上梓した。本書をお読みいただき叱責いただければ，更なる改善を積み重ねていくつもりである。

　最後に，企業先や出版に協力していただいた皆様に心より御礼申しあげたい。

2015年6月　創業30周年を記念して

小林　勇治

⊙目次⊙

第Ⅰ部
このようにしてユーザーは騙され，失敗する

第1章　常識では理解できないIT業界の特異性 …………………… 3

- 騙しケース1　IT業界の非常識4-2-4-3のルール　4
- 騙しケース2　納期が当初見積りの2.2倍かかっている現実　7
- 騙しケース3　IT投資効果が見えないままのシステム開発　10
- 騙しケース4　ITプロジェクトの成功率は33％が実態だ　13
- 騙しケース5　ベンダーの説明を鵜呑みにして失敗する　16

第2章　ITベンダーは成功率を高めるための5つの
ギャップ克服を提示していない ………………………………… 21

- ギャップ1　経営系プロジェクトとIT系プロジェクト間に
ギャップが生じて失敗する　22
- ギャップ2　開発プロセスが進む間に生じるギャップで失敗する　25
- ギャップ3　組織のトップとロウアー（一般社員等）間の意識の
ギャップが生じて失敗する　28
- ギャップ4　ユーザー，ITベンダー，ITコンサルタント三者間の
ギャップが生じて失敗する　31
- ギャップ5　リファレンスを活用しようとした場合にリファレンス間の
ギャップが生じて失敗する　34

第3章　IT構築要素不整備は，欠陥車でカーレースに参加するようなものだ………37

- 要素不整備1　経営者や社員の意識改革をしないままIT構築して失敗する　38
- 要素不整備2　IT構築の戦略が曖昧なうちにスタートして失敗する　41
- 要素不整備3　業務革新を明確にしないままIT構築して失敗する　44
- 要素不整備4　EDIやネットワークの革新をしないままIT構築して失敗する　47
- 要素不整備5　社内や取引先との約束事を取り決めないで失敗する　50

第4章　成功メソッドを持たないまま進め，IT構築が失敗する………53

- メソッド不備1　開発段階で当初見積りに「含まれる」「含まれない」で揉める　54
- メソッド不備2　追加料金を支払わなければ「下ろさせていただきます」のベンダーの殺し文句　57
- メソッド不備3　ソフトウェア品質をユーザー任せにするベンダーの体質　60
- メソッド不備4　次の開発は別のベンダーにしようとした時のクレーム　63
- メソッド不備5　「アジャイル型開発」という名の落とし穴　66

第5章　こんなIT構築プロセスでよいのか……69

- プロセス間違い1　経営戦略をIT戦略に落とし込めないまま
プロセスだけが進んでしまう　70
- プロセス間違い2　情報戦略から企画・要件定義へと進むにつれて
課題が続出　73
- プロセス間違い3　開発段階・運用段階で修正が発生していないか　76
- プロセス間違い4　予見できないリスクが潜んでいる
IT業界の特異性　79
- プロセス間違い5　見える化が難しいIT構築　82

第6章　こんなIT構築契約でよいのか……87

- 契約間違い1　「経済産業省モデル契約書」という名の落とし穴　88
- 契約間違い2　固定料金＋受注コスト契約（CPPF方式）の謎　90
- 契約間違い3　追加料金を支払わないと完成しない契約　92
- 契約間違い4　着手金（手付金）という名の落とし穴　94
- 契約間違い5　契約書だけでは防ぎきれないトラブル　96

第Ⅱ部
このようにすれば騙されずに成功できる

第7章 常識で理解でききるIT構築にしよう …………………… 103

- 騙しの対処1 当初契約2,000万円は,出来上がって2,000万円が世間の感覚　104
- 騙しの対処2 巧みなITベンダーアプローチにはこのように対処しろ　107
- 騙しの対処3 IT投資効果が見えるようにせよ　110
- 騙しの対処4 IT構築プロジェクト成功率は90％以上を確保せよ　113
- 騙しの対処5 ITベンダーのうまい話はこうして暴け　116

第8章 MMMメソッド活用で5つのギャップ克服と品質を高めよ … 119

- ギャップ克服1 経営系とIT系のギャップ克服　120
- ギャップ克服2 各プロセス間のギャップ克服　124
- ギャップ克服3 組織のトップとロウアー間のギャップ克服　127
- ギャップ克服4 ユーザーとベンダー・コンサルタント間のギャップ克服　130
- ギャップ克服5 リファレンス間のギャップ克服　133
- ギャップ克服6 5つのギャップを克服すれば成功率90.3％は確保できる　135

第9章　MMMメソッド・IT構築5つのウェア要素整備度を高めよ …………………………………………… 137

- 要素整備度1　考え方・在り方のマインドウェアを高めよ　138
- 要素整備度2　やり方・ノウハウ・技術等の
  ヒューマンウェアを高めよ　148
- 要素整備度3　約束事・EDI・ネットワーク等の
  コミュニケーションウェアを高めよ　156
- 要素整備度4　知的財産権のソフトウェア革新を起こせ　165
- 要素整備度5　有形資産としてのハードウェアは
  このように整備せよ　172

第10章　MMMメソッド・階層レベルの掘り下げで開発の一貫性を保て ………………………………… 179

- 階層レベル0　「中小企業用リファレンス」の階層構造　180
- 階層レベル1～2　IT構築総合診断で企業の整備度を
  正しく認識せよ　183
- 階層レベル2～3　ITの専門科目別診断で課題の深掘りと解決案
  を見つけよ　187
- 階層レベル4　IT革新に対する反対意見には各種のツールで
  対処せよ　201
- 階層レベル5　用語の定義は正確にせよ　204

第11章　MMMメソッド・IT構築プロセスで成功率を高めよ ……… 207

- **プロセス1**　経営戦略・情報戦略はこのように進めよ　209
- **プロセス2**　経営改革企画・情報化企画はこのようにやれ　213
- **プロセス3**　情報資源調達はこのようにやれ　217
- **プロセス4**　システム開発・テスト・移行はこのようにやれ　221
- **プロセス5**　運用・保守サービスはこのようにやれ　225

第12章　騙されないIT構築契約はこのようにせよ ………………… 229

- **騙されない契約1**　ユーザーは経産省モデル契約書B案を中心に進めよ　230
- **騙されない契約2**　完全固定料金（FFP）契約がユーザーを守る　237
- **騙されない契約3**　一括請負契約でなければユーザーは損をする　239
- **騙されない契約4**　動かなければ代金を支払わないのが世間の常識　241
- **騙されない契約5**　契約書に記載できないトラブル防止はこのようにやれ　243

〔付属資料①〕ツール集　247
〔付属資料②〕用語の定義　305

第 I 部

このようにして
ユーザーは騙され失敗する

第1章

常識では理解できない
IT業界の特異性

ベンダー　　　　　　　ユーザー

この図は丸です。　　　　　この図は四角です。

IT業界は世間の常識では理解できない!!

騙しケース 1

IT業界の非常識 4-2-4-3 のルール

図表 1-1-1　IT業界の非常識 4-2-4-3 のルール

価格＼プロセス	経営戦略 情報化企画 情報資源調達	ベンダーからの 提案・見積価格 の提出	競争入札による 価格の引き下げ	詳細設計に伴う ベンダーからの 追加料金の請求	ユーザー・ベンダー 間の話し合いに よる価格折衝決着	失敗率 成功率 (米TSG社調べ)
従来のやり方		4 当初見積価格	2 当初契約価格	4 追加請求料金／当初契約価格	3 追加決着価格／当初契約価格	失敗率 74%／成功率 26%

〔附記〕4・2・4・3のルール：当初見積4（千万円）が競争入札によって2（千万）に引き下げられるが、詳細設計・システム開発によってベンダーからの追加料金が請求され4（千万円）になり、ユーザーの苦情等を受け折衝により、3（千万円）で決着すること。

4-2-4-3のルールとは

① ベンダーからの提案・見積価格（当初見積）4,000万円‥‥4の意味
② 同じ条件でコンペ方式で入札させると2,000万円‥‥2の意味
③ 詳細設計に伴うベンダーからの追加料金の請求が
　2,000万円加算されると合計4,000万円‥‥4の意味
④ ユーザー・ベンダー間の話し合いにより価格折衝した結果、
　2,000万円の追加料金が1,000万円で決着し合計3,000万円‥‥3の意味

　以上のように、4-2-4-3の順で価格が決まっていくという、IT業界の常識といわれるルール。世間から見ると非常識である。

(1) 4-2-4-3のルールといわれる非常識

　IT業界は世間では考えられない非常識がまかり通っている。その一例が「4-2-4-3」のルールといわれるものである。

　図表1-1-1に示したように，システム料金が当初見積り4,000万円で提案されたものが，ベンダー同士を競争入札させると2,000万円になり，詳細設計をしている段階で追加料金を2,000万円請求することとなり，合計4,000万円の料金となる。

　しかし，ユーザーは追加料金2,000万円に対して異議申し立てをするが，結局中を取って1,000万円の追加料金で決着し，合計で3,000万円になるというものである。これは最初からベンダーの計算のうちに進められるIT業界の常識となっている。

(2) なぜ1.9倍に跳ね上がるのか

　米国IMDの調査によれば，当初計画の1.89倍の実コストがかかっているという報告があるし，筆者が調査（2011年調査）した18社の失敗企業でも1.6倍のコストがかかっていることが明らかになった。

　これはウォーターフォール型開発であろうが，アジャイル型開発であろうが，共通している面がある。それは，要件定義（または要求仕様書）を正確に固めないままに，開発をスタートしているからに他ならない。アラン・M・デービスによれば，要求仕様段階でリカバリーすれば，追加費用0倍であるのに，次の設計段階でのリカバリーには5倍のコストがかかり，コーディングの段階では10倍，ティスティングの段階では20倍，納入時のリカバリーでは200倍のコストがかかるという調査結果が発表されている。

(3) 早く取りかからなければと焦らされてやり始める落とし穴

　そのことから考えても，最初に要求事項を決めないで，早くシステム構築したいと急かされて開発段階に入ると，手戻りが多くなって，追加料金を多く取られる結果になるのである。

でも，多くの企業が，手順を踏まないで，このような結果になっているのである。そのようなことがわかっていながら，なぜベンダーは直さないのであろうか。それは，ベンダーの収益構造にあるといってもよいであろう。当初は安い見積りで，ユーザーをその気にさせて，着手金を取って開発に入ってしまえば，途中でユーザーは中止することができなくなるからである。中止したらユーザーは着手金や中間金を丸々捨てる結果になるからである。

(4) 要求仕様書（RFP）の提案の仕方に問題がある

前述したように，急いで開発しようとすると，RFP（要求仕様書）もいい加減なものになりやすく，ベンダーにつけいる隙を与える結果になる。それはベンダーが最も多く用いる方法で，追加料金の請求によって，ベンダーの利益は限りなく増大するのである。それはユーザーにとっては，当然，思いもしなかった出費の増大となるのだ。

このからくりを知って，システム開発に臨んでいるユーザーはどの程度いるのであろうか。

(5) 契約の仕方にからくりがある？

第6章，第12章で契約のことは詳細に述べるが，ベンダーは，当初の見積りは概略で，「概要設計をやった段階で，正式な見積書を提出しましょう」などと言って，概要設計だけの見積りで全体見積りを出さないケースが多くなってきている。これはベンダーに有利なやり方で，ユーザーには高くつくやり方である。このことも多くのユーザーは知らないでベンダーに言われるままに進めていないだろうか。

そのほか 固定料金＋追加コスト（CPPF）契約等の手口で，追加料金が請求できるように進められているのが実態だ（付属資料①ツール218参照）。

こんなことが平然と行われているのに，中小企業の経営者は黙って契約書に捺印し，追加料金を払っている姿は忍耐強いというしかないが，われわれプロから見ると，はたしてこれでよいのかという気になってしまう。

騙しケース 2 納期が当初見積りの2.2倍かかっている現実

図表1-2-1　納期遅れの実態

納期当初
10ヶ月でできます。
社長
納得

↓

出来上がり
22ヶ月かかります。
社長
何故だ！？

（1）世界的にいえる納期遅れ

　納期遅れの要因は，次の項から説明するが，これは日本だけでなく，米国においても同じことが起きている。結論からいえば，米国における調査会社TSGによると当初計画の2.2倍の納期がかかっているという調査結果がある。

　日本における調査がないので，筆者の少ない32事例（2011年調査）で見ると，IT構築失敗事例は1.7倍，成功事例でも1.4倍かかっている。

　成功事例の1.4倍は許容範囲とみてよいと思われるが，納期遅れ2.2倍は企業の戦略に大きく影響するもので，メリット享受の喪失だけでなく，競争劣位につながりかねないのである。

（2）ベンダーの甘い言葉を信じてスタートしていないか

　納期を早める「アジャイル型開発」が登場して10年程度になるが，最近では「超高速開発」などという短納期のツールがもてはやされ，短納期が実現できるかのように思われている面がある。

　先日もある協会のシステム開発がアジャイル型で行われたのだが，納期が来ても稼働しない。なぜ稼働しないのかと尋ねると，これも，要件定義をしっかりやらなかったためだという。謳い文句のアジャイル開発が泣いてしまいそうな事例である。ベンダーの甘い言葉を信じてスタートした例といえるであろう。

（3）到達イメージが明確になっていないままスタート

　システム開発の場合，従来型のウォーターフォール型開発と，迅速な開発を目的にしたアジャイル型開発がある。その手段は，目的に応じて選択すればよいが，特にアジャイル型開発の場合は，プロトタイプといわれる画面を試作し，その画面を修正しながら構築していくので，最初から到達イメージが必ずしも明確でないし，予算もどの程度かかるのかも予想が難しい。社内の人材で開発する場合は工数が変更になっても大きな問題にならないかもしれないが，外部委託の場合は，コストがどこまでかかるか不透明になりやすい。納期が早

まる可能性はあるが，予算の組み立ては難しい面が残されてしまう。

(4) 甘い経営戦略と情報化企画

　ベンダーから「プロトタイプで画面説明しながらやりましょう」などと言われると，ついその気になって，戦略も情報化企画も考えないでスタートしていないだろうか。これは行き着くところを明確にしないで航海に出るようなものだ。目前の問題点の解決案をプロトタイピングによって提案されると，つい飛びついてしまいがちである。

　しかし，目先の問題解決にはなっても，企業の根幹的な問題解決にはなっていないかもしれない。これは最も大きな無駄遣いになる可能性がある。なぜなら，このIT投資の目的が明確になっていない場合は，投資効果も明確になっていないからである。

(5) 結果として納期遅れであってもペナルティを取れない現実

　大企業のように法務専門家がいる場合は別として，大抵の中小企業の場合，納期遅れのペナルティ契約を行っていないことが多いのではなかろうか。当初予定から大幅に遅れることで，新システムによるメリットを享受することができたであろう各種の期待効果を喪失してしまうことになる。

　これらのことは，企業にとっての競争力を弱めることにもなるであろうし，各種の省力化メリット等も失うことになる。

　結果として納期遅れになった場合のリスク回避はしているのであろうか。大抵の企業はその手当をしていないのが現実ではなかろうか。

　こうして弱い立場の中小企業が泣き寝入りする結果になるのであるが，筆者としては我慢がならない出来事の1つでもある。

騙しケース3 IT投資効果が見えないままのシステム開発

投資効果が見えない

騙される例
① 「故障したから仕方がない」という買い替え
② 「OS（基本ソフト）が変わったから仕方がない」という受け身の買い替え
③ ベンダーに勧められるままのリプレース
④ ITは金食い虫という「経費」と見る考え方
⑤ あなたの会社は戦略なきIT投資になっていないか

(1)「故障したから仕方がない」という買い替え

「減価償却期限の6年が経過したから」とか，「そろそろ買い替えの時が来た」，「故障したから仕方がない」というような動機で情報システムの買い替えを判断していないだろうか。

かつて，筆者が構築支援したいくつかの企業でも，「もうソフトは完成しているのだから」と，ハードウェアのリプレースだけで済ませているところがある。7年前では最先端の考え方であったものでも，年月の経過とともに戦略を変えていかなければならないことを忘れている。それで競争力を落としてその業界から撤退している企業もあるのである。

(2)「OS（基本ソフト）が変わったから仕方がない」という受け身の買い替え

昨今，OS（基本ソフト）のサポートが終わってしまうからと，OSの入れ替えとアプリケーションの対応に迫られ，受け身で対処している企業も散見される。場合によっては，ハードウェアの変更も必要だというようなことを言われて，お金をかけているケースがある。

これももったいないお金の使い方の1つだ。OSサポート中止は突然やってくるものではない。10年を目途に中止されることは必然だし，場合によってはもっと早くなることもあるものだ。それを予見せず，この投資は今までのシステムの維持以外に，何の新しい効果も生み出していないのである。

(3) ベンダーに勧められるままのリプレース

大抵の場合，ベンダーの「ハードウェアサポートが終わりです」とか，「OSサポートが中止後のシステムの保証はできません」という脅し文句で，受け身のリプレースになっていないだろうか。ベンダーにとって，アプリケーションをほとんどいじることなくハードウェアやOSをリプレースすることこそ最大の収益源になるのである。

もしあなたの会社がリプレースを勧められた場合，強迫観念でシステムを取り替えることほど，新しい付加価値を生まない投資はないのである。投資に

は，より明確な期待効果・目的をもって行ってほしいものである。そればかりでなく，その後5年なり10年を継続して情報システムを使うことになるのだ。その間の環境変化に対応したシステム構築に完全に立ち後れてしまうことになり，競争力を失ってしまうことをよく考えておく必要があろう。

(4) ITは金食い虫の「経費」と見る考え方

　日本の経営者の多くが，ITを「経費」と見ている場合が多い。その理由として，①投資した効果が見えない。よって，②仕方なく構築するものであるから，なるべく少ない金額で済むほうがよい。と消極的なIT構築をしている場合が多くないだろうか。
　これが日本のIT業界の悲劇であるし，歴史でもある。ある調査によれば，全産業のIT投資は米国では売上比2.6％なのに対し，日本のそれは0.8％にとどまっているのである。

(5) あなたの会社は戦略なきIT投資になっていないか

　「故障したから」とか「OSが変わったから仕方がない」と「受け身」でリプレースをやった場合に2つの損失がある。1つは単なる情報システム維持のための経費の積み重ねとなることであり，2つには，新しい環境変化があるにもかかわらず，受け身で対応するため，将来を見越したシステムの革新がなされないリプレースとなり，競争力を失うことである。
　よく考えればごく当然なことであるのに，「故障」や「サポートしません」の脅し文句によるリプレースほど無駄な投資はないことを今一度よく考えてほしいものである（解決策は第7章以降を参照）。

騙しケース 4　ITプロジェクトの成功率は33%が実態だ

図表1-4-1　ITプロジェクトの成功・不成功

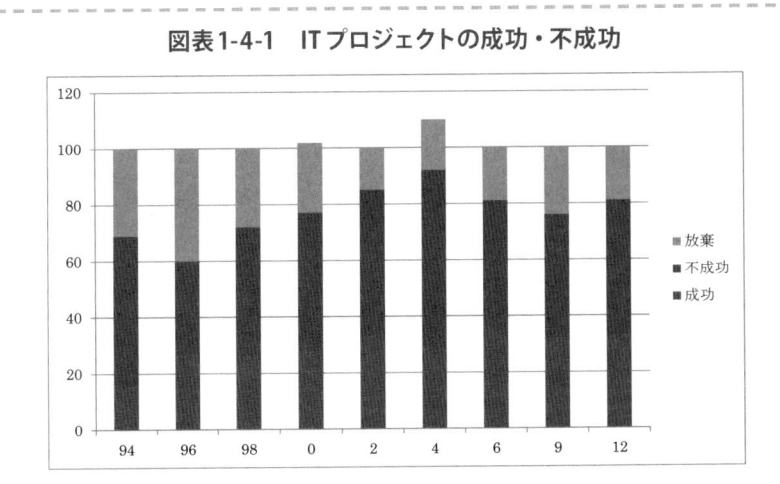

図表1-4-2　ITプロジェクトの成功・失敗の実態調査

要因 \ 調査機関	2012年 米国 The Standish Group 調査	03年 日本(1,746社) 日経コンピュータ調査	08年 日本(814社 300名未満 38.5%) 日経コンピュータ調査
成　功	33%	26.7%	31.1%
失　敗	48%	73.3%	68.9%
破　棄	19%	67%		

(1) ITプロジェクト成功率は米国では33%だ

　ITプロジェクトの成功率は米国The Standish Groupの調査によれば，直近の2012年の成功率は33%で，不成功率が48%，破棄率が19%である。これを見ればわかるように，いかに成功率が低いかがうかがえる。

第1章　常識では理解できないIT業界の特異性　　13

図表1-4-1のように，歴史的に見ても1994年の成功率が16％，96年27％，98年26％，2000年28％，04年29％，09年32％，12年33％である。この18年間で17ポイントの改善であり，年平均1％の改善に満たないのである。

不成功率は，1994年53％，96年33％，98年46％，2000年49％，02年51％，04年53％，06年46％，09年44％，12年48％とその割合はほとんど変わっていない。

放棄の割合は1994年31％だったのが2012年には19％に減っている状況で，その分，成功率が若干伸びたようになっている。

成功率を上げるのが難しいのか，成功率を上げようとしないために，技術進歩が高まらないのか。いずれにしてもユーザーの犠牲が生じているのである。

(2) 日本におけるITプロジェクト成功率は31.1％

同じく日本におけるITプロジェクトの成功率は，図表1-4-2に示したように，03年の『日経コンピュータ』調査では26.7％，08年の調査では31.1％であった（『日経コンピュータ』2003年11月17日号，2008年12月1日号）。その後2014年には75％に急激に向上している（『日経コンピュータ』2014年10月16日号）。原因は定かでないが，1つにはプロジェクトの実施期間を分割する短期契約によって向上したことが考えられ，今までの調査方法と変わったのではないかと思われるので例外的と見るべきであろう。

米国においても，日本においても同じような成功率で推移してきた経緯と見るなら，抜本的な対策は示されていないといえる。

(3) 成功率は「品質」「コスト」「時間」によって判断されるが…

日本におけるITプロジェクトの成功率調査は，先に掲げたように『日経コンピュータ』が調査しているが，成功か否かの判定は「品質」「コスト」「時間」の3つのファクターによって行っている。03年の調査では「品質」が成功率26.7％，「コスト」76.2％，「時間」54.9％であった（『日経コンピュータ』2003年11月17日号）。同じく08年の調査では「品質」51.9％，「コスト」

63.2％，「時間」54.6％の成功率であった（『日経コンピュータ』2008年12月1日号）のを見るとそれほど大きな変化があったとはいえない。

なお，米国The Standish Group調査では，94年の調査で納期遅延222％が明らかにされている。

(4) 品質がなぜ上がらないのだろうか

価格については先に検討したが，品質の成功率がなぜ低いのであろうか。要求定義の時，必要性が低くとも要求しておこうとする傾向があるのか，The Standish Groupの調査によれば，ソフト開発したうちの45％は全く使われておらず，またはほとんど使わないが19％となっており，実に64％のソフトウェアが無駄になっている可能性が高い。

他社も無駄をしているし，成功率も低いのだから，仕方がないと諦めねばならないのだろうか。筆者はコンピュータメーカーで17年間，ITコンサルタントとして30年間にわたって悩んできた。その答えは第Ⅱ部を見てほしい。

(5) 時間（納期）がなぜ守られないのだろうか

時間（納期）に対する『日経コンピュータ』の03年，08年の調査で納期が守られていないことが明らかになった。なぜ守られないのだろうか。

品質，コスト，時間（納期）は，ある意味共通した問題点を抱えているように思える。①いつまで経っても要件定義が定まらない。②要求が途中で変更になることが多い。③稼働した段階でまた修正を要求してくる。等の理由によって，納期遅れになることが多い。

一方，ベンダーの明らかな責任による納期遅れも発生することがままある。具体的には，①ベンダーの開発済みのパッケージを利用しようとしたが，詳細打ち合わせの段階で，パッケージソフトが使えず，最初から作り直す必要が生じた場合。②開発要員を引き当てていたが，要件定義が定まらず別の開発プロジェクトにアサインしたために要員不足による納期遅れが発生する場合。③ソフトハウスの担当者が，何らかの都合で辞めた場合。等が考えられる。

騙しケース 5 ベンダーの説明を鵜呑みにして失敗する

鵜呑みにしやすい局面
① 研修会でのパソコントラブル
　〜トラブルを自分のせいと決めつけてよいか
② 家電量販店故障係での出来事
　〜企業規模が大きいから信用できるは嘘
③ 別な売場での対応
　〜故障係と新品売場とでは言っていることが異なる
④ 店員の矛盾する説明
　〜有名店だから信用してよいのだろうか
⑤ 売り手の説明を鵜呑みにしてはいけない
　〜店員の説明は，売場によって異なる

(1) 研修会でのパソコントラブル

　先日，あるIT研修を行っている最中に，ノートパソコンから投影していたパワーポイントがいきなり落ちてしまった。電源コードをつないでいるにもかかわらず，何回立ち上げ直しても，パソコンが復活できない。仕方なく他のパソコンを借りてその場は事なきを得たが，原因はわからずじまいであった。

　翌日，事務所で電源コードをつないで，再度電源を入れるとパソコンは始動した。コードを動かすとまたダウンするのできっと電源コードが故障していると思い，某有名家電・カメラ量販店に行くことにした。

(2) 家電量販店故障係での出来事

　翌日家電量販店の案内係に故障の部門はどこかを尋ねて，そこに向かった。「たぶん電源コードの切断で電源が伝わらないと思うので確認してほしい」と言うと，「わかりました。確認してみましょう」と言って店の備え付け電源コードを持ってきて，筆者が持参したパソコンに接続プラグを差し込み，スイッチを入れて確認した。しかし電源ランプも点灯しないし，スイッチを入れても動かない。筆者が「電源ランプもつかないのはおかしいのではないか」と質問すると，担当者は「バッテリーが上がってしまっていると電源を入れても起動しないことがある」と回答した。

　そこでその場で担当者は，親切にもパソコンメーカーに電話をしてバッテリー交換の場合は22,510円かかることを確認してくれた。またメーカーでの故障の見積りは3,000円かかり，その某量販店での見積りは無料であると言ってくれた。なんと親切な対応なのかと，さすが一流専門店だとその場では思った。

(3) 別な売場での対応

　そこで，バッテリーの交換か，最悪の場合新規パソコンを購入しようと思い，別の売場に移動した。そこで，先ほどと同じ説明をした。そうしたらまた同じように店の備え付けの電源コードをつないでスイッチを入れてみる。しか

し，電源ランプもスイッチを入れても何の反応もなかった。「先ほど，バッテリーの充電がなくなると動かないことがあるそうだけど」と聞くと，「展示用のパソコンは全部バッテリーを抜いてあるのでバッテリーは関係ありません」と店員が言う。明らかに先ほどの担当者と言うことが違っている。「明日の講演会でまたこのパソコンを使いたいのだが使えないと困る」と言ってバッテリーまたは接続コードを購入の旨を伝えると，店員は「お客様のパソコンに接続可能な新品コードを探してきます」と言って持ち場を離れた。

　2～3分後に戻って来てこう言った。「先ほどは電源元に接続していなかったようなので再度確認させてください」。そして先ほど使用した電源コードで再度パソコンに接続した。すると，なんとパソコン電源ランプが点灯し，スイッチを入れたら稼働するではないか。「助かった，ありがとう」と筆者は大変喜び，電源コードのみを購入し，事務所で新しいコードで接続することで事なきを得た。

(4) 店員の矛盾する説明

　しかし，よく考え直してみてほしい。最初の故障係の担当者もはじめから電源元にコードを差し込んでいなかったのではないか。パソコンに差し込むところは見えても，電源元はカウンター越しで確認することはできない。その盲点を突かれたのではないか。むしろそう考えたほうが合点がいく。

　次の売場の店員も最初は明らかに電源元にコードを差し込んでいなかった。これは店員自らが認めているところである。筆者が「講演をやっている」と言ったりしているので，気が咎めて「再度確認」という言葉が出てきたのではないだろうか。

　もう1つ矛盾点がある。故障係は「バッテリーがなくなっているとパソコンが稼働しないことがある」と言った。売場の店員は，展示用のパソコンはすべてバッテリーを抜いている」（盗難防止のため）と言った。これは明らかに矛盾する言葉である。

(5) 売り手の説明を鵜呑みにしてはいけない

　筆者は元来人を信じやすいタイプであるが，先ごろ『疑う技術』（藤沢晃治著PHP新書）を読んだばかりで，その観点から復習していたからこれに気がつくことができた。

① 故障係の電源元にはコードを差し込んでいなかった。
② メーカーに親切に電話したのは，実は自店のパソコン購入に誘導し，信用させるためのデモンストレーションだったのではないか。
③ バッテリー交換代22,510円は，自店で購入すればもっと安いですよという，信用させるための比較購買技術を利用したのではないか。
④ バッテリーが上がってしまっていると，パソコンが稼働しないというのは，明らかに嘘であった。

　このケースはほんの一例である。ベンダーの言うことを鵜呑みにしてはいけないのである。

第2章 ITベンダーは成功率を高めるための5つのギャップ克服を提示していない

図表 2-0-1　IT経営革新で生じやすい5つのギャップ

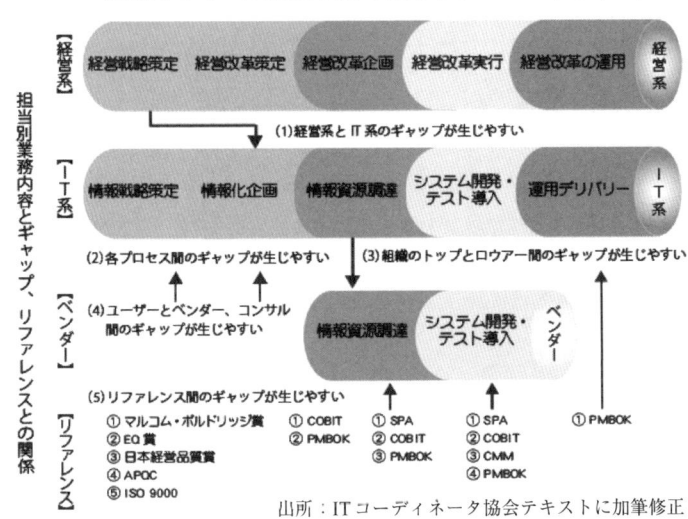

出所：ITコーディネータ協会テキストに加筆修正

ギャップ①：経営系とIT系プロジェクトメンバー間のギャップ
ギャップ②：開発プロセスが進む間に生じるプロセス間のギャップ
ギャップ③：組織のトップとロウアー（一般社員等）間の意識のギャップ
ギャップ④：ユーザー，ITベンダー，ITコンサルタント三者間のギャップ
ギャップ⑤：リファレンス(参照先)の活用におけるリファレンス間のギャップ

ギャップ1 経営系プロジェクトとIT系プロジェクト間にギャップが生じて失敗する

　前ページに示した，5つのギャップを克服できるかどうかが，IT投資の成否を分けるといっても過言ではない。しかし，ITベンダーの多くはこのギャップ克服法を提示していないし，実行しているようにも思えない。

図表 2-1-1　ギャップ1：従来型IT構築手法による経営系とIT系のギャップ

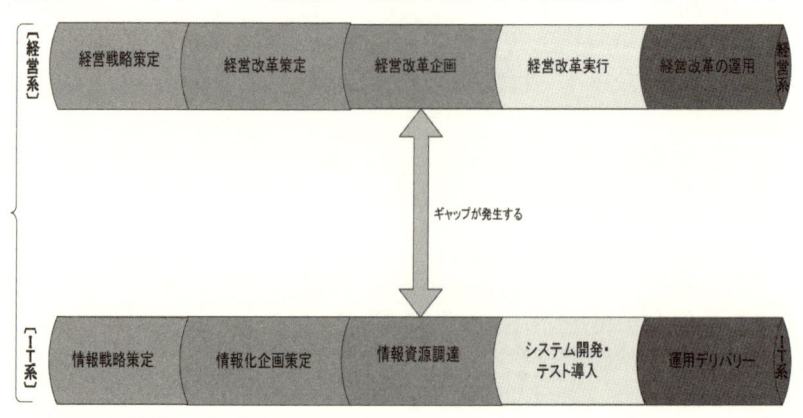

[経営系] 経営戦略策定 → 経営改革策定 → 経営改革企画 → 経営改革実行 → 経営改革の運用

ギャップが発生する

[IT系] 情報戦略策定 → 情報化企画策定 → 情報資源調達 → システム開発・テスト導入 → 運用デリバリー

経営系とIT系のプロジェクト間のギャップ局面
① 経営系とIT系のプロジェクトが別々に進められて発生する
② プロジェクトメンバー選定間違いによるギャップ
③ システム構成要素選定間違いによるギャップ
④ マネジメントサイクルを実行していない間違いによるギャップ
⑤ 経営改革・運用とIT改革・運用を別々にやる間違いによるギャップ

(1) 経営系とIT系プロジェクトが別々に進められて発生するギャップ

図表2-1-1に示したように，経営系のプロジェクト（ビジネスインテグレーション：BI）とIT系のプロジェクト（システムインテグレーション：SI）が別々に進められると，ギャップの要因になる。

特に，BIのメンバーは，自分の業務の最適化を中心に考え，SIのメンバーは，IT中心になりがちで，業務革新を軽く見る傾向がある。このことから両者の意識の中に認識のズレが発生し，ギャップの要因になるのである。

(2) プロジェクトチームメンバーの選定間違いによるギャップ

プロジェクトチームのメンバー構成が，経営系かIT系のどちらかに偏っている場合もギャップが生じる要因になる。

往々にしてITシステム部門が中心になってメンバーを選定すると，自分に都合のよい，IT構築賛成派を中心にして進めるケースがあるが，これは間違いである。なぜならIT系だけでシステム構築すると，いざ稼働の段階で強硬な業務系の拒絶反応が待ち受けているからである。この業務系の強烈なアピールが手戻りの要因になるのである。

(3) システムの構成要素（ハードウェア・ソフトウェアのみの要素）選定の間違い

情報システムは，ハードウェア（有形資産・情報機器），ソフトウェア（知的財産権・プログラム）の構築だけでは失敗する。そのほかマインドウェア（考え方・在り方・戦略ビジョン），ヒューマンウェア（やり方・ノウハウ），コミュニケーションウェア（約束事・EDI（電子的データ交換方式）・ネットワーク）の構築も併せて再構築しなければ失敗する確率が高くなると筆者は考えている。これに関連した指摘は第3章で述べるので，併せて理解してほしい。

(4) マネジメントサイクルを実行していない間違い

たとえば，筆者が提唱するマインドウェアの情報戦略が明確になっていないために，計画（PLAN），実行（DO），検証（CHECK），修正（ACTION）を

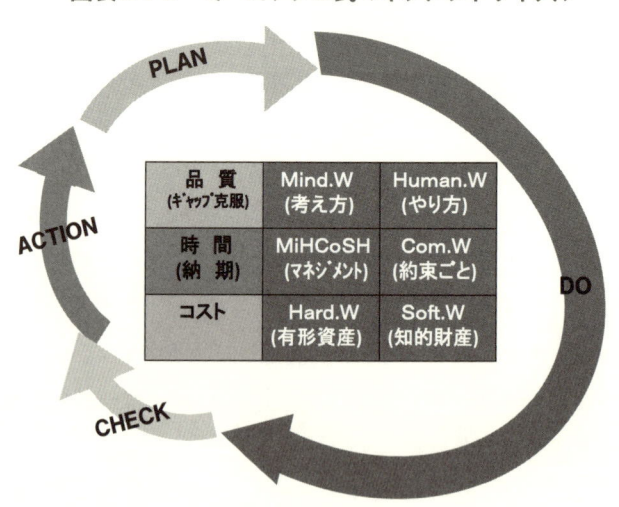

図表2-1-2　ミーコッシュ式マネジメントサイクル

品質 (ｷﾞｬｯﾌﾟ克服)	Mind.W (考え方)	Human.W (やり方)
時間 (納期)	MiHCoSH (ﾏﾈｼﾞﾒﾝﾄ)	Com.W (約束ごと)
コスト	Hard.W (有形資産)	Soft.W (知的財産)

回すマネジメントサイクルが実行できないという現象が起きやすい。

　ヒューマンウェアでは，現状業務フローの問題点（As-Isモデル）を挙げ，革新業務フロー（To-Beモデル）を実行する必要がある場合においては，これが明示されていないために，SIとBIメンバー間に意識のギャップが生じて，失敗の要因になる（**図表3-3-1**，付属資料①ツール254参照）。

(5) 経営改革・運用とIT改革・運用を別々にやる間違い

　このほか，経営改革・運用で取り決められた業務プロセスマニュアルと，IT改革・運用のマニュアルなどが別々に作成されると，ギャップの要因になる。

　これもIT系と経営系が別々に進められる弊害の1つであるが，経営改革・運用が別部隊で進行した場合，運用マニュアルにおいても，BIとSI間との間にギャップが生ずる。これらのギャップを防ぐ方法は第8章に説明する。

ギャップ2 開発プロセスが進む間に生じるギャップで失敗する

IT構築プロセスは，①経営戦略策定，②情報戦略策定，③情報化企画策定，④情報資源調達，⑤システム開発・テスト導入，⑥運用デリバリーの順で行われるが，①で策定されたものが，②③④と進むにつれて当初の目的とはずれてギャップになる。

図表 2-2-1　ギャップ2：開発プロセスが進む間に生じるプロセスのギャップ

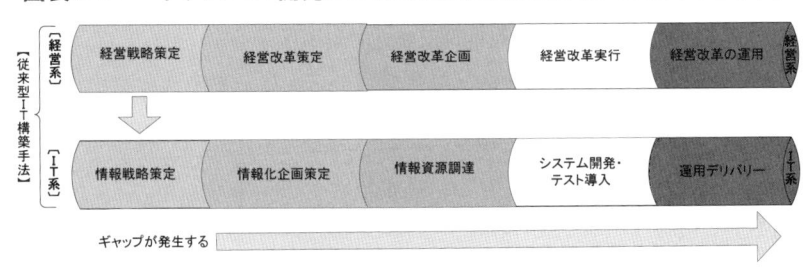

[経営系（従来型IT構築手法）]：経営戦略策定 → 経営改革策定 → 経営改革企画 → 経営改革実行 → 経営改革の運用

[IT系]：情報戦略策定 → 情報化企画策定 → 情報資源調達 → システム開発・テスト導入 → 運用デリバリー

ギャップが発生する

開発プロセス局面におけるギャップ
① 経営戦略策定プロセスから情報戦略策定プロセス移行時のギャップ
② 情報戦略策定プロセスから情報化企画策定プロセス移行時のギャップ
③ 情報化企画策定プロセスから情報資源調達プロセス移行時のギャップ
④ 情報資源調達プロセスからシステム開発・テスト導入プロセス移行時のギャップ
⑤ システム開発・テスト導入プロセスから運用・デリバリープロセス移行時のギャップ

(1) 経営戦略策定プロセスから情報戦略策定プロセス移行時のギャップ

　経営戦略に基づいて情報戦略が策定されないと，プロセス間のギャップの要因になる。経営戦略に定めたものが，その戦略に基づいて的確に情報戦略に落とし込まれる必要がある。経営戦略を情報戦略に落とし込む「戦略ビジョン」（**図表8-4-1参照**）等で明確にしないと双方に意識のギャップが生じて，経営戦略・情報戦略間にギャップが生じるのである（解決策は第8章および第9章で述べる）。

(2) 情報戦略策定プロセスから情報化企画策定プロセス移行時のギャップ

　情報戦略で定められたものが，その趣旨に沿って情報化企画に的確に落とし込めていない場合も，プロセス間のギャップ要因になる。
　これは経営系とIT系を統合化した業務フロー・ビジネスモデル化したものに落とし込む必要があるし，コミュニケーションウェア（約束事・EDI・ネットワーク），ソフトウェア（プログラム）・ハードウェア（情報機器）の構成まで落とし込む必要がある（解決策は第8章および第9章で述べる）。

(3) 情報化企画策定プロセスから情報資源調達プロセス移行時のギャップ

　情報化企画が完成したら，それらに適合したベンダーを選択しないと，情報化企画と概要設計との間でギャップが生じる。
　ITベンダーには，それぞれ得意分野があり，たとえば業務系に強くともWeb系は弱いという具合に得意・不得意分野がある。したがって，情報化企画に合致しないITベンダーが情報資源調達先として選定された場合も，ギャップの要因になるのである（第8章，第9章を併せて理解してほしい）。

(4) 情報資源調達プロセスからシステム開発・テスト導入プロセス移行時のギャップ

　情報化企画で定められた筆者が言うところのマインドウェア（考え方・在り方・戦略ビジョン等），ヒューマンウェア（やり方・ノウハウ等）や，コミュ

ニケーションウェア（約束事・EDI・ネットワーク等）と，システム概要設計をもとにプログラム開発がなされているかということである。簡単な出力帳票だけでプログラム開発を行っていることはないだろうか。

　情報化企画がなおざりにされて，いきなりプログラム開発を行った場合には，手戻りの要因になるし，ITベンダーに追加料金を請求される口実を与えることになる（解決策は第8章および第9章で述べる）。

(5) システム開発・テスト導入プロセスから運用・デリバリープロセス移行時のギャップ

　システム開発が完了し，いざ運用しようとした時に，現場のユーザーから「使いにくい」「遅い」等とクレームがついて，手戻りが発生する場合がある。このプロセスでのギャップは，運用マニュアルと情報システム間のギャップがあるために，ユーザーが操作がわからなかったり，間違い操作によってトラブル発生の要因となる。

ギャップ 3 組織のトップとロウアー（一般社員）間の意識のギャップが生じて失敗する

図表2-3-1　ギャップ3：組織のトップとロウアー間の意識のギャップ

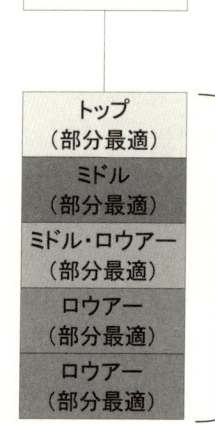

ギャップ 発生

- トップ（部分最適）
- ミドル（部分最適）
- ミドル・ロウアー（部分最適）
- ロウアー（部分最適）
- ロウアー（部分最適）

トップの経営戦略をミドル、ロウアーが共通認識していないために、意識のギャップが生じる

組織のトップとロウアー間の意識のギャップ局面

① トップの経営戦略をミドル・ロウアーがよく理解できないままIT構築プロセスを進めて失敗
② 階級別参加人員の間違いによる階級間のコミュニケーションギャップからくる失敗
③ プロジェクト推進派・反対派等の人選間違いによるギャップ発生で失敗
④ プロジェクトメンバーのプロジェクト会議不参加によるコミュニケーションギャップによる失敗
⑤ トップのプロジェクト会議不参加からくる革新決議不足からくる失敗

ここではプロジェクト組織の面から見てみよう。

(1) トップの経営戦略をミドル・ロウアーがよく理解できないまま IT構築プロセスを進めて失敗

　本来経営トップは，どのようにしたいかという戦略は有しているはずである。しかし，その戦略をミドル・ロウアーが，その意図を汲んで情報化企画に落とし込むことができない場合に，経営戦略・情報化企画間にギャップが生じる。これはプロのベンダーでも充分に落とし込めない場合が少なくなく，失敗の要因になる。ましてや，中小企業ユーザーにおいては，常日頃これらの仕事を専門にやっている場合は少なく，むしろできないのが当然ともいえる（解決策は第8章で述べる）。

(2) 階級別参加人員の間違いによる階級間のコミュニケーションギャップからくる失敗

　組織のトップと，ロウアー（一般社員等）との間のギャップ要因には，どのようなものがあるであろうか。まず，プロジェクトメンバーにトップとミドル，ロウアーのそれぞれの関係部署の部長や課長が参加して運営する場合はギャップが発生し，失敗の要因になる。

　それは，自分の部署の最適化のみを考えた「烏合の衆」になる可能性があるし，責任者は社長だけでプロジェクトを実際に動かす責任者が不在になるからである（解決策は第8章で述べる）。

(3) プロジェクト推進派・反対派等の人選間違いによるギャップ発生で失敗

　さらに，IT経営革新推進派・反対派・中間派のバランスが取れていなければ，手戻りやギャップの要因になることは既に述べた。反対派を入れても，彼らを説得できるノウハウがないために，経営革新・情報化革新が遂行できずに失敗することになる。しかし，プロジェクトリーダーはこれを避けてはいけない。

(4) プロジェクトメンバーの会議不参加によるコミュニケーションギャップによる失敗

このほか，プロジェクトメンバーが欠席した場合，コミュニケーション不足によるギャップが生じることがある。そして，欠席したにもかかわらず，そういう人は後で「聞いていなかった」などと，責任回避する場合が少なくない。

(5) トップのプロジェクト会議不参加で革新決議不足からくる失敗

当初は社長の肝煎りでスタートしても，この戦略で行うから，具体策はIT構築プロジェクトで考えてほしい等というような場合，社長欠席となる。そのような場合，各プロセスが進むにつれて，トップの意思とは全く異なった情報システムになって，IT投資効果が低くなるケースが多い。革新が伴うことが多い局面で決裁権のある人がいないと，革新反対派に押し切られて現状業務維持型のシステムになる可能性が高くなる。

これらのギャップが予測されるが，それらに対する処方箋を示してくれるベンダーは，筆者の知る限りでは存在していないのが実態である（解決策は第8章で述べる）。

ギャップ 4 ユーザー，ITベンダー，ITコンサルタント三者間のギャップが生じて失敗する

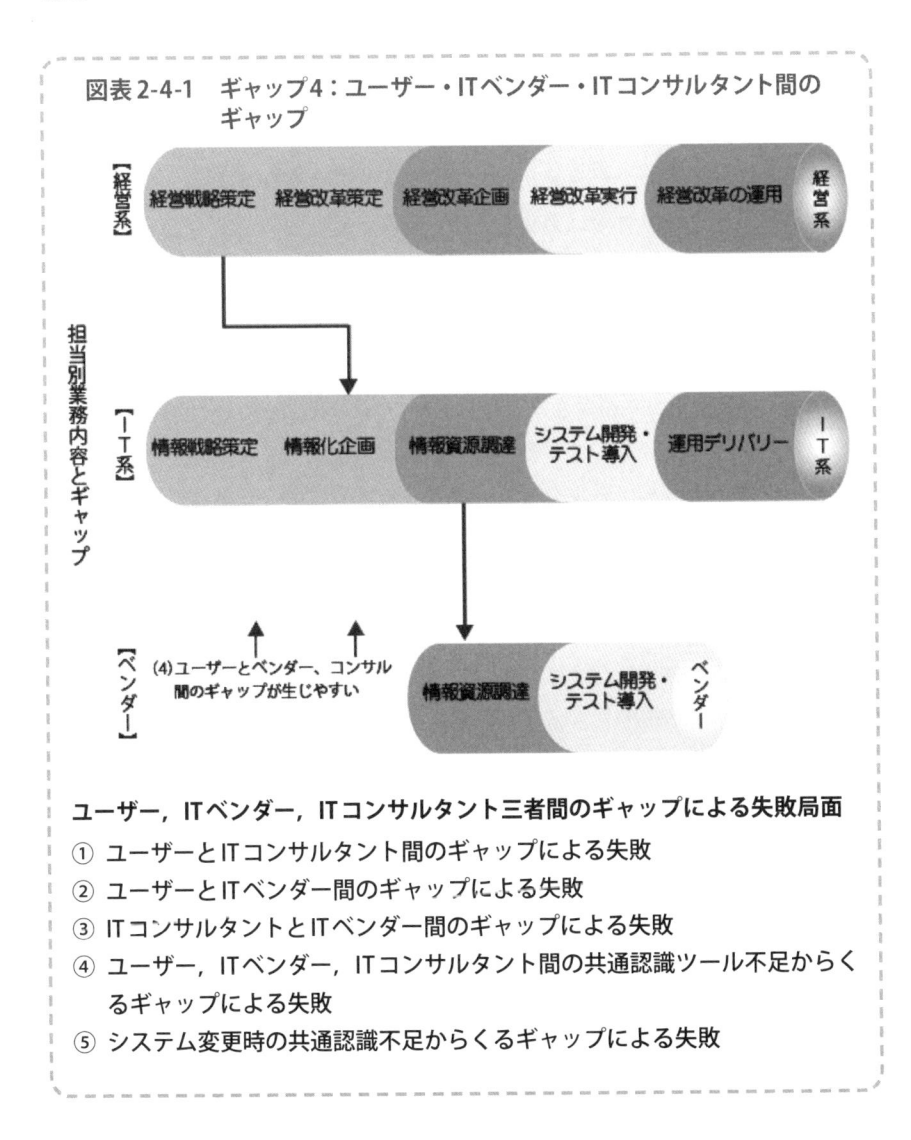

図表 2-4-1 ギャップ4：ユーザー・ITベンダー・ITコンサルタント間のギャップ

[経営系] 経営戦略策定　経営改革策定　経営改革企画　経営改革実行　経営改革の運用　[経営系]

担当別業務内容とギャップ

[IT系] 情報戦略策定　情報化企画　情報資源調達　システム開発・テスト導入　運用デリバリー　[IT系]

[ベンダー] (4)ユーザーとベンダー、コンサル間のギャップが生じやすい　情報資源調達　システム開発・テスト導入　[ベンダー]

ユーザー，ITベンダー，ITコンサルタント三者間のギャップによる失敗局面
① ユーザーとITコンサルタント間のギャップによる失敗
② ユーザーとITベンダー間のギャップによる失敗
③ ITコンサルタントとITベンダー間のギャップによる失敗
④ ユーザー，ITベンダー，ITコンサルタント間の共通認識ツール不足からくるギャップによる失敗
⑤ システム変更時の共通認識不足からくるギャップによる失敗

ユーザー・ITベンダー，そしてITコーディネータ・中小企業診断士等のコンサルタント間のギャップによる失敗にはどのようなものが考えられるであろうか。

(1) ユーザーとITコンサルタント間のギャップによる失敗

ITコーディネータや中小企業診断士等が，コンサルティングに入る場合で，ユーザーの意見を充分くみ取れずに両者間にギャップが生じる場合である。これらは共通認識できるツールを持っていない場合等に発生するが，重要なポイントである（解決の具体策は第9章で述べる）。

(2) ユーザーとITベンダー間のギャップによる失敗

ユーザーとベンダー間で「言った」「言わない」，「見積りに含まれている」「含まれていない」，「そのつもりでいた」「そのつもりではなかった」などと，揉める要因を作っている場合である。

これらを解消すべきツールをお互いが持っていることと実践する能力を有しているかということがポイントになる（解決の具体策は第9章で述べる）。

(3) ITコンサルタントとITベンダー間のギャップによる失敗

コンサルタントが示した計算式や，アルゴリズム等を充分ベンダーが理解できないで，ギャップが生じる場合である。

これもコンサルタントの説明能力や，ベンダーのSE（システムエンジニア）の理解能力の度合いによって大きく異なるが，そういう環境であってもいかに認識のギャップを少なくすることができるかがポイントである（解決の具体策は第9章で述べる）。

(4) ユーザー・ITベンダー・ITコンサルタント間の共通認識ツール不足からくるギャップによる失敗

このギャップの最も大きな要因は，三者が共通認識できる戦略ビジョンや，

「ビジネス・情報統合（BII）モデル」のような，三者で情報や認識を共有できるツールがないために生じるものである（**図表3-3-1**参照）。

　ユーザー・ITベンダー・ITコンサルタント間に発生する揉め事のほとんどが，ここに含まれるといってもよい。これらのギャップ克服のツールは現在のところベンダーから示されているとはいえないのが実態である（第6章の契約の面と併せてトラブルの要因となる）。

(5) システム変更時の共通認識不足からくるギャップによる失敗

　システムをレベルアップする場合等で，現状システムの充分な把握，移行の場合の課題等が充分認識されていないために起こるギャップである。

　これらも揉め事の種になるので，それらを解決するツールがユーザー・ITベンダーに用意されているかということになる。解決策は第8章で説明する（第3章第5節でも関連性について触れる）。

ギャップ5 リファレンスを活用しようとした場合にリファレンス間のギャップが生じて失敗する

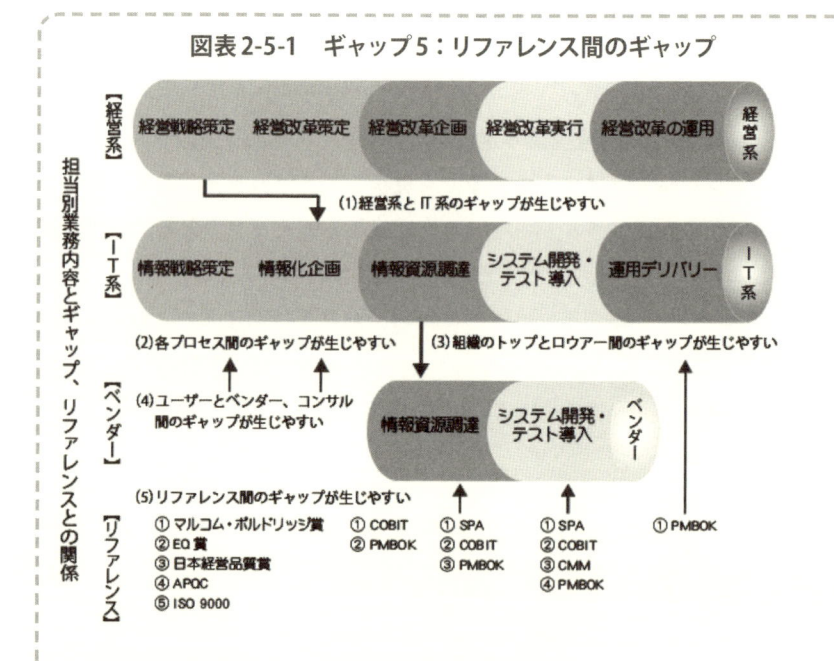

図表2-5-1 ギャップ5：リファレンス間のギャップ

担当別業務内容とギャップ、リファレンスとの関係

【経営系】
経営戦略策定 → 経営改革策定 → 経営改革企画 → 経営改革実行 → 経営改革の運用

(1) 経営系とIT系のギャップが生じやすい

【IT系】
情報戦略策定 → 情報化企画 → 情報資源調達 → システム開発・テスト導入 → 運用デリバリー

(2) 各プロセス間のギャップが生じやすい
(3) 組織のトップとロウアー間のギャップが生じやすい

【ベンダー】
情報資源調達 → システム開発・テスト導入

(4) ユーザーとベンダー、コンサル間のギャップが生じやすい

【リファレンス】
(5) リファレンス間のギャップが生じやすい

① マルコム・ボルドリッジ賞
② EQ賞
③ 日本経営品質賞
④ APQC
⑤ ISO 9000

① COBIT
② PMBOK

① SPA
② COBIT
③ PMBOK

① SPA
② COBIT
③ CMM
④ PMBOK

① PMBOK

リファレンス間のギャップが生じて失敗する局面

① 経営戦略でマルコム・ボルドリッジ賞を使う場合，中小企業では少し荷が重い
② 経営戦略でマルコム・ボルドリッジ賞を使い情報化企画でCOBITを使う場合，リファレンス間のギャップが生じる
③ 情報化企画でCOBITを使い情報資源調達でSPAを使う場合も，リファレンス間のギャップが生じて戸惑う面が生じる
④ 情報資源調達でSPAを使ってシステム開発・テスト導入でSPAを使う場合はスムーズに行くが，COBITを使う場合はリファレンス間のギャップが生じやすい
⑤ システム開発・テスト導入でSPAを使って運用・デリバリーでPMBOKを使う場合もリファレンス間のギャップが生じる

(1) 経営戦略でマルコム・ボルドリッジ賞を使う場合，中小企業では少し荷が重い

　図表2-5-1下段で掲げたリファレンス（参考実装）そのものは，立派過ぎて中小企業が活用しようとすると少し荷が重いような気がする。またリファレンス間には思想の統一がなく，リファレンスを活用しようとするとき，ギャップが生じる。

(2) 経営戦略でマルコム・ボルドリッジ賞を使い情報化企画でCOBITを使う場合，リファレンス間のギャップが生じる

　経営戦略プロセスで「マルコム・ボルドリッジ賞」（具体的な審査基準を公開し，その基準や審査プロセスをもとに自組織の経営を自己評価することを奨励）を使い，情報化企画段階で「COBIT」（ITガバナンスの成熟度を測る国際的な規格）を使うような場合，リファレンス間のギャップが生じてしまう。

　同じく，APQCモデル（業務プロセスのフレームワーク）からCOBITへ移行する場合にもリファレンス間のギャップが生じるであろう。

　ISO 9000（国際的な品質管理基準）からSPA（ソフトウェア・プロセス・アセスメント）へ移行する場合，ISO9000は品質管理の側面からのリファレンスであり，SPAはソフトウェアの観点から定められており，ギャップが生じる。またCOBITで情報化企画を適用させて，ソフトウェア開発でSPAを活用しようとした場合にもリファレンス間のギャップが生じることがあり，木に竹を接ぐような結果を招いてしまう面がある。

(3) 情報化企画でCOBITを使い情報資源調達でSPAを使う場合も，リファレンス間のギャップが生じて戸惑う面が生じる

　同じように情報化企画でCOBITを使い，情報資源調達しようとした場合もリファレンス間に微妙な差異が発生して，初めての人が応用活用しようとした場合にギャップが生じて戸惑う場面が出てくる。

図表 2-5-2　ギャップ解消度評価結果の集計（36社）

	サンプル数	1.経営系とIT系	2.各プロセス間	3.トップとロウアー間	4.ユーザーとITベンダー・コンサル間	5.リファレンス間	合計
失敗企業	18社	28.4	46.0	34.8	24.4	22.4	156.0
成功企業	18社	93.2	95.2	84.4	83.2	93.6	449.6

※失敗・成功の判定は品質・コスト・納期でやり、各調査項目は、100点満点に換算した。

(4) 情報資源調達でSPAを使ってシステム開発・テスト導入でSPAを使う場合はスムーズに行くが、COBITを使う場合はリファレンス間のギャップが生じやすい

　リファレンスはそれぞれ独立した思想で開発されたものなので、リファレンス間の連携は考慮されていない。

(5) システム開発・テスト導入でSPAを使って運用・デリバリーでPMBOKを使う場合もリファレンス間のギャップが生じる

　やはりリファレンス間の親和性が悪く、リファレンス間のギャップが生じてしまう。

　図表2-5-2は5つのギャップの解消度評価結果の集計を示したものだ。筆者が2011年に調査した36社のうち、失敗企業の平均では、経営系とIT系等のプロジェクトメンバー間のギャップは100点満点中28.4点であった。以下、開発プロセス間のギャップは46.0点、組織のトップとロウアー間のギャップは34.8点、ユーザーとITベンダー・ITコンサルタント間のギャップは24.4点、リファレンス間のギャップは22.4点であった（これらの解決策は第8章で述べる）。

第3章

IT構築要素不整備は，欠陥車でカーレースに参加するようなものだ

要素整備は，車でいえば，車体，エンジン，足回り，運転技術等の総合的な整備が必要なのと同じく，IT構築成功条件の場合もハードウェア（有形資産：情報機器）革新，ソフトウェア（知的財産権：ソフトウェアプログラム）革新の他に，マインドウェア（考え方・在り方・戦略ビジョン）革新，ヒューマンウェア（やり方・ノウハウ）革新，コミュニケーションウェア（約束事・EDI・ネットワーク）革新の整備が必要であると考えている。

要素不整備 1 経営者や社員の意識改革をしないままIT構築して失敗する

図表3-1-1　習慣づくと「見えない壁」になる

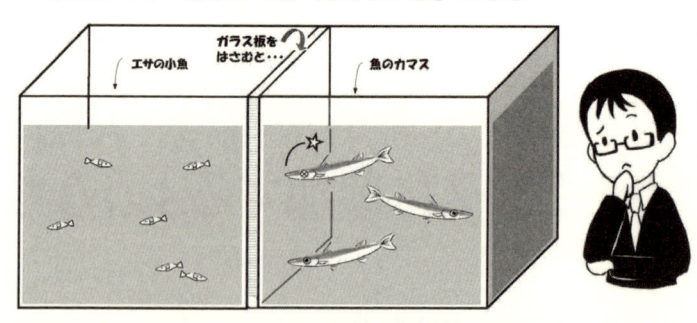

図表3-1-2　楽観主義と悲観主義

① 楽天主義‥‥何が起こっても大丈夫と思って，何か起こっても悪いことは起こらない　失敗するはずがないと思って何もしないこと。
② 楽観主義‥‥現実を見据えるのです。現実をありのままに見て，そこから出発する。
　　＊何とかなるかどうかは分からないけれど，何ともならないと考えることはない。とにかくできることからやろうと思って，できることをする‥‥。
③ 悲観主義‥‥状況に対する勇気を欠いており，何ともならないと諦めて結局何もしない。

例：つぼに落ちた2匹の蛙の運命

出所：岸見一郎著『アドラー心理学入門』ベスト新書

(1) 人間は革新を嫌い本来保守的である

5つの要素整備の1つ，マインドウェア（考え方・在り方・戦略ビジョン）革新がなされないとIT構築革新が進まないが，その例を示そう。

ここに人間の本質を示す実験がある。**図表3-1-1**に示すように，カマスを入れた水槽の中央をガラス板で仕切っておくと，カマスは，小魚をとろうと突っ込むがガラスの壁に当たって痛い思いをする。繰り返しているうちに習慣づいて，中央の壁ガラスを取り外しても，カマスは小魚のいるほうに行こうとしない。これが「習慣の壁」に相当する。（出所：『ニューモラル』No.529，モラロジー研究所）

実務の世界でも，我々は過去の自分の失敗経験から，今回も改革できっこないと決めつけていないであろうか。

(2) 悲観主義か楽観主義かでIT構築の結果が大きく異なる

経営者や社員がどのような考え方に立つかによって，**図表3-1-2**に示したように，結果は大きく異なる。つぼに落ちた2匹の蛙のうち，1匹の蛙は「ああ，もう駄目だ」と叫んで，諦めてしまう（死ぬ）。もう1匹の蛙は，何とかしようと思って，もがいて，足を蹴って，一生懸命泳いだ。すると，足の下が固まって，ミルクがチーズになった。それで，ピョンとその上に乗って外に飛び出した（助かる）。（出所：岸見一郎著『アドラー心理学入門』ベスト新書）

あなたは悲観主義になっていないだろうか。

(3) 経営者は水槽理論を学んでいるか

経営者や社員の意識が，**図表3-1-3**の左側の小さい水槽の中で社員（自身）の成長だけを望んでいないだろうか。これは，小さい水槽でいくら餌をやっても大きくならない。器を大きくして水質を変えることが重要であることを説いている。

図表 3-1-3　水槽理論

　熱帯魚を大きく育てる場合に，餌を沢山与えるよりも，水槽を大きなものにする方が，はるかに有効だという理論

①器を大きくする
②水質を変える

器と水質：元気でやる気にさせる環境

① 熱帯魚（社員）が住みやすい状態（器を大きく）にする
　〜経営の仕組み作りをする

② 熱帯魚（社員）が健康で丈夫に育つ水質にする
　〜社員が幸せになる理念・教育をする

要素不整備 2

IT構築の戦略が曖昧なうちにスタートして失敗する

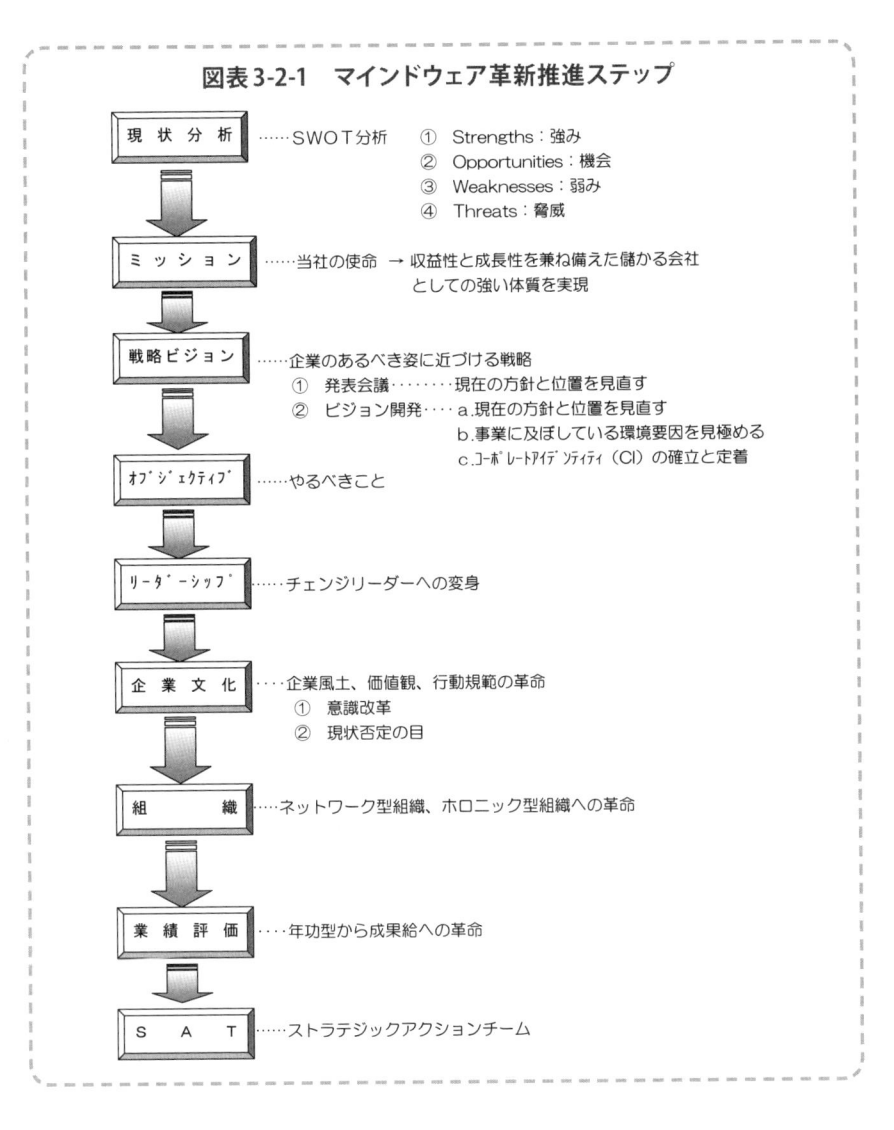

図表3-2-1　マインドウェア革新推進ステップ

```
[現状分析] ……SWOT分析   ① Strengths：強み
                        ② Opportunities：機会
                        ③ Weaknesses：弱み
                        ④ Threats：脅威
   ↓
[ミッション] ……当社の使命 → 収益性と成長性を兼ね備えた儲かる会社
                         としての強い体質を実現
   ↓
[戦略ビジョン] ……企業のあるべき姿に近づける戦略
                ① 発表会議……現在の方針と位置を見直す
                ② ビジョン開発… a.現在の方針と位置を見直す
                               b.事業に及ぼしている環境要因を見極める
                               c.コーポレートアイデンティティ（CI）の確立と定着
   ↓
[オブジェクティブ] ……やるべきこと
   ↓
[リーダーシップ] ……チェンジリーダーへの変身
   ↓
[企業文化] ……企業風土、価値観、行動規範の革命
            ① 意識改革
            ② 現状否定の目
   ↓
[組織] ……ネットワーク型組織、ホロニック型組織への革命
   ↓
[業績評価] ……年功型から成果給への革命
   ↓
[SAT] ……ストラテジックアクションチーム
```

第3章　IT構築要素不整備は，欠陥車でカーレースに参加するようなものだ

(1) IT構築プロジェクトのステップのセオリーに準拠していない

　IT構築プロジェクトは本来図表3-2-1のようなステップに沿ってやるべきものなのだが，大抵の場合いきなりベンダーを呼び出し，ハードウェアのカタログやパッケージソフトを見て「だいたいいけそうだからお願いします」という具合に進めていないだろうか。

　これは，ベンダーの餌食になるだけでなく，ベンダー・ユーザー双方の悲劇の始まりになるケースが多い。これでは追加料金が限りなく多くなるし，手戻りが多くなり，品質もよくなく，納期が延び，成功率が低くなる。

(2) 現状分析は適切に行われているか

　現状における分析ではSWOT分析（第9章　要素整備度1参照）で，自社の強み (S)・弱み (W)・機会 (O)・脅威 (T) を見極め，成功要因を導き出すことが求められる。この現状認識を正しく行わないと，戦略が正しく立てられないことになる。あなたの会社ではこれを見極めているであろうか（具体的なやり方は第9章で述べる）。

(3) ミッションは明確になっているか

　当社の社会的使命は何か，収益性と成長性を兼ね備えた儲かる会社としての強い体質を実現する必要がある。また，このプロジェクトの使命は何かを明確にしておく必要があるが，あなたの会社では，このような取り決めをしているであろうか（具体的なやり方は第9章で述べる）。

(4) オブジェクティブは明確か

　結果として何を目的として，何をアウトプット（出力）するのかを明確にしておく必要がある。これを定めてITプロジェクトをスタートさせているであろうか（具体的なやり方は第8章で述べる）。

(5) リーダーシップは発揮されているか

　このプロジェクトを成功裏に終わらせるためには，トップをはじめプロジェクトリーダーは，経営革新のための適切なリーダーシップを発揮しなければならないが，それが実践されているであろうか。

(6) 企業文化はIT経営革新に適合したものになっているか

　IT構築には経営革新が伴う。しかし人間は変化を嫌い，革新に対して抵抗することが多い。企業文化が，革新を受け入れる風土に充ちているか，それとも革新を嫌う風土なのかが重要なポイントとなるが，あなたの会社ははたしてどうであろうか。

(7) 組織の変革が進んでいるか

　情報システムの再構築に伴って，組織の変革が必要になることがある。たとえば，情報システム担当部署を設置する場合等は当然組織の変革が求められる。

　さらに情報システム部門も現場に強い人を担当にしないと，業務変革を遂行する能力に影響する（具体的なやり方は第9章で述べる）。

(8) 業績評価が明確に実践されているか

　情報システム稼働に伴って，業績評価をしようとするケースがある。その場合はどのような業績評価方法で，業績に応じて報酬をどのようにするかが決められていなければならない（付属資料①ツール169参照）。

(9) SAT（戦略的アクションチーム）のスタート

　ここでIT構築プロジェクトチームとしてのSATをスタートさせることになる。

要素不整備 3

業務革新を明確にしないままIT構築して失敗する

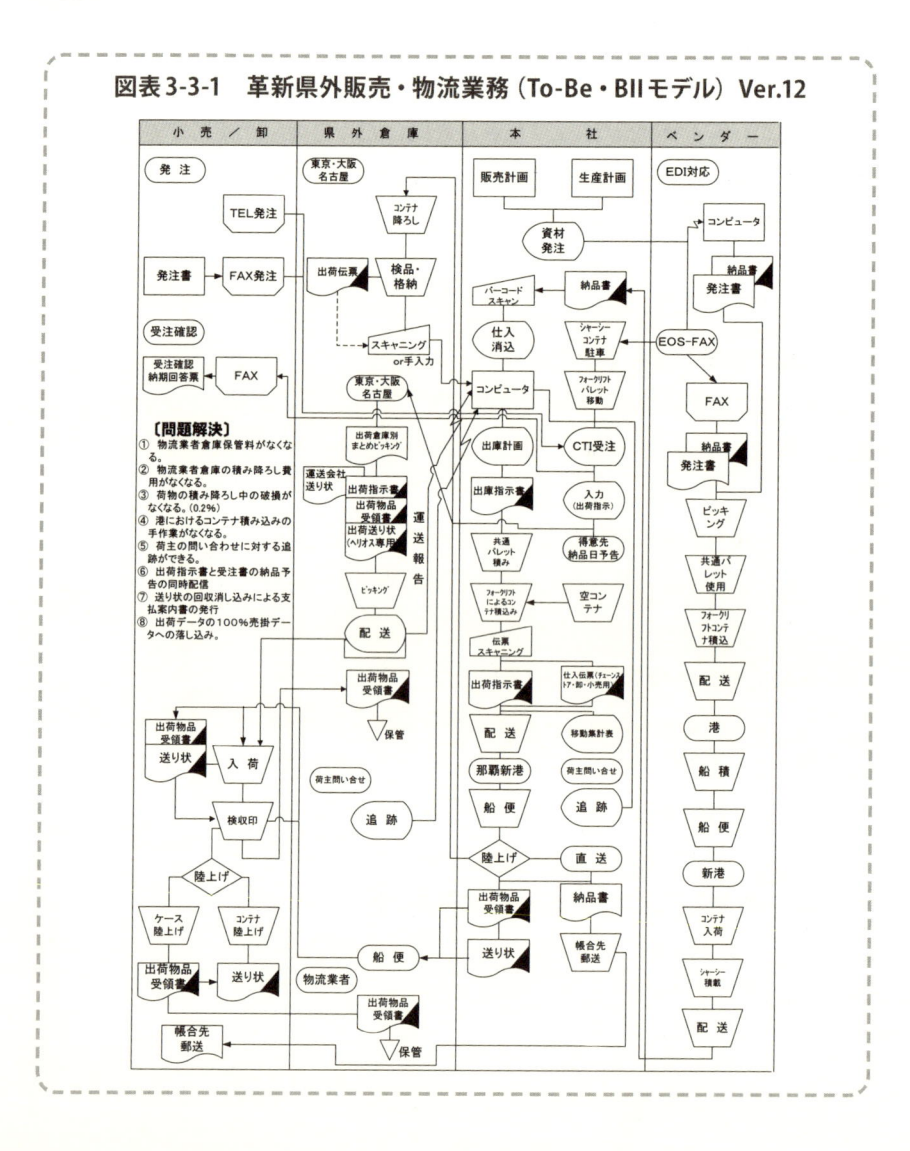

図表3-3-1　革新県外販売・物流業務（To-Be・BIIモデル）Ver.12

5つの要素不整備の1つ，ヒューマンウェア（やり方・ノウハウ）革新が不足していると失敗する。**図表3-3-1**に示す革新業務のように，ユーザー・ベンダー間で共通認識したやり方で失敗しないように工夫してやっているであろうか。

(1) 業務の問題点・課題を明確にしないままプログラム開発に移る

　図表3-3-1では経営革新後の業務（To-Beモデル）フローのようなものが作成されているであろうか。同じように現状業務（As-Isモデル）フローで，現状の問題点・課題を具体的に明確にし，ユーザー・ベンダー間の認識のズレをなくする必要がある。

　ここで現状業務フロー（As-Isモデル）での問題点・課題に，次の改善点がどこにあるかのヒントが隠されている。

　皆さんがベンダーと打ち合わせする場合にはどのようなやり方で行っているのであろうか。

(2) 業務革新を不明確のままIT構築を行う

　図表3-3-1は革新業務フロー（To-Beモデル）を表したものだが，現状業務（As-Isモデル）フローで問題点・課題を指摘したものを，このようにすれば問題解決できるという案である。

　この業務フローは，業務とITを並記したものとなっており，通常ベンダーが作成するものと異なっているかと思う。それはこのようにしたほうがユーザーの現場の人が理解しやすいからである。この方式をBII（ビジネス・情報・統合）モデルと筆者は呼んでいる。ベンダーが使っているDFD（データフローダイアグラム，**図表5-5-1**，付属資料①ツール91参照）では業務の人間系の作業が記述されていないのでわかりにくいため，双方を記述したものをBIIモデルとして使用している。

(3) 革新業務フロー（BIIモデル）を作成しておかないと手戻りの要因になる

　図表3-3-1のような業務の革新とITの革新をどのようにするかが見えないと，どういう結果になるであろうか。

① ユーザーと開発ベンダーとの意識のギャップが生ずる。

② 互いの認識の違いからプログラムの齟齬が発生し，バグの要因になる。

③ 結果として手戻りの要因になる。

④ 追加料金を請求される口実をベンダーに与えることになる。

要素不整備 4

EDIやネットワークの革新をしないままIT構築して失敗する

図表3-4-1 コミュニケーションウェア（EDI・ネットワーク）の全体構成

コミュニケーションウェア総括表

1. データ交換方式（EDI）
2. ネットワーク・情報共有・情報公開

コミュニケーションの基本原則	取引基本契約	取引運用規約	取引表現規約	取引通信規約	ネットワーク形態	通信サービス	情報公開	社内の情報共有	パートナーとの情報共有
計画	計画	計画	計画	計画	計画	計画	計画	計画	計画
リレーションプロセスの原則	取引商慣行	社内の運用ルール	データ媒体の取決め	TCP/IP	LAN	IP-VPN	企業情報の公開	事業成果情報	戦略的提携
タイムリー性と適切性確保	取引基本契約	仕入先との運用ルール	データ表現シンボルの統一	通信XML	WAN	広域LANサービス	調達情報の公開	業務情報	販売・在庫情報の共有
ニーズの明確化	契約形態	販売先との運用ルール	コードの統一	H手順	衛星通信	プロバイダーサービス	商品情報の公開	ナレッジ	販売予測情報の共有
事実の遵守	実行内容	ネットワークの運用ルール	各種データフォーマットの統一	Web-EDI	CATV	VAN	インタラクティブ情報交換	データベース	技術・開発情報の共有
正確性	取組範囲	コンピュータ運用ルール	各種伝票の統一	Gem2プロトコル	インターネット	インターネットVPN	ネットコミュニティ	グループウェア	生産情報の共有
モニタリング	モニタリング	モニタリング	モニタリング	モニタリング	モニタリング	モニタリング	モニタリング	モニタリング	モニタリング

図表3-4-2 チェーンストア統一伝票〔ターンアラウンド2型〕

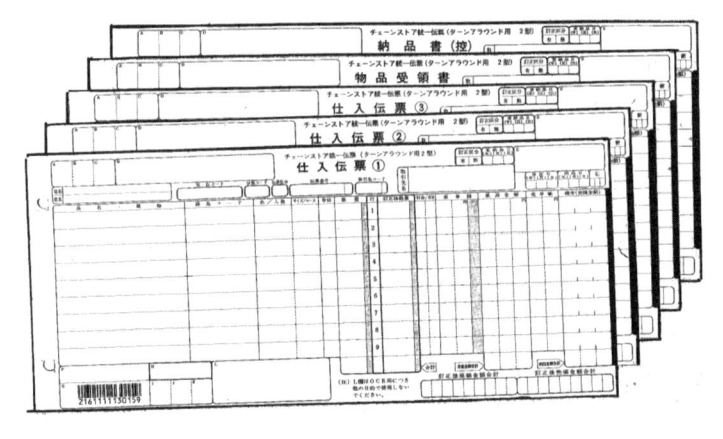

第3章 IT構築要素不整備は，欠陥車でカーレースに参加するようなものだ

要素不整備の4つ目は，コミュニケーションウェア（約束事・EDI・ネットワーク）革新をしないまま進めて失敗するケースである（**図表3-4-1**参照）。

（1）電子的データ交換方式（EDI）の取り決めが不充分で失敗する

図表3-4-1に示したように電子的データ交換やネットワーク・情報公開・商慣行のことを含めて，筆者はコミュニケーションウェアとして区分している。

1）取引の商慣行の取り決めは明確にしたか

商慣行には，リベートや現物添付，返品，賞味期限返品，賞味期限残切れ返品等がある。これらを知らないと後でとんだ手戻りの要因になる。

2）取引基本規約は明確にしたか

基本規約には取引の基本的な契約を交わす必要がある。取引先別に規約が異なっているとプログラム修正問題が発生する可能性がある。

3）取引運用規約は明確にしたか

取引先との発注の締め切り時刻・納品時刻・発注単位・返品する場合の取り決め等について明確にしておかないと，運用の段階になって不具合が生じる要因になる。

4）取引表現規約は明確にしたか

取引の伝票も取引先によって異なることが多い。この特殊取引が含まれていると，手戻りの要因になる。**図表3-4-2**で示したように，取引先にもチェーンストア統一伝票に変更してもらうようなことをしなければ，情報システムが複雑になるばかりで，開発コストが高くつくわりには使いにくく，またデータベース構造も構築しにくくなり，後のデータ活用にも影響してくる可能性がある。

5）取引通信規約は明確にしたか

通信規約も取引先によって異なることが多いので気をつける必要がある。最近ではJ手順に代わって，流通BMSのように共通プロトコルも使うことが検討されているであろうか。

(2) ネットワーク・情報共有・情報公開の取り決めが不充分で失敗する

1）ネットワーク形態の取り決めは明確か

ネットワークの形態をどのようにするのか。①LANなのか，②WANなのか，③衛星通信なのか，④CATVなのか，⑤インターネットなのか，最初から取り決めしておく必要がある。これが不明確であると思わぬ出費で予算オーバーになる。

2）通信サービスの取り決めは決まっているか

配信サービスは，①IP-VPNなのか，②広域LANサービスなのか，③プロバイダーサービス，または④VANなのか，⑤インターネットVPNなのか取り決めしておく必要がある。

3）情報公開の取り決めは明確になっているか

取引先に公開する情報，一般大衆に公開する情報の取り決めの仕方によっては，セキュリティレベル・情報取得のプライオリティ（優先権）の設定等を明確にしておく必要があるが，事前に準備を行ってから，ベンダーに折衝しているであろうか。

4）社内の情報共有の取り決めは明確になっているか

社内の共有であっても，すべての情報を共有するわけではない。職位の階層や事業部別等によって，プライオリティが異なってくる可能性が高い。そのようなことを取り決めしてからベンダーとの折衝をしているであろうか。

5）パートナーとの情報共有の取り決めは明確になっているか

ネットワークを組み，取引先に自社の販売情報や在庫情報を提供し，取引先から自動補充する取り決めをしているような場合，在庫がいくつになったら補充するか，販売量と在庫量とのアルゴリズムを計算して自動補充をやるのか等の取り決めが行われているであろうか。

やりようによっては，シンプルなシステムにもなるし，複雑で精度の高い自動補充システムにもなる。それらは明確になっているであろうか。

要素不整備 5 社内や取引先との約束事を取り決めないで失敗する

図表 3-5-1　CPFRはパートナーとの各種の取り決めで成り立っている

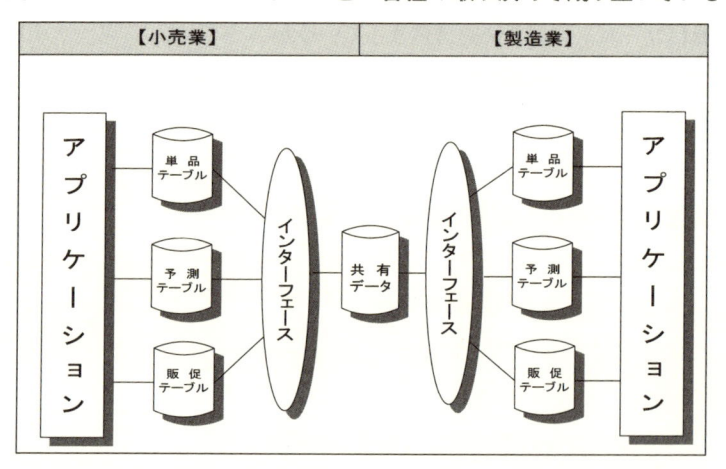

【小売業】　【製造業】

アプリケーション — 単品テーブル／予測テーブル／販促テーブル — インターフェース — 共有データ — インターフェース — 単品テーブル／予測テーブル／販促テーブル — アプリケーション

1. CPFRの考え方
   C：Collaboration（協力し合いながら）　P：Planning（計画を行い）
   F：Forecasting（予測をし）　R：Replenishment（商品補充を行う）

2. CPFRの期待効果
   ① 小売業：在庫を減らすことができる
      〜全米流通の25％を減らせる（2.6兆円の売上のため1兆円の在庫がある）
   ② メーカーは納品時間の短縮
   ③ 店頭での売り逃しを避ける
      〜米国小売店頭で6％品切れ ⇒ 2％に抑えられる

出所：VICS; the Voluntary Interindustry Commerce Standards Association
『CPFRガイドライン』（公財）流通経済研究所

（1）時代の流れに沿った取り決めをしているか

　最近サプライチェーンの改革が進み，各種企業間の取組みが進められてきている。図表3-5-1で示したCPFR（需要予測と剤補充のための企業間の共同事業）に取り組む場合等もその一例である。

　このような場合であっても，①どのカテゴリーに対して実行するか，②いつから実行するか，③取組み先の規模はどの程度まで行うか，等の取り決めをしないでスタートした場合に混乱の要因になる。

　そのほかCRP（継続的商品補充プログラム）においても，①どの取引先と行うか，②実施するカテゴリー，③実施開始時期等の取り決めが求められるが，情報系の人はこの辺を軽視する傾向が少なくないが，大切なことである。この運用の取り決めをやらずして，ソフトウェア開発をすることはきわめてリスクの高いビジネスであるといわざるを得ない。

（2）社内での取り決め

　CPFRに対応した小売業側の社内取り決めの場合，①入荷検品の取り決め，②納庫の取り決め，③陳列時間帯の取り決め，等が求められるであろう。このような細かな取り決めをやらずにプログラム開発をしてはならない。

　CRPにおける小売業社内の取り決めであっても，①入荷受け入れルール，②陳列ルール，③賞味期限ルール等が取り決められていないと混乱する。

　このように新しい取組みを行う場合において，取引先との取り決めだけでなく，社内の運用面の取り決めも明確にしておかないと失敗の要因になる。

（3）仕入れ先との取り決め

　共同事業としてのCPFRの例で考えると，①発注点の取り決め，②リードタイムの取り決め，③検品の取り決めルール等各種の取り決めをしなければならない。

　CRPの実施の場合であっても，①カテゴリー別週別回転率，②店別・商品別ライフサイクル期データ，③リードタイム・在庫データ等の取り決めが明確

でないと運用段階でつまずいてしまう可能性がある。
　このようにして，仕入れ先との取組みルールを明確にしておく必要があるが，案外ないがしろにされるケースも少なくない。

(4) 販売先との取り決め

　メーカーや卸売業者の立場での販売先への取り決めだけでなく，一般消費者へネット販売等で直接販売するケースも多くなってきた。そのような場合にあって，①受注から決済までのルール，②受注から納品までのリードタイムの取り決め，③納品先は自宅かCVS等の店舗での受け取りか，③納品（または受け取り）時間帯はいつか，等の取り決めが求められよう。
　ギフト商品等の場合は宛名についても「高橋」と「髙橋」の違いや，「斉藤」と「齋藤」「齊藤」の違い等，業種業態によって，特異なケースがあるので充分留意する必要がある。
　このように，販売先との取り決めを明確にしておかなかったために，多くの企業が手戻りの失敗を重ねているのもまた事実である。

(5) 物流業者等との取り決め

　取引先には，仕入れ先や納入先だけではない。物流業者との取り決めも明確にしておく必要がある。たとえば，①商品の引き取り時間，②商品の保管温度帯，③トレーサビリティ（追跡管理）の問い合わせに関する取り決め，④代引きに関する取り決め，⑤代引きの手数料の取り決め，⑤代金回収の入金通知の取り決め等が明確になっていなければならない。
　代金決済業者やクレジット会社等との取り決めも必要である。①決済データの通信手段，②通信プロトコル，③未決済の場合のリスクはどちらが負担するのか等。
　これらの取り決めが未整備であると，運用段階でつまずき失敗の要因になるのである。

第4章

成功メソッドを持たないまま進め，IT構築が失敗する

メソッド不備 1　開発段階で当初見積りに「含まれる」「含まれない」で揉める

図表 4-1-1　当初見積金額に含まれている範囲

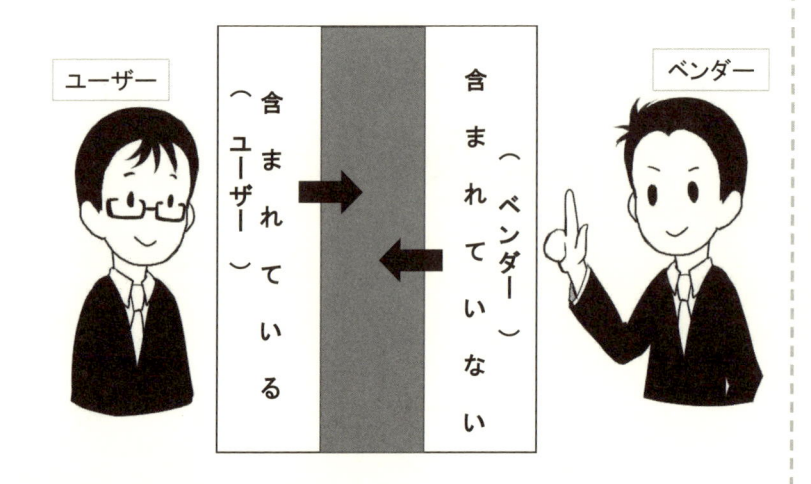

ユーザー　　含まれている（ユーザー）　　含まれていない（ベンダー）　　ベンダー

当初見積りに含まれるソフト開発範囲

① ユーザーの認識

　〜当初見積りに含まれている（最初すべてできると言ったではないか！）

② ベンダーの認識

　〜当初見積りに含まれていない

　（その後追加の仕様が増えたので，追加料金をもらうのは当然だ！）

③ 当初見積りに「含まれている」（ユーザー）「含まれていない」（ベンダー）で揉め事になる

(1) ユーザーは当初見積りにすべてが含まれると思い込んでいる

　第1章～3章で示した結果は，最終的に「見積りに含まれる」「含まれない」で揉めるのが，平均的中小企業でのIT構築の実態といえよう。

　ベンダーによるプロポーザル（提案依頼書）説明会では，ベンダーも売り込みに必死であるから，多少フライング気味の発言が少なくない。

　それを記憶しているユーザーは，夢のようなシステムが稼働すると信じ込んでしまうことが容易に想像できる。それをまともに信じることが失敗の始まりである。最終的なベンダー決定の際に確認がなされないまま，契約，開発へと進んでしまうケースが多い。これは当初の認識の誤解をそのまま引きずって，詳細設計，プログラム開発へと進んでしまう結果になる。

(2) ベンダーは当初与件から逸脱したものは追加料金をもらえると思っている

　一方，システム提供側のベンダーは，当初見積りは限定的で，それ以外は当然のごとく追加料金に該当すると信じ込んでいるし，そのようにしなければ利益が捻出できないことも充分わかっている。

　よって，いかにして追加料金を正当化するかに気を遣って開発の打ち合わせを行っているのである。そのことに気がついたり，それを防止する手立てをほとんどのユーザー企業は知らないのではないか。

　よって，最終的に当初見積りに「含まれている」「含まれていない」で揉めることになる。あなたはそのような経験をしているはずである。

(3) 多くのユーザー・ベンダーは追加料金が0の解決策を見出していない

　ベンダーの都合からすると，追加料金は利益を出す「打ち出の小槌」になっている面がある。決してそれがベストのやり方とは思っていないと思うが，「他に手立てがないから仕方がない」とこの悪慣習を続けることになる。

　中小企業ユーザーの多くは，それを知らないで，追加料金の話を持ち出されて初めて「何かおかしい」と思いつつも反論できずにずるずると開発を進める結果になるのである。

その結果は相変わらず，双方の不信か，あるいは力関係によって強引に一方的にねじ伏せられない限り，この現象は続くのである。

(4) 要件を曖昧にして追加料金をもらったほうがベンダーの収益になる？

わざと要件定義を不明確にすることをベンダーは望んではいないと思うが，どこか見積査定違いがあることを心配していないだろうか。よって，想定外のことが出てくることもあるので，追加料金は当然かかるものだとユーザー教育したほうがよいと思っている節はないだろうか。

追加料金をもらわなければソフト開発の黒字化は無理だとの思いから，要件定義は多少甘くとも開発をスタートし，詳細設計の段階で，当初予定していたものから「追加あり」と認識させ，それらに対する請求を行おうとしていないだろうか。

(5) ベンダーの下心を知らないで言いなりになっているユーザー

当初，「基本設計だけで100万円をいただきますが，そこでソフトウェア全体の予算を明確にしましょう」という具合に，設計とプログラム開発・検収は別途に契約する等のやり方である。ベンダーのリスクを避けるために分割契約（第6章・12章で述べる）を進めるケースが多くなってきている。これはベンダーにとって有利で，ユーザーにとっては最終価格がいくらになるかわからないまま，契約が進むことになる。

ユーザーはこのからくりを知らないで，ベンダーの言うがままになって進められることになる。後述するやり方をすればベンダーとユーザーの間には揉め事は少なくなる。しかし，ユーザーは途中でIT投資金額が膨大になっても，もはや引き返せない状態になっている。

なぜなら途中解約すれば，契約金や着手金等がすべて無駄になるし，場合によっては，中止しても追加料金を取られる羽目になってしまうからである（解決策は第Ⅱ部で述べる）。

メソッド不備 2 追加料金を支払わなければ「下ろさせていただきます」のベンダーの殺し文句

図表 4-2-1　戦う前から負けているユーザー

負け犬

勝ち犬

1. 契約の段階からベンダーのペースになっている
   〜契約の手付金が負け戦の始まり
2. 追加料金
   〜断ったら，損するユーザーの仕組み
3. ベンダーに下りられたら，ユーザーの損失がより大きい
   〜途中解約はユーザーの損害が大きい
4. 検収でも追加料金が取られる
   〜「見積りの範囲外です」の言葉に抗することができないユーザー

第4章　成功メソッドを持たないまま進め，IT構築が失敗する

(1) 最初の契約の手付金が負け戦の始まり

　大抵の場合，見積書を提出したら契約書を交わすのが一般的である。この契約の段階で着手金とか手付金という名目で全体経費の10分の1から3分の1程度を支払わされるケースが大半である。ソフトウェアの内容も，運用形態も，商品コードも，取引区分も決まっていない段階で，支払うのである。
　普通，家を建てる場合は，間取りや，基礎のやり方，屋根の形状や材質，壁や襖等を取り決めて進めていくため，ほぼユーザーは完成がイメージできている。よって，当初予定と大きな違いは生じないのである。
　しかし，コンピュータプログラムは，目で見えない部分も多く，ユーザーはどのようにしたらよいか熟知していないケースもあるし，完成品もイメージしにくいのではなかろうか（解決策は第12章で述べる）。

(2) 追加料金を請求されても断れない仕組み

　着手金や手付金を先払いする仕組みから，途中解約するとユーザーが損をすることは既に述べた。損を覚悟で途中解約するユーザーはそう多くはないだろう。よって，途中で追加料金が請求される結果となっても，断れないのである。多少のことは仕方がないと思いつつ，追加料金を支払う結果になる。
　ユーザーの我慢の範囲以内なら，問題は表面化しないが，我慢の限界を超えるとトラブルになる。しかし，トラブルになっても，ユーザーが不利な状態に置かれていることには変わりないのである（解決策は第12章で述べる）。

(3) ベンダーに下りられたらユーザーが損する仕組み

　ユーザーが，追加料金に我慢できなくて，「何とか見積金額の範囲内にできないのか」と言っても，ベンダーから「**それでは下ろさせていただきます**」と返された場合に，ユーザーはどうなるであろうか。既に勝負はあったも同然である。
　大方の費用を支払った段階で，この言葉を使われるので，ユーザーにとっては戦う余地のない負け戦が始まるのである。あなたの会社はこのような時にベ

ンダーと対峙する智恵は持ち合わせているだろうか。大抵のユーザーは，何か腑に落ちないと思いつつも，追加料金を追認せざるを得ないのではなかろうか（解決策は第12章で述べる）。

(4) 検収で不具合が出てきても追加料金を取られる

同様に，検収の段階で，ユーザーが「使い勝手が悪いから修正してくれ」と言った場合も同じである。「見積時の仕様とは異なるので追加料金がかかりますがよろしいですか」と言われる可能性が高い。

その時，追加料金も払わずに自社の都合のいいように無料で修正してもらうことなどできないと端から思い込んでいないだろうか。一般的にはそのとおりである。しかし，ユーザーからすれば，ごく当然のように，当初の見積金額で完成してくれることを期待していないだろうか。対策は第Ⅱ部で詳しく説明しよう（筆者は30年間，追加料金を支払わずにやってきた）。

(5) お金を払わなければ完成しない仕組み

契約時に着手金または手付金が支払われ，さらに中間金が支払われる場合もある。契約の内容が先払い方式になっているのであるから，ソフトウェア開発途中で，話が決裂した場合，お金が支払われなければ「下ろさせてもらいます」と言われる可能性があるし，不具合のまま使っていれば，どこかにデータの整合性や，セキュリティ等の問題が発生することが考えられる。

このようなことを考えると，お金を支払わなければシステムは完成しないし，場合によっては動かないので，泣く泣く追加料金を支払う結果になるのである。

あなたの企業もこのような経験はないだろうか。こんな素人を騙すようなやり方をやめない限り，業界の信頼性は高まらないだけでなく，IT投資に対する経営者の姿勢は消極的にならざるを得ないのではなかろうか（解決策は第12章で述べる）。

メソッド不備 3 ソフトウェア品質をユーザー任せにするベンダーの体質

図表4-3-1　ソフトウェア品質は誰の責任？

ユーザー　　　　　　　　　　　　　〔社　長〕

「**当然ベンダーの責任でしょう**」

（ソフトウェア品質）

ベンダー　　　　　　　　　　　　　〔営業マン〕

「お客さんの言われたとおり作ったのです。よって、お客さんの責任です」

（ソフトウェア品質）

(1) お客様の言われたとおりやれば，結果責任はお客様という考え

　ベンダーの姿勢として，ユーザーの言われたとおりプログラム開発すればよいと考えている企業が多くないだろうか。そうすれば，結果責任はユーザーにあり，「貴社の言われたとおり作りました。不具合が出るのはそちらの責任です」と暗に責任逃れしていないだろうか。

　ベンダーの立場からすると，ある程度やむを得ない面はあるが，それではIT投資効果が高いものにはならないと思う。ユーザーが真に喜んで投資を行うようにするにはベンダーは責任をもって，品質を高めて，効果の出るシステムを完成しなければならない。

(2) お客様からの要望以外はやらないが原則になっていないか

　お客様の要望以外のことを親切に開発してやれば，コストがかさむだけである。だから，言われたこと以外は開発をしないというベンダーの姿勢になっていないだろうか。これはベンダーの利益追求の立場からすれば，当然とも思えるが，業界の発展にはつながらないのである。もしベンダーがやらないのであれば，ITコーディネータのような立場の人が，ユーザーにとって何が必要なのかを的確に判断して，必要なものは開発をするよう進言する必要があろう。

　また必要性の低いものについては，現場に自重してもらって，開発費を抑える必要もある。

(3) ユーザーのごく一部の意見を取り入れて齟齬が出るのに断れない現実

　ベンダーはお金をもらう立場であるから，ユーザーから強い意見で言われると，断りにくい場合もある。その意見を入れることによって，全体の不整合が発生し，齟齬の要因になる可能性が高くなるとしても断れないという場合がないだろうか。

　これはベンダーの最も弱いところとなるが，勇断をもってユーザーを説得する勇気あるSEはごく一部にとどまっているのが現実である。

　そのことから，これを実行できる立場のITコーディネータや中小企業診断

士のような立場の人による正しい導きが期待されるところであろう。

(4) ユーザーとベンダーとコンサルタント間のギャップ
　IT戦略，情報化企画，情報資源調達，システム開発，テスト導入，運用デリバリーと開発プロセスは多岐にわたるが，その間，ユーザーと，ベンダーとコンサルタント間の意識のギャップが生じる。その防止策をもってプロジェクトを進めるユーザーはほとんどいないのではないか。ベンダーであってもその具体策を講じてプロジェクトをリードできる人は数少ない。
　同じように，第三者的立場のITコーディネータ・中小企業診断士等においてもできる人とできない人がいると思われる。これらを解決できる人に依頼しているであろうか。現実にはそこまで考えている企業は少ないのではなかろうか（解決策は第9章で述べる）。

(5) トップと現場との意識のギャップ
　トップがいくらやると言っていても，現場の人が理解しているかというと，必ずしもそうでないことも多い。トップの意向を理解して，ロウアーに具体的な方法論をかみ砕いて説明できるミドルはそう多くはないであろう。理解して，システムに具現化するということは，特殊な能力をもっている人以外難しいからである。
　これも多くの失敗の要因になるが，具体的な進め方を会得している人は少ないように思う。その具体的な方法は第Ⅱ部で説明するが，ここでは，トップとロウアーの意識のギャップによってソフトウェアプログラムの品質が大きく異なってくることだけを指摘しておこう（解決策は第9章で述べる）。

メソッド不備 4 次の開発は別のベンダーにしようとした時のクレーム

図表4-4-1　ソフト開発した成果物はユーザーのもの？

ユーザー　〔社　長〕

全部我が社のものだ！

ソフト成果物

図表4-4-2　ソフト開発した成果物はベンダーのもの？

ベンダー　〔営業マン〕

一部はユーザーのものですが

汎用部分は違います

ソフト成果物

第4章　成功メソッドを持たないまま進め，IT構築が失敗する　**63**

(1) いつもベンダーと仲良くやれるとは限らない

　本来ユーザーとベンダーはWin-Winの関係にありたいものだ。しかし，何かの行き違い，思い違い等によって，思いがけない不仲になる不幸に見舞われることがある。

　ここに取り上げるのは，今まで仲良くやっていたのに，ちょっとしたことから不仲になり，失敗した例である。

　当初，ITコーディネータ／中小企業診断士によって第1期システムはスムーズに動いた。しかし8年後，ハードウェアが古くなってきたので独力で入れ替えをしようと考えた。ソフトウェアプログラムには満足しているのだから，それでよいと考えたようだ。

　しかし，何かの行き違いで，社長がベンダーに怒り出して，担当者の顔を見るのも嫌だということになって，ベンダーを替えることになった。

　別のベンダーを呼び，同じメーカーのハードウェアを入れればコンバージョン（移行）は可能と考えたのである。

(2) ベンダーと感情的になって開発を取りやめた専門店

　ところが，旧ベンダーから「ソフトウェアの所有権は当社にあるので，当社の許諾なしに他社に乗り換えることは承伏できない」とクレームがついた。

　そうなると新しいベンダーが提供するハードウェアに，既に開発済みのソフトウェアを載せることができなくなる。

　今までのベンダーでハードウェアの入れ替えだけなら，今までの3分の1程度の費用に収まったはずであるが，何がなんでもベンダーを替えるのだという経営者の判断が，大きなツケになったのである（解決策は第12章で述べる）。

(3) 自分がお金を出して開発したのだから全部自分のものだと早合点

　旧システムのアプリケーションは，完璧にできているから，大変気に入っている。よってそのまま新しいベンダーから同じメーカーのハードウェアを供給してもらい，コンバージョンすれば同じではないかと考えたようである。

しかし，ソフトの汎用部分と共有部分があり，旧ベンダーが他社のハードにコンバージョンすることを拒んだのである。
　結果的には，今までのソフトをすべて捨てて，同じ内容のアプリケーションを一から開発する羽目になってしまった。当初ソフトウェアはすべて自分のものと思い込んでいた社長は，思惑がすべて狂ってしまったのである。

(4) ベンダー・ハードウェアのみを替えてもコンバージョンは簡単にいかない現実
　ソフトウェアの権利関係は，汎用部分とユーザーの専用部分，ベンダーの専用部分と，場合によっては両者の共有部分からなる。これを理解しないで，自分がお金を出したのだから，すべて自分のものと思い込み，ソフトウェアの権利関係をよく理解しないまま，コンバージョンを図ろうとして失敗したようである。
　やはり，ベンダーを替えようとする時は，自己流の判断はケガの元であるという事例である（解決策は第11章で述べる）。

(5) 二重に損することになった専門店
　結論からすると，旧ベンダーに途中までコンバージョンを依頼した費用と，新たにソフトウェアを一から作り直す費用の二重の損失をしたことになる。
　直接費用だけの損失ではない。その間の旧システムのハードのトラブルによるリカバリー処理の時間や，新たに開発する時の打ち合わせ時間等の間接費も大きな損失になる。
　しかし，中小企業の多くが泣き寝入りして，このような損失を重ねているのではなかろうか。わかっているつもりでやったことがいかに大きなツケになるかという事例である（解決策は第12章で述べる）。

第4章　成功メソッドを持たないまま進め，IT構築が失敗する　**65**

メソッド不備 5 「アジャイル開発」という名の落とし穴

図表4-5-1 ウォーターフォール型開発とアジャイル型開発の比較

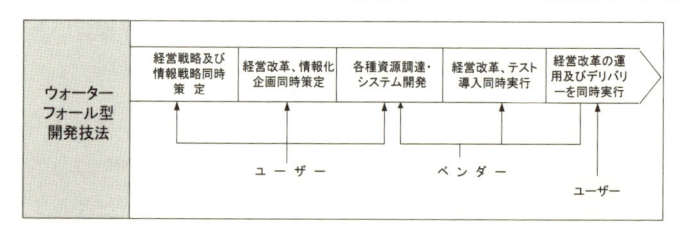

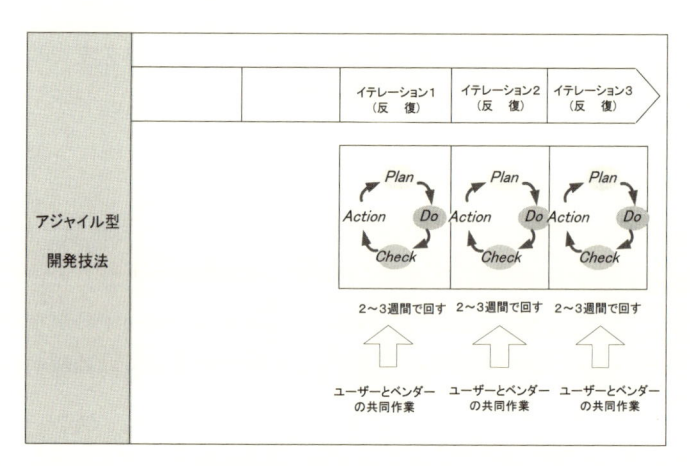

ウォーターフォール型開発技法	経営戦略及び情報戦略同時策定 → 経営改革、情報化企画同時策定 → 各種資源調達・システム開発 → 経営改革、テスト導入同時実行 → 経営改革の運用及びデリバリーを同時実行

（ユーザー／ベンダー／ユーザー）

アジャイル型開発技法：イテレーション1（反復）、イテレーション2（反復）、イテレーション3（反復）、それぞれPlan-Do-Check-Actionを2〜3週間で回す。ユーザーとベンダーの共同作業。

ウォーターフォール型開発技法：開発プロセスの「概要設計」「詳細設計」「プログラミング」「テスト」「運用」などの作業工程にトップダウンで分割する。前工程が完了しないと次工程に進まないことから、水のように上流から下流に流され、逆流しないことでウォーターフォールの名前がつけられた。

アジャイル型開発技法：迅速かつ適応的にソフトウェア開発を行う計量的な開発手法群の総称。

(1) アジャイル型開発といってもいろいろある

　アジャイル型開発が巷で騒がれて久しいが，最近また「超高速開発」なるものが謳い文句となって，新しいブームになってきている。

　アジャイルソフトウェア開発という意味は，「ソフトウェア工学において迅速かつ適応的にソフトウェア開発を行う計量的な開発手法群の総称である」ということであるが，簡単にいうと，アジャイルとは「俊敏」とか「迅速」という意味で，世の中の急激な変化についていくのなら，速いスピードでソフト開発を進めなければ，適応できないではないかということなのである。

　もっともな話であるし，それ自体の考え方は間違っているとも思わない。しかし，アジャイル開発ツールはコンテキサー（㈱アプストウェブ），Open Text Cordys（㈱ジャパンコンピューターサービス），Magic Xpa Application Platform（マジックソフトウェア・ジャパン㈱），Sapiens（サピエンス・ジャパン㈱）等30社以上にも上る。

(2) アジャイル型開発はなぜ普及しないか

　アジャイル型開発は2001年に17人のアメリカ人によって提唱されたが，騒がれているほどに普及しないのはなぜなのだろう。

　アジャイル型開発の手法は，**図表4-5-1**に示すように，開発対象を多数の小さな機能に分割し，1つの反復（イテレーション）で1機能を開発する（反復型開発）。この反復のサイクルを継続して行い，1つの機能を追加開発していくやり方である。

　環境対応のため，俊敏なソフトウェア開発に有効であるが，当初からどの程度のコストがかかるか見えない面がある。したがって，ソフトウェアベンダーとしては，ユーザーに対する見積金額が正確に読めない側面がリスクとなっている。

　また，ベンダーとしては，ユーザーから終わりのない改善要求が来る可能性がある。

(3) アジャイル型開発のスピードだけで騙されるな

アジャイル型開発は俊敏な開発を謳い文句にしているが，それなりの手順を踏んでいないと，失敗する可能性がある。すなわち，①業務フローの作成，②上位情報モデル，③ビジネスルール，④下位情報モデル，⑤データモデル，⑥ドキュメントの作成等は行わなければならないことに留意する必要がある。

早く開発したいからといって，アジャイル型開発ならすべてうまくいくということにはならないだろう。

(4) アジャイル型開発の落とし穴

アジャイル型開発は，開発工数においてウォーターフォール型の2分の1から10分の1で済むといわれているが，コストもそのようになるのかというと必ずしもそうでもない。ユーザーと合意形成するためのドキュメント作成等に時間がかかるからである。企業内部で開発する場合，人件費は固定費であるから，特に経費が増えるわけではないが，外部委託をする場合は別である。あくまでも受託した側のコスト計算のもとに算出されるからである。

先に挙げた①業務フローの作成，②上位情報モデル，③ビジネスルール，④下位情報モデル，⑤データモデル，⑥ドキュメントの作成にはそれ相当のコストがかかるということと，プロトタイピング画面を作って試作品を稼働させる場合であっても，変更には際限なくコストがかさむ可能性があることも忘れてはならないであろう。

(5) アジャイルは簡単にできると思い込むな

以上のことから，アジャイル型開発は簡単にできると思い込んではいけない。前述した事柄をクリアすることができるなら，自社で開発はできると思われるが，外部委託する場合も，納期やコストの面で事前確認しておかないと，とんだケガをしてしまう恐れがあることを知っておかなければならない。

第5章 こんなIT構築プロセスでよいのか

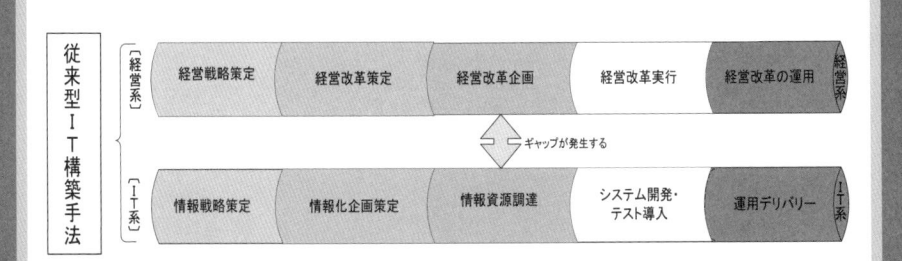

従来型IT構築手法

［経営系］
経営戦略策定 → 経営改革策定 → 経営改革企画 → 経営改革実行 → 経営改革の運用

ギャップが発生する

［IT系］
情報戦略策定 → 情報化企画策定 → 情報資源調達 → システム開発・テスト導入 → 運用デリバリー

プロセス間違い 1 経営戦略をIT戦略に落とし込めないままプロセスだけが進んでしまう

図表 5-1-1　夢を見る経営者

【夢】

意のままのデータ入力

【現実】

手で入力してください

(1) IT経営に夢を見る経営者

　経営トップは常に進歩を願って夢を描くものである。そこで，新しい情報システムのコンセプトがベンダーから提案されると，藁をもつかむ思いで，そのコンセプトによって自社の問題点・課題点を解決できるような気になることも少なくない。

　たとえば「クラウドコンピューティング」がこれからの時代の流れという判断は間違いないとしても，そのコンセプトの長所・短所と，実行しようとする場合の障害は，どのようなものがあるのかを考えずに飛びついてしまう可能性がある。

　これがトップとして大きな間違いの始まりとなるのである。夢だけではIT構築はできない。素人がヒマラヤの頂上に登りたいという「夢」だけでそれが達成できるものではない。

(2) 経営トップの夢を具体化できない中間管理職

　いくら経営トップがバラ色の夢を描いても，それを具現化することができる中間管理職がいなければ，夢は実現しない。社長の「夢」を具体的に現場展開できる業務革新・情報システム革新構築能力が，社内の中間管理職にあるか否かを見極めていないと，失敗の始まりになる。社内にいないと判断した場合は，外部の優れた支援者を得て行うことになる。

　しかし，現実には社長が自分の思いだけで突っ走っていないだろうか。トップの考えを理解している人材はいても，それを具体的業務と情報システムとに融合できる構築能力がなければ，結局はだめである。それらを勘案すると，人材は，なかなかいないのが中小企業の実態かもしれない。これらの答えは第Ⅱ部で詳しく述べる。

(3) 現場は自分の業務しか見ていない

　高邁な経営戦略であっても，現場の人間としては自分に降りかかる業務がどのようになるかということに関心があり，会社全体については，とかく無関心

なものである。

　このことが，システムのイノベーションを阻害する要因となるのであり，諸悪の根源となるのであるが，現場の担当者としてみれば，会社を悪くするために抵抗しているわけではない。自分の業務を忠実に実行しようとするから，システムの進化を結果的に嫌うことになるのだ。このことも変革の阻害要因だ。

(4) 経営戦略・IT戦略局面におけるトップとロウアー間のギャップ

　トップは，会社をよりよいものにしようと必死で考え，「夢のシステム」を追い続けている。一方，現場担当者は，自分の業務を忠実に実行しようと思う余り，「革新システム稼働では業務が実現できない」という結果になる場合が少なくない。

　どちらも会社をよくしようと思ってまじめな意見として発言しているのである。ここに優れた中間管理職がいて，解決案が出せればよいが，中小企業の場合，解決案を出し切れない場合も少なくない。結果としてトップとロウアー間のギャップが発生するとともに革新が進まないことになる（解決策は第8章で述べる）。

(5) 経営戦略・IT戦略を社員全員に知らせるノウハウがない？

　当初計画の経営戦略・情報戦略があっても，それは社長の頭の中にのみあって社員全員が理解していない場合がある。それらをコンパクトにまとめて，今後どのように進めていき，到達地点はどのようになるかを明確に示した戦略ビジョンがなければならない。

　ここで，中間管理職等が，社長の夢を現場に落とし込む能力に長け，戦略を革新に変えて，情報ステムに具体的に落とし込んで説明できれば，その企業はイノベーションでき，発展できることになる。

　しかし，多くの中小企業が，戦略ビジョンを明確にしないまま，次のプロセスに進んでいくのではないだろうか。革新の方途を知らないまま，IT構築化に進んでいないだろうか。これが役立たないIT構築の典型的なパターンである。

プロセス間違い 2
情報戦略から企画・要件定義へと進むにつれて課題が続出

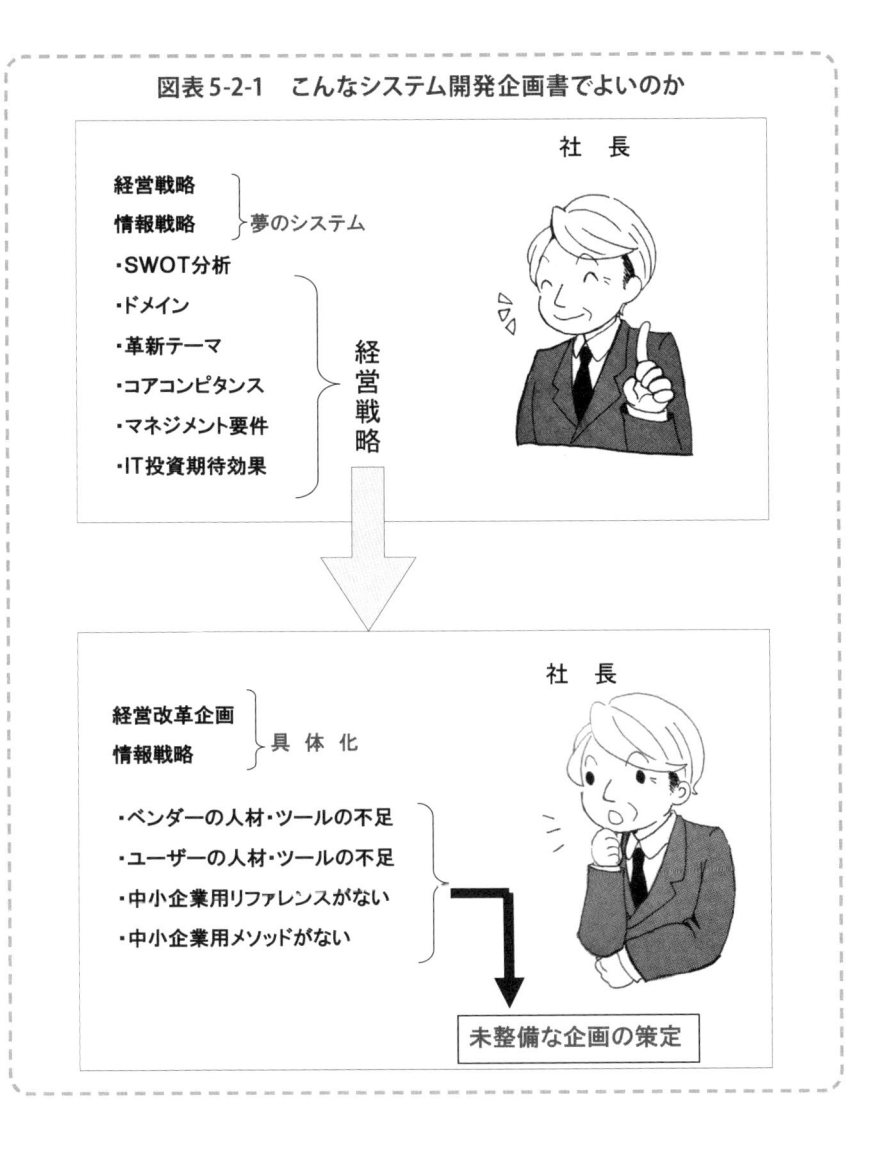

図表 5-2-1　こんなシステム開発企画書でよいのか

社長

経営戦略
情報戦略　　　}夢のシステム
・SWOT分析
・ドメイン
・革新テーマ　　　}経営戦略
・コアコンピタンス
・マネジメント要件
・IT投資期待効果

↓

社長

経営改革企画
情報戦略　　　}具体化

・ベンダーの人材・ツールの不足
・ユーザーの人材・ツールの不足
・中小企業用リファレンスがない
・中小企業用メソッドがない

→ 未整備な企画の策定

第5章　こんなIT構築プロセスでよいのか　　73

(1) 具体化に責任をもたない総研会社のプレゼンテーション

多くの「○○総合研究所」と称される企業のシステムプレゼンも要注意である。パワーポイントで格好よく説明され,「これからの経営はクラウドコンピューティングの時代である」等と提案されるケースがあるが,その具体策を質問すると,「それはあなたの企業が考えることです」と言われてがっかりした中小企業は少なくないであろう。

総研会社の情報戦略論のプレゼンは,多くの場合,詳細まで落とし込めるイメージをもって提案しているわけではない。いわば言いっ放しの無責任な提案も少なくない。

(2) 情報戦略が決まっても情報化企画に落とし込めないベンダー

総研会社ですらこの体たらくであるから,ITベンダーにおいても「人月ビジネス」をやり続けてきた経緯から,情報戦略を情報化企画へ具体的に落とし込めない企業が少なくないのである。

最近では,この能力をひた隠しにするためか情報戦略から,アジャイル開発やプロトタイプ開発などといって,いきなりシステム開発に入るケースが見受けられるが,これはさらに問題の傷口を大きくする可能性がある。

このパターンはユーザーにとって泥沼のシステム開発に突入したことになり,結果は請求金額がいくらになるか皆目見当がつかない場合も少なくない。

(3) 情報戦略を情報化企画に落とし込めないユーザーを救ってくれない

もう1つの課題が,ユーザー側に情報戦略を情報化企画に具体的に展開できる人がいるかということである。そのような人材が中小企業に皆無とはいわないが,現実には,なかなか難しいのも事実である。

本来,このような両者が困っているところをITコーディネータや中小企業診断士等が支援して解決することが求められるのであろう。

筆者のコンサルティング活動の多くが,この分野に時間を割いているという現実からすると,世間のニーズがいかに大きいかがうかがえる。この分野で働

くコンサルタントの皆さんに，ぜひ奮起してほしい重要な項目の1つである。

(4) 情報化企画に落とし込めたとしても要件定義が不正確

　本来，情報化企画の中に要件定義は含まれるものなのかもしれないが，ここではあえて要件定義を取り上げる。通常，機能や性能の要求となっているが，内容が漠然としているためそのレベルはさまざまで，ベンダーの主導で行われることになるケースが多い。

　その結果は，曖昧性が残るソフトウェアとハードウェアの概要だけを取りまとめただけで，すぐにシステム開発に突入していくやり方となる。この方式では，限りなく当初予算の1.9倍かかる「**追加費用請求型**」システム開発へと引きずり込まれていくのである。

　これが中小企業の最も典型的なシステム開発になっている。これをあなたは当たり前の出来事と見過ごすことができるだろうか。

(5) 要件定義の不正確さは問題点を続出させる

　要件定義が未完成のまま，またはほとんど手をつけずに，プログラム開発に進んでいけば，行き着くところは前述したとおりとなる。

　システム開発の契約がなされた後は，SE（システムエンジニア）とプログラマー（プログラム開発者）によって進められていくことになる。これらの人たちのミッションは，いかに早く完成させ，いかに早くお金を回収するかであり，ベンダーの上層部から圧力がかかっているため，すぐプログラム開発に進みたがるのである。

　この結果，不正確な要件定義のもとに開発されていくため，ユーザーからの「**要求の変更**」が多くなり，「**プログラム修正**」「**追加料金の請求**」「**納期遅れ**」「**成功率の低下**」へと進んでいくことになるのである。

プロセス間違い 3 開発段階・運用段階で修正が発生していないか

図表 5-3-1　こんな開発・運用でよいのか

開発・運用段階

ユーザー

・開発段階で要求が多くなる
　「今までのやり方が出来なくなるので困る」
　「特殊取引に対応して欲しい」

・運用段階で変更要求が続出
　「使いにくい」
　「スピードが遅い」

↓

結果として

社　長

・開発段階で追加料金を請求される

・運用段階で追加料金を請求される

・納期遅れを起こす

・成功率は低い

(1) 開発段階で要求が多くなる

　情報化企画・要件定義が甘いまま出発したシステム開発は，現実の開発段階でしっかりツケが待っている。具体的なシステムが見えてくると，現場のユーザーから不満や，新しい要求が出てくるのが通常の姿である。

　出力帳票の変更，入力画面の変更，あるいは特殊取引で例外事項の要求などが新しく出てくる。こんなことでベンダーも迷惑しているし，ユーザーも困っているのである。

　特にビジネス商慣習から，納入時半金払いや，10本に2本サービス，分引き等，各種の入り組んだ商慣習がこの段階で続出した場合，手戻りの要因となるし，バグ（ソフトの「虫」）の要因にもなるのである。

(2) 開発段階で追加料金を請求される

　要求が変更されたり，追加されれば追加料金を請求する口実をベンダーに与えることになる。米国 The Standish Group の調査では当初予算の1.9倍の開発費がかかっているという報告がされている。しかし，追加料金の請求金額はもっと高かったかもしれない。最終決着で1.9倍の支払いとなっているということは，第1章で述べた4-2-4-3のルールの例から推測すれば，請求金額は当初予算の3倍近くなされたのかもしれない。

　こんなIT業界の商慣習は，不慣れな中小企業ユーザーにとってとても容認できることではないと思う。読者のあなたはどのようにお考えであろうか。

(3) 運用段階で変更要求が続出してしまう

　開発段階での要求に加え，運用段階においても「使い勝手がよくない」「イレギュラー処埋ができない」「スピードが遅い」などと，現場ユーザーからの不満が続出する可能性がある。

　このことは，前述したように，新しい仕様の変更を余儀なくさせ，そうしたことでシステムに不具合が生じ，バグの要因となるのである。

　結果として，追加料金はたくさん支払ったにもかかわらず，ユーザーの満足

度は低く，ユーザーにとっての不満要素となっていないだろうか。またそれと同じくらい，ベンダーのストレスにもなっているのである。お互いが相手のやり方を陰で罵り合い，相手のせいにしていないであろうか。IT業界の悲しい一面であると同時に，この業界の後進性といわざるを得ない。

(4) 運用段階での仕様変更で追加請求されていないか

　開発段階での仕様の変更と併せて，運用段階においても仕様の変更が出た場合，追加料金請求の口実をベンダーに与えてしまうことになる。ベンダーと折衝することに不慣れな中小企業も少なくないと思われるが，これに抗することはプロとアマのボクシングの試合を見るがごとくである。

　ベンダーの意のままに，不満ではあるが渋々追加料金を支払っていないであろうか。こんな理不尽なことが行われているとしたら，とうてい我慢のならない現象である。

　この解決案は第Ⅱ部第10章，第11章で述べるのでそちらを参照してほしい。

(5) 結果としてバグを続出させ，納期遅れを起こしてしまう

　開発段階・運用段階での仕様の変更は，追加料金請求の口実をベンダーに与えると同時にバグの要因にもなることは既に述べた。

　システムのバグが続出すれば，それを修正するためのプログラム修正が必要となり，納期遅れを引き起こすことになる。

　本来，システム稼働がなされれば，IT投資効果が享受できたはずのものを，喪失利益は大きいのである。ところが，IT投資効果どころか，システムがまともに稼働せずにうろうろしている企業も少なくないのが現実ではなかろうか。

　これらの解決策は第Ⅱ部第7章に述べているので参照してほしい。

プロセス間違い **4**

予見できないリスクが潜んでいる
IT業界の特異性

図表5-4-1　予見できないリスクが潜んでいるIT業界の特異性

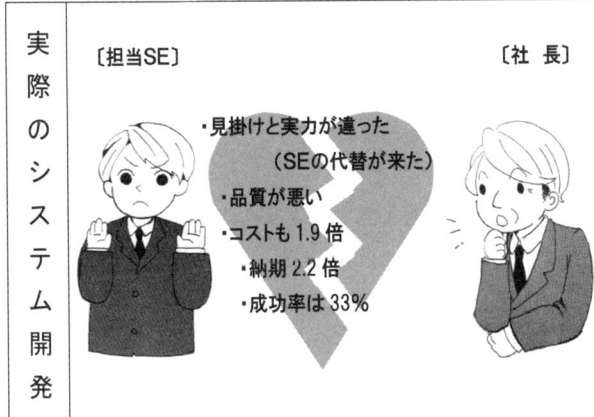

見合いの段階

〔担当SE〕　〔社長〕
・能力ありそうだ！
・品質も
・コストも
・納期も
・大丈夫成功できそうだ！

実際のシステム開発

〔担当SE〕　〔社長〕
・見掛けと実力が違った
　（SEの代替が来た）
・品質が悪い
・コストも1.9倍
・納期2.2倍
・成功率は33％

第5章　こんなIT構築プロセスでよいのか

(1) 担当するSEの能力によって成功の運命は大きく異なる

　大会社にシステム開発を依頼したのだから大丈夫と思ったら大間違いである。ユーザーは，往々にして会社のブランドを信用してメーカーを選定したりするものであるが，IT業界における，それも中小企業のIT構築に限っていえば，それらは明らかに間違いである。

　実は，大企業のブランドはほとんど関係ない。なぜなら，担当するSEの能力によって成功か否かがほとんど決まるからである。大企業であっても，一流大学を出ていても，筆者の経験ではあまり関係がないように思う。

　優秀なSEは大きなプロジェクトに登用され，暇でダメSEが中小企業に回される可能性があるからである。そのような場合，中小企業ユーザーにとっては最悪のリスクになる。

(2) 品質の保証がされないリスクが潜んでいる

　SEの当たり外れと相関して，品質の当たり外れが生じてしまう可能性がある。せっかく優れた情報化戦略，情報化企画が行われても情報資源調達（メーカー選定）を誤った場合には，大きなリスクとなってしまう。いやメーカー選定というより，SE選定といったほうが正しいのかもしれない。

　特に当初のプレゼンテーションでは優れたSEが来ても，いざ開発の段階で別のSEに替わるケースがある。その場合，より優れたSEに替わる可能性よりも，よりレベルの低いSEになる可能性のほうが高いのである。

　こうした現実を知らない中小企業が実は多いのである。

(3) システム開発価格が予算どおりに収まるか見えないリスク

　SEが優秀であれば回避できるリスクも，未熟さゆえに傷口を大きくする可能性もある。もちろん，ベンダーの責任によるものだけでなく，ユーザーの未熟さから来るリスクが重なり合って，開発の追加・修正を大きくして，予算オーバーになっていないだろうか。

　これを防ぐための方策は第Ⅱ部で詳しく説明するが，前述したように，世界

的に予算オーバーは常態化しているのが現実である。

　したがって，予算オーバーはやむを得ないのだろうか。中小企業のIT構築は諦めなければならないのだろうか。筆者の人生はそれに挑戦し続けた人生でもあるのだ。

(4) 納期も予算どおりいかないリスクが潜んでいる

　本書を読んでいただいている皆さんの会社では納期どおりに出来上がっているだろうか。品質・価格とともに納期も予定どおりにいかない現実がある。納期遅れをリカバリーする手法は，WBS法・クリティカルパス法・ファーストトラッキング法等，数多く提唱されているが，実際には当初予定の2.2倍の時間がかかっている現実がある。

　しかし，品質を高めるためには納期を遅らせても，品質を優先する場合もあると思われるが，いずれにせよ品質・コストとの密接な関係で進んでいくので，そのリスクは複合化してくるのである。

　納期遅れは品質の低下に起因していることが多く，そこを直さずして，納期遅れのリスクは防げない。

(5) 成功率も低いリスク

　成功率は通常，品質・コスト・時間（納期）によって評価できるが，先述したように成功率は26〜33％程度である。このようなリスクを回避する技術の開発をベンダーは長年怠ってきた。現在も成功率は33％程度であり，決して誉められた数字ではないのだ。

　このように低い成功率のリスクを背負って歩まなければならないのが現実である。中小企業の成功率の実態は，もっと低いと筆者は考えている。それだけになおさらのこと，いかにしてリスクを回避するかは中小企業にとっても大きな課題ではないだろうか。

プロセス間違い 5 見える化が難しいIT構築

図表 5-5-1　一般的な開発プロセス

① ビジネスプロセスモデル

DFD（データフローダイヤグラム）

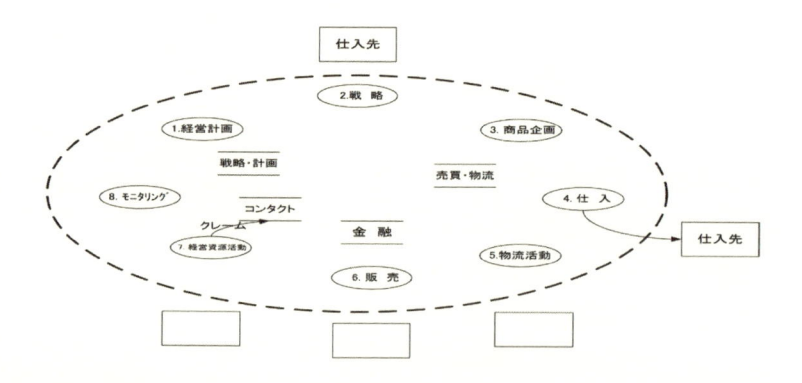

（仕入先／2.戦略／1.経営計画／3.商品企画／戦略・計画／売買・物流／8.モニタリング／コンタクト／クレーム／7.経営資源活動／金融／4.仕入／5.物流活動／6.販売／仕入先）

④ データモデル

基本データ										
社員コード	3	3	3	3	3	3	3	3		
氏名	3	3	3	3	3	3	3	3		
住所	3	3	3	3	3	3	3	3		
電話番号	3	3	3	3	3	3	3	3		
e-mail	3	3	3	3	3	3	3	3		
企業分類										
所属	3	3	3	3	3	3	3	3	3	
職位	3	3	3	3	3	3	3	3	3	
等級（与信・キャパシティ）	3	3	3	3	3	3	3	3	3	
会計手続分類										
クレジット／支払	3	3	3	3	3	3	3	3	O	4
税金	3	3	3	3	3	3	3	3	O	4
源泉	3	3	3	3	3	3	3	3	O	4
トランザクション分類										
混合／純情報	3	3	3	3	3	3	3	3	3	4
契約タイプ	3	3	3	3	3	3	3	3	3	4
トランザクション										
人・組織コード	3	3	3	3	3	3	3	3	3	4
分類コード	3	3	3	3	3	3	3	3	3	4
手数額	3	3	3	3	3	3	3	3	3	4
タイムスタンプ	3	3	3	3	3	3	3	3	3	4

資料提供：筒井恵氏

②上位情報モデル ERD

③下位情報モデル

下位情報モデル（モデリング図・クラス図）の事例

資料提供：筒井恵氏

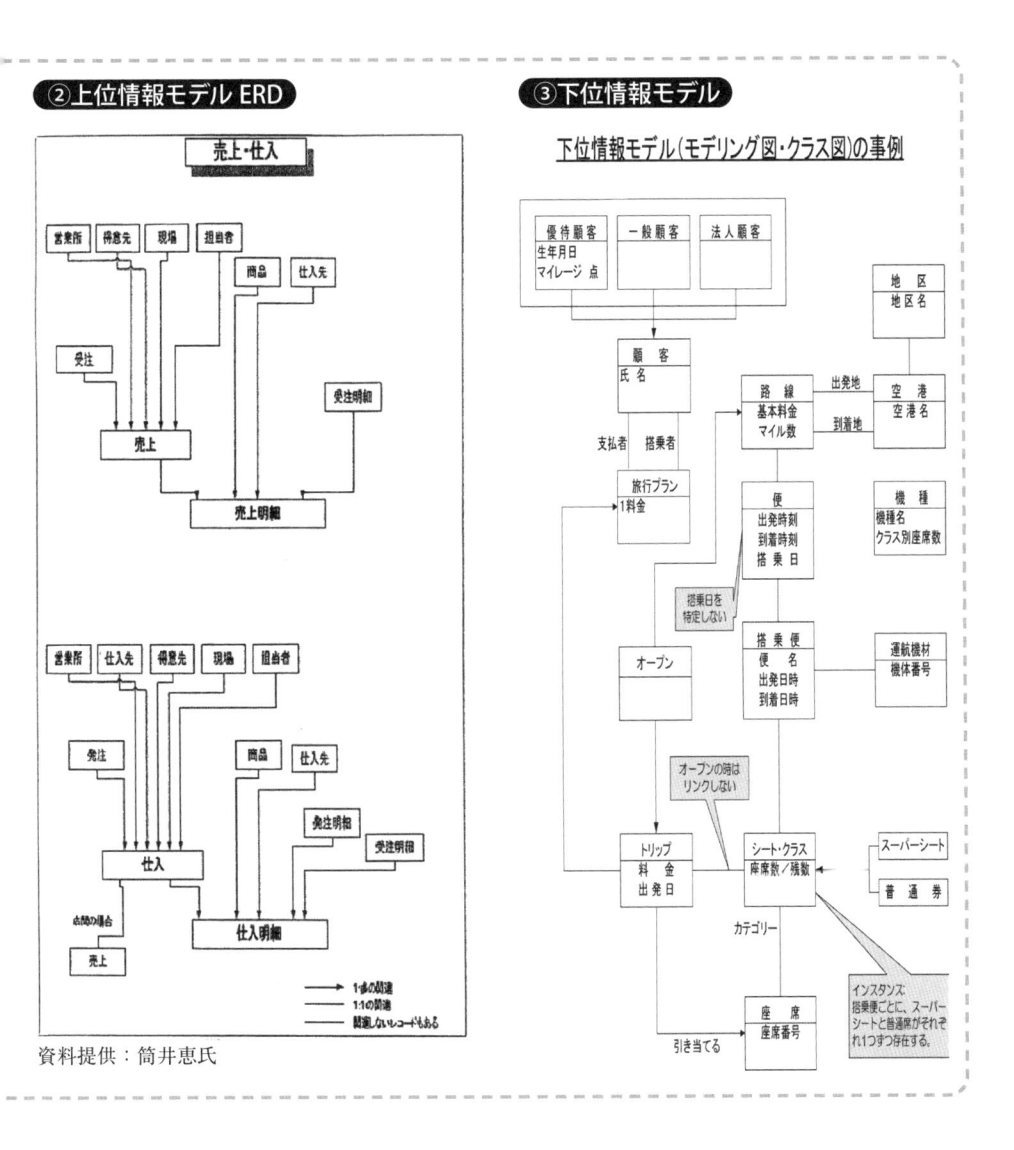

第5章　こんなIT構築プロセスでよいのか

(1) ユーザー社長の戦略がベンダーには見えない

　ユーザー企業の社長の思いは，はたしてどのようなものであるのか。それをベンダーが理解して見える化したり，中小企業の内部の人が具現化することは，容易なことではない。ベンダーは，最も大切な企業のIT戦略でIT投資効果を明らかにしてこなかった。

　いわばベンダーにとって，ユーザーの投資効果などどっちでもよいと思っている節がある。ユーザーの言ったことをそのまま作って早くお金をもらえればいいという姿勢である。すなわち，投資効果の責任はユーザーにあるのだという考えである。これで犠牲になるのは明らかに中小企業ではないだろうか（解決策は第11章で述べる）。

(2) ベンダーの言っているDFDでユーザーが理解できるか

　よくものの本の最初に，DFD（データフローダイアグラム）を作成して開発範囲を決定するとある。しかし，**図表5-5-1のDFDでユーザーは理解できるであろうか**。ユーザーは曖昧模糊としているうちにプロジェクトがベンダー主導で進められてしまうのではなかろうか。

　これで，お互いが理解できるはずの図表になって，見える化が図られたといえるであろうか。何となくわかったような気持ちにユーザーがなったとしても，後で問題点が浮き彫りになるのである。

　この表現の仕方は，ベンダーにとって，後日トラブルになった場合，抗弁できる証明にはなっても，ユーザーにとってはわかりにくい表現と思われる。これもユーザーにとって不利な表現方法の1つである（解決策は第11章で述べる）。

(3) 上位情報モデル（ERD）でユーザーが理解できるか

　図表5-5-1に示した「上位情報モデル」も，ベンダーの開発のためのツールであって，ユーザーにはわかりにくい。しかし，プログラムの品質を高め，手戻りさせないためには，これを作成しておけば理解できるのである。しかし，

これをユーザーに求めるのは酷であり、現実的ではない。

　たとえば、ベンダーが作成してユーザーがその内容チェックを求められても、責任ある回答ができる中小企業ユーザーはどの程度いるであろうか。「見える化はできた」とベンダーが言っても、ユーザーは見えないのが実態と思うのが自然ではなかろうか（解決策は第11章で述べる）。

（4）下位情報モデル（ジェネリック情報モデル）でユーザーが理解できるか

　図表5-5-1に示した「下位情報モデル」は、業務の流れにさらにタスクの項目を記述したものである。ベンダーにとっては開発の必須条件ともいえることであるが、ユーザーにとってはさらに面倒なことになる。

　中小企業の開発の実態を見ると、このところを明確に示してお互いが確認し合う手続を行うケースはまずない。そこでお互いの認識のギャップが生じて、後日トラブルの要因となっていくのである。

　ここまでやればよいに決まっているが、コストと時間の制約から、省いてしまうこととなり、結果、後のツケを大きくしているのである（解決策は第11章で述べる）。

（5）データモデルをユーザーが作れるか

　データモデルは図表5-5-1に示してあるように、各業務別にデータ項目を記述したものであるが、ベンダーにとっても、ユーザーにとっても比較的わかりやすく理解されやすいものである。しかし、ベンダーは作成しても、ユーザーには提示しないことも少なくない。

　特にアジャイル型開発では必須のものとなるが、これをユーザーが全部作ることは容易ではない。しかし、打ち合わせでお互いが理解できるための説明にはよい方法であるが、現在のシステム開発の打ち合わせにおいて、これらのプロセスを経た開発を行っているであろうか。

　これらの手続がいいかげんに行われ、後日トラブルになっていないであろうか。

第6章

こんなIT構築契約でよいか

錠前

契約間違い 1
「経済産業省モデル契約書」という名の落とし穴

図表6-1-1 経済産業省のモデル契約書に示された著作権帰属に関する3つの案

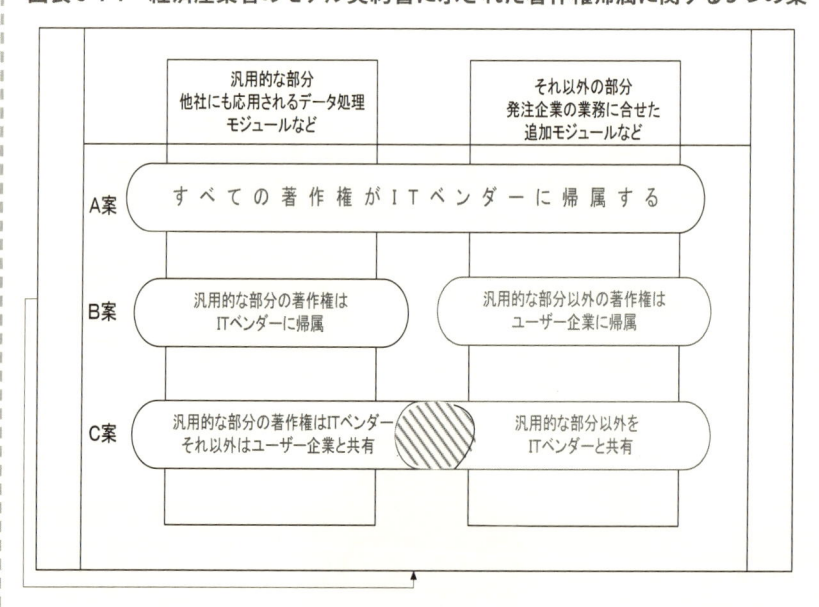

	汎用的な部分 他社にも応用されるデータ処理 モジュールなど	それ以外の部分 発注企業の業務に合せた 追加モジュールなど
A案	すべての著作権がITベンダーに帰属する	
B案	汎用的な部分の著作権は ITベンダーに帰属	汎用的な部分以外の著作権は ユーザー企業に帰属
C案	汎用的な部分の著作権はITベンダー それ以外はユーザー企業と共有	汎用的な部分以外を ITベンダーと共有

　A案は、ITベンダーにすべての著作権が帰属し、ITベンダーに有利であるが、ユーザー企業にとっては不利なモデルである。

　B案は、元来ベンダーが開発済みの汎用部分はITベンダーに帰属し、発注企業の要求に応じて開発された著作権はユーザー企業に帰属する。これはユーザー企業の権利が確保される。

　C案は、本来B案で、ユーザー企業が著作権を確保できる場合であっても、開発費を安価にするためにベンダーに一部譲歩したものともいえる。

(1) 経済産業省モデル契約書には3通りある

1) ベンダーはモデル契約書A案を持ってくる

図表6-1-1に示すように，経済産業省モデル契約書は3通りある。この選択によってユーザー有利になるか，ベンダー有利になるかの違いが生じる。ベンダーは「経産省モデル契約書に準拠していますから」と言ってA案を持ってくることが考えられる。ベンダーが開発したパッケージソフトを利用して稼働させる場合はこの契約で何ら問題はない。

しかし，これで契約すると，自社負担で開発したソフトウェアの著作権がすべてベンダーのものとなる。数年後機種のマイグレーションで，他社ベンダーに乗り換えようとする際に，著作権を主張され，ハードウェアを最新のものにして，ソフトウェアを載せ替えること自体ができなくなる可能性が高い。

2) ユーザーにとってモデル契約書B案が有利になっている

よって，ユーザーの立場で考えるなら，ユーザー有利の契約であるB案を選択するほうが望ましい。B案は，汎用部分（OSやミドルウェア，開発言語等）以外はユーザーの著作権とする契約である。

ベンダーは当然のごとくA案を選択して持ってくることが考えられるが，協議して極力B案で契約を進めようとしても種々の障害が発生する場合もある。また，B案をベンダーが認めたくとも，一部ベンダーが開発したパッケージを利用している場合は，協議する必要がある。

3) 妥協案としてのモデル契約書C案がある

そうはいってもベンダーが簡単にB案を承諾するとも思えない。そこで両者の妥協案として，本来ユーザーが確保すべき知的財産権を，一部ベンダーと共有することによって開発コストを引き下げ妥協するケースがある。

また，ベンダーのパッケージを一部利用する等の場合，著作権が共有され，またユーザーの著作権を一部共有することによって，ベンダーが販売することを許認することがある。

なお，この契約書の詳細は経済産業省Webサイト http://meti.go.jp/policy/keiyaku/ を参照していただきたい。

契約間違い 2
固定料金＋受注コスト契約（CPPF方式）の謎

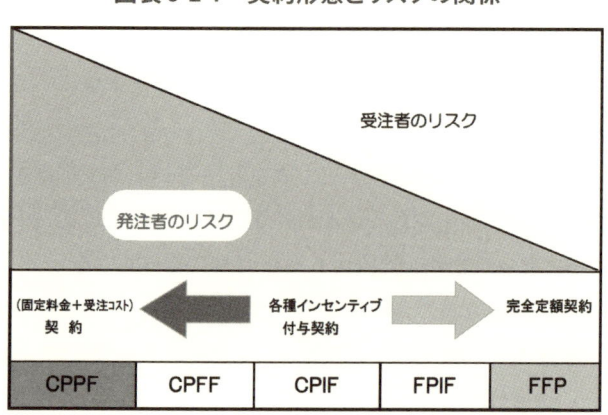

図表6-2-1　契約形態とリスクの関係

（図：受注者のリスクと発注者のリスクの三角形。左から CPPF, CPFF, CPIF, FPIF, FFP。左側「（固定料金＋受注コスト）契約」、中央「各種インセンティブ付与契約」、右側「完全定額契約」）

＜補足説明＞
① CPPF：コスト＋コスト・パーセンテージ（Cost-Plus-Percentage-Fee）契約
　コストは予め定められた固定料金と、追加に掛かった費用も一定のルールに基づいてベンダーへ支払う形態である。これはベンダー有利の契約となる。
② CPFF：コスト＋固定料金（Cost-Plus-Fixed-Fee）契約
　許容コストと固定額の料金が支払われるが、成績に関係なく固定料金が支払われるのでベンダーに有利になる。
③ CPIF：コスト＋報償付料金（Cost-Plus-Incentive-Fee）契約
　見積コストと、実際に掛かったコストの差額がインセンティブになる。このインセンティブは一定のルールでプラスの場合もマイナスの場合もあるので、注意が必要である。
④ FPIF：定額＋報償付料金（Fixed-Price-Incentive-Fee）契約
　上限金額を予め決めておき、上限価格内で実際に支払われたコストを納入者に支払う契約。ユーザーとベンダーの信頼関係がある場合には有効である。
⑤ FFP：完全定額（Firm-Fixed Price）契約
　定額契約または一括請負契約ともいうが、契約金額が固定されており、ユーザーはそれ以外の料金の支払いは必要ない。これはユーザーのリスクが最も少ない契約形態であるが、世間ではあまり活用されていない。

(1) 固定料金＋受注コスト契約（CPFF方式）はベンダー有利の契約だ

図表6-2-1で示したように，一般に行われているIT構築契約において最もポピュラーな形として用いられているのが，固定料金＋受注コスト契約（CPPF方式）である。当初一定の金額が示されるが，追加仕様等が発生した場合は当然のごとく料金の追加請求をするというものである。

しかし，IT構築導入に不慣れなユーザーは，この契約方式を何の疑いもなく採用していないだろうか。この契約方式が当初見積金額を1.9倍にも増大し，それを容認しなければならない状況を招いているのである。

(2) ベンダーのリスクが少ないCPPF方式

CPPF方式はベンダー（受注者）のリスクが少ない方式である。その分ユーザー（発注者）のリスクは大きいことになる。これはITベンダー業界にとってユーザーに知ってほしくないことの1つである。

この根本的な契約の違いを理解しないで，その疑問すら感じることなく契約を受け入れていないであろうか。

騙されてはいけない。中小企業がIT構築を進める時に最も注意すべき事項である。IT業界の特異な一面を表しているが，「中小企業よ，早く目覚めよ」との感がする。

(3) ユーザーはこの不公平な契約に早く目覚める必要がある

性善説を採る人が多い日本人にとって，信頼関係のうちに，まさかトラブルになるとは夢にも思わない人が多いのかもしれない。しかし，この契約形態こそホールドアップ（両手を上げて相手の言いなりになる）状態を引き起こし，手付金を支払った後は，ベンダー優位の形が形成され，ベンダーの言うがままに近い金額で請求される結果となっていないだろうか。

法的知識・IT知識・IT構築経験も一般的に少ない中小企業が，失礼な言い方をすれば食い物にされてはならない。しかし，多くの企業が何かおかしいと思いながらも泣き寝入り状態になっていないだろうか。

契約間違い 3

追加料金を支払わないと完成しない契約

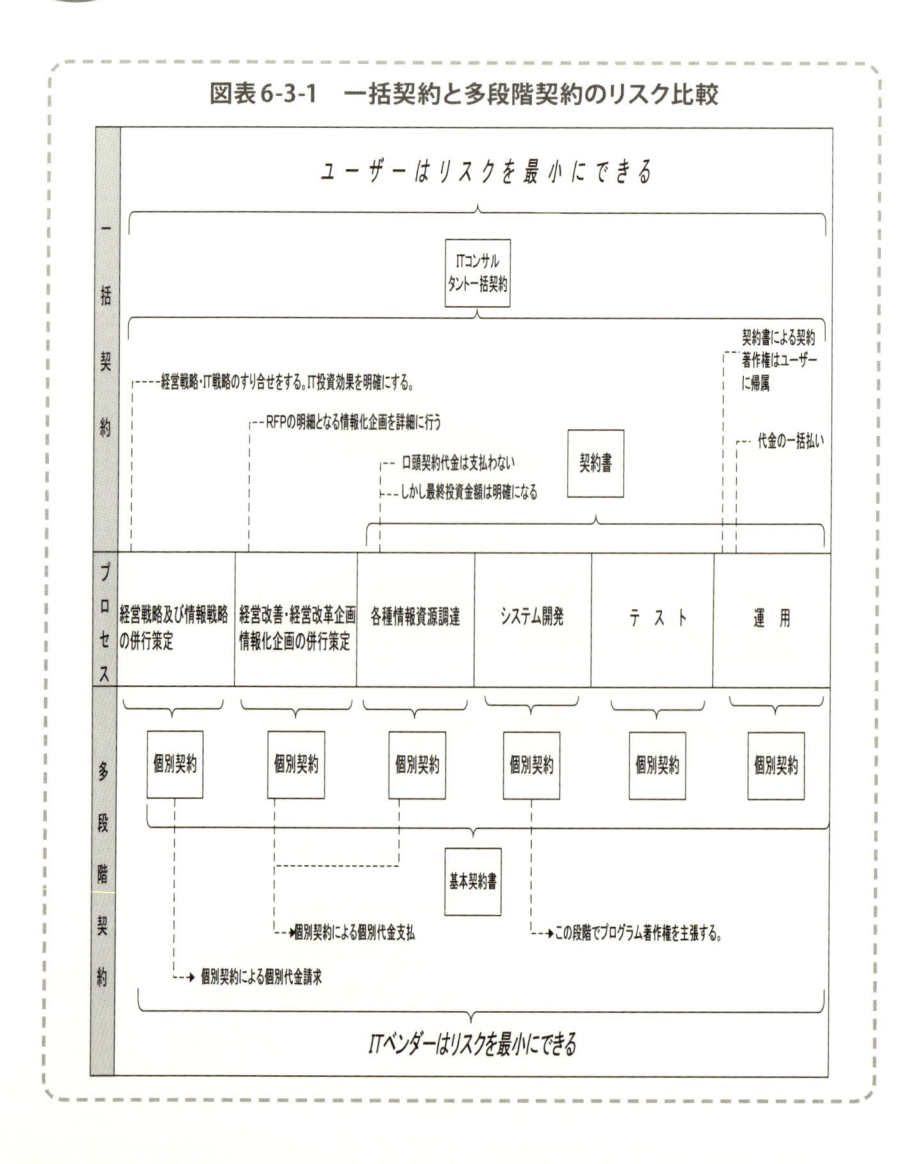

図表6-3-1 一括契約と多段階契約のリスク比較

一括契約

ユーザーはリスクを最小にできる

- ITコンサルタント一括契約
- 経営戦略・IT戦略のすり合せをする。IT投資効果を明確にする。
- RFPの明細となる情報化企画を詳細に行う
- 口頭契約代金は支払わない
- しかし最終投資金額は明確になる
- 契約書
- 契約書による契約
- 著作権はユーザーに帰属
- 代金の一括払い

プロセス

| 経営戦略及び情報戦略の併行策定 | 経営改善・経営改革企画 情報化企画の併行策定 | 各種情報資源調達 | システム開発 | テスト | 運用 |

多段階契約

- 個別契約 / 個別契約 / 個別契約 / 個別契約 / 個別契約 / 個別契約
- 基本契約書
- 個別契約による個別代金支払
- 個別契約による個別代金請求
- この段階でプログラム著作権を主張する。

ITベンダーはリスクを最小にできる

92

(1) 多段階契約はユーザーに不利になる

　最近，ベンダーのリスクを軽減するために多段階契約が増える傾向にあるが，これは歴史的に見て，ここ5年～10年程度のことである。元来IBMが完成時一括固定料金契約で一世を風靡したが，その後の度重なる訴訟問題やトラブルの経験から，ベンダーは短期で決済される多段階契約へと移行してきた経緯がある。よって，この契約方式は2つの側面からユーザーにとって不利になる。

(2) 完成までのIT投資金額が見えないままのスタートとなる

　1つ目の不利は，**図表6-3-1**で示したように，完成時一括払いに比較して，分割払い契約は，最終投資金額が見えないままのスタートになってしまう。通常，設備投資の場合においては，投資金額と投資効果を比較して実行されるであろう。

　しかし，IT投資においては，投資効果も最終投資金額も確定しないままスタートするケースがままある。これは企業にとってリスクの高い投資になるのだが，そんな経営の仕方でよいのだろうか。

(3) 開発途中で投資額が多くなるからといって，値切ることもやめることもできない

　2つ目の不利は，開発途中で追加料金を要求され，投資金額が企業の適正投資額を上回るので休止したいといった場合，それまでに投資した金額が無駄になる。

　追加料金を値切った場合に，ベンダーの「**下させていただきます**」の脅し文句に，ユーザーはなす術がないのである。このようにベンダー主導でユーザーが，ホールドアップ状態のままシステム開発へと進んでいき，運用段階においてもベンダーの言いなりにならざるを得ない状況になっていないだろうか。

　このホールドアップ状態を何とか解決しないと，ユーザーの主導権が確保されないのであるが，その術を知らない企業が多いのではないだろうか（解決策は第12章で述べる）。

契約間違い 4
着手金（手付金）という名の落とし穴

```
図表6-4-1　情報システム支払形態とリスクの関係
```

受注者のリスク

発注者のリスク

← 個別契約・個別支払　　　一括契約・一括支払 →

1. 一括契約・完成時一括支払
①途中解約してもユーザーに被害はない。
②支払の直前に書面契約をやるので、契約内容を有利に進められる。
③支払が後になるので資金繰りが楽になる。

2. 個別契約・個別契約分の個別支払
①途中解約が発生した場合、ユーザーリスクが大きい。
②プログラム開発の段階で、個別契約の場合は途中解約すると、それまでの個別支払済のお金が無駄になるため、ベンダー有利の契約内容になる傾向がある。
③支払が完成前に発生するので資金繰りが不利になる。

（1）着手金を支払った時点から買い手と売り手の立場が逆転する

　個別契約（多段階契約）と一括契約・一括支払についても述べておく必要がある。前節でも述べたが，個別（分割）契約が多くなり，このことでユーザーにとって多くの不利益が発生する。

　まず着手金を支払った時点からユーザーとベンダーの立場は逆転するということである。もはや途中解約したらどちらのリスクが高いかといえば，ユーザーのリスクが高い契約になっているからである。常にベンダー優位な状態で進み，あらゆる面でユーザーは不利になる（解決策は第12章で述べる）。

（2）中間金を支払った時点でさらにベンダー優位になる

　経営戦略・情報化企画・システム開発・テスト・運用と，それぞれのプロセスごとに分割して代金が支払われれば，プロセスが進むにつれて，ユーザーの支払合計金額が多くなり，途中で解約または，中止した場合に，リスクが大きくなることが理解できるであろう。

　開発の段階での見積りが，経営者の想定外の金額で提示されたとき，あなたはどのように対処するであろうか。①価格を値切るか，②中止するかの二者択一であるが，既に述べたように，勝負はついている。いくら値切ってもベンダー優位の中で行われるのであるから，推して知るべしである。

（3）運用段階のメンテナンス料金はベンダーの言いなりの価格になる？

　開発が終わって，運用・メンテナンス料金が，また想定外の金額で要求されたらどのように対処するのか。①値切ってはみてもベンダー優位の状態ではほとんど値切ることができず，泣く泣く言われた料金に近い形で成約されるのではなかろうか。

　このように特に中小企業との契約は，ベンダーから見れば赤子の手をひねるに等しい行為で進められているのが実態である。このことが筆者には我慢のできない出来事なのである。

契約間違い 5 契約書だけでは防ぎきれないトラブル

図表6-5-1　契約書だけでは防ぎきれないトラブル

企画段階の打ち合わせ

企画段階の打ち合わせでは終始にこやかな関係

ベンダー：「貴社の言うことは開発できます。」

ユーザー：「自分の思っていることは実現できる」

テスト・運用段階での打ち合わせ

稼働段階の打ち合わせで「言った」「聞いてない」で揉める

ベンダー：「そのようなことは聞いていません」

ユーザー：「私の考えていた事と動きが違う！」

(1)「言った」「言わない」で揉める

　入念な契約書や情報化企画の打ち合わせをやったつもりでも，「言った」「言わない」で揉めることが多い。ユーザーの主張を認めてくれて追加料金が請求されなければ問題はこじれない。しかし，大抵の場合，「言った」「言わない」で揉めることが少なくない。ベンダーは自社に有利なように巧みに組み入れた**「議事録」**を残して，ユーザーの捺印までもらう周到さを見せる企業も少なくない。しかし，多くのユーザーはこうした証拠を残していることが少なく，法廷での争いになっても負けることが多いのは，ここにも要因がある。

(2)「契約の範囲に含まれている」「含まれていない」で揉める

　契約書の文書では記述しきれないものが多くあるが，実際には，**提案依頼書（RFP）**がユーザーの証拠の元になるのだが，中小企業にとって，それを作成することは不慣れであり，容易ではないのが現実である。

　よってユーザーは口答で説明することが多くなり，書面で残さない場合も少なくない。そのことから，テストの段階で「言った」「聞いていない」の論争になると，ベンダーに理屈負けしてしまう。

　しかし，ユーザーにとっては，憤懣やるかたないことで，我慢ができないことではないだろうか（解決策は第12章で述べる）。

(3) テスト・運用段階でも優位な立場にいるか，いないかですべてが決まる

　「言った」「聞いていない」で揉めることになった場合，ベンダーとユーザーのどちらが優位な立場で話ができるかということである。縷々説明してきたように，ユーザーが契約手付金を支払った段階から立場がベンダー優位になっている。

　ほとんどの中小企業が，ベンダーの思うままのペースでIT構築が進められ，コスト・納期・品質に満足しないまま，ベンダーの請求金額に不満を持ちながらも現実には支払われているのではなかろうか。

第Ⅱ部

このようにすれば騙されずに成功できる

図表 7-0-1　MMM（ミーコッシュ・マンダラ・マトリックス）メソッド全体構成

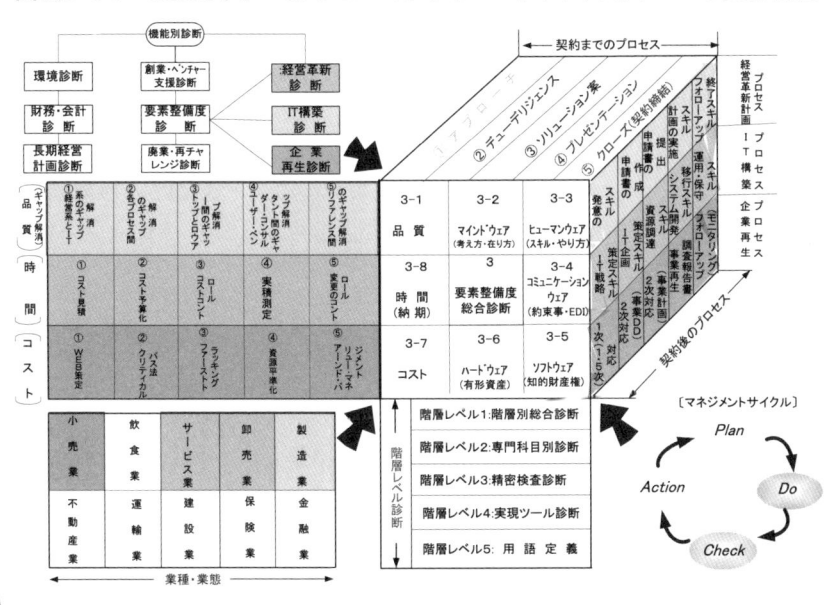

第Ⅰ部では，IT業界の問題点・課題点を列挙してきた。それでは，中小企業ユーザーが騙されずにIT構築に成功するにはどのようにしたらよいのだろうか。第Ⅱ部ではそれを述べる。

　前ページの**図表7-0-1**　MMMメソッド全体構成図は，これから述べること以外も含めて関連性を示したものである。マトリックスの真ん中の「機能番号3」は，要素整備度総合診断を表す。そこを中心に機能番号3-1から説明すると次のようになる。

　機能番号3-1は，品質を示しており，「品質」の左側に広がっているのが5つのギャップ解消要素を表す。

　機能番号3-2以降は，構成要素診断である。IT構築の構成要素を通常，ソフトウェア・ハードウェアの2つの視点から考える場合も多いが，それでは，成功率は高まらないというのが筆者の考え方である。具体的には，①**マインドウェア**（Mind Ware：考え方・在り方），機能番号3-3②**ヒューマンウェア**（Human Ware：やり方・ノウハウ），機能番号3-4③**コミュニケーションウェア**（Communication Ware：約束事・EDI・ネットワーク），機能番号3-5④**ソフトウェア**（Soft Ware：知的財産権），機能番号3-6⑤**ハードウェア**（Hard Ware：有形資産）の5つを考える必要があり，この5つの構成要素の整備度を高めることによって，成功率が高まり，結果的には騙されないIT構築になると信じている。この5つの構成要素を，筆者は**ミーコッシュ**（MiHCoSH）と呼んでいる。

　マトリックスの右側に示した項目が，プロセスを表している。本書においてはIT構築プロセスについてのみ言及する。

　マトリックスの下段は，階層レベルの診断を示している。階層レベル1の総合診断から，階層レベル2の専門科目別診断，階層レベル3の精密検査診断へとドリルダウンして活用する体系になっていることを示している。

　機能番号3-7はコストを表し，その左側に，5つのコスト関連機要素を示している。

図表7-0-2　MMMメソッドの進め方

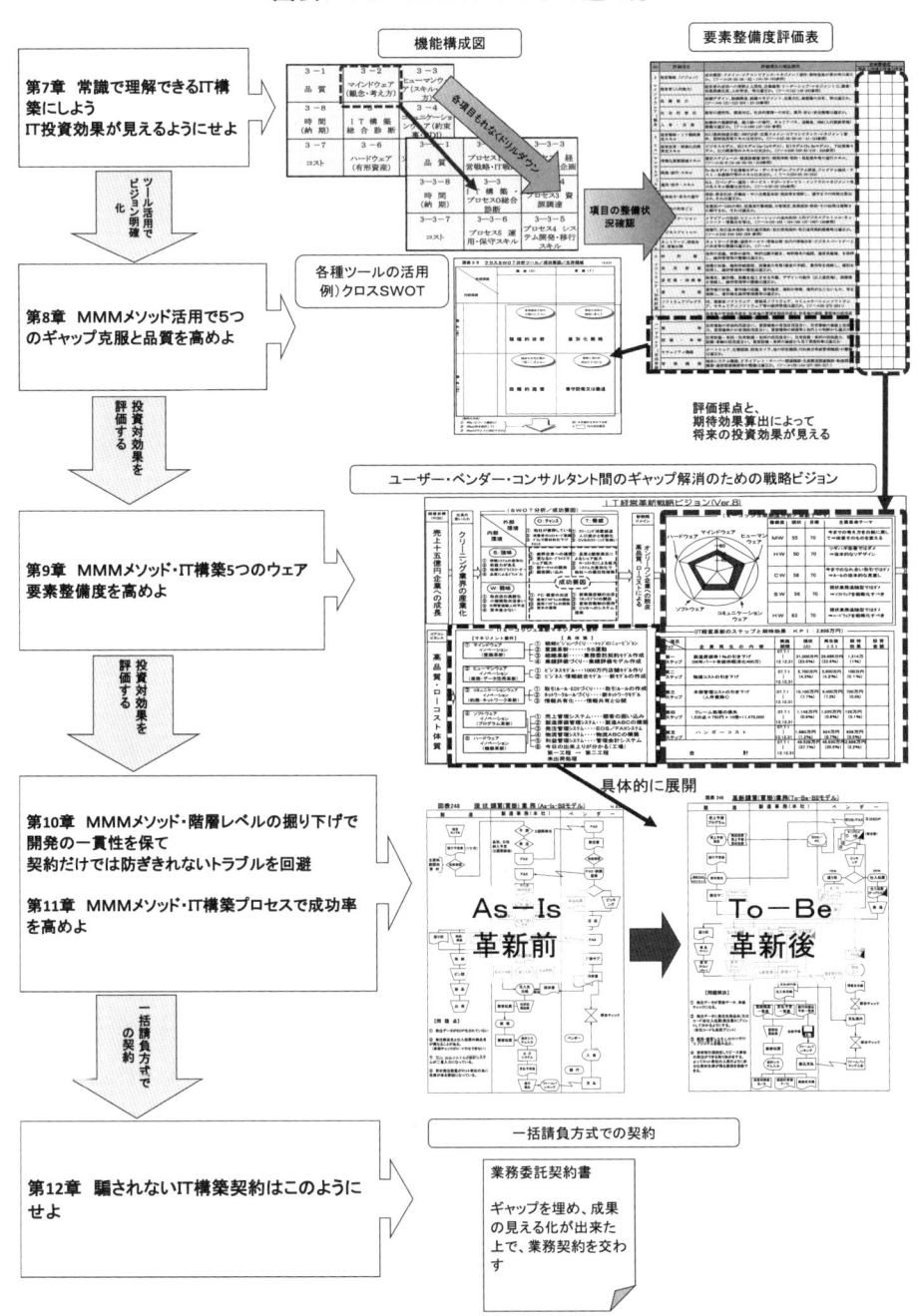

- 第7章　常識で理解できるIT構築にしよう
  IT投資効果が見えるようにせよ

- 第8章　MMMメソッド活用で5つのギャップ克服と品質を高めよ

- 第9章　MMMメソッド・IT構築5つのウェア要素整備度を高めよ

- 第10章　MMMメソッド・階層レベルの掘り下げで開発の一貫性を保て
  契約だけでは防ぎきれないトラブルを回避

- 第11章　MMMメソッド・IT構築プロセスで成功率を高めよ

- 第12章　騙されないIT構築契約はこのようにせよ

機能構成図

要素整備度評価表

項目の整備状況確認

各種ツールの活用
例）クロスSWOT

評価採点と、期待効果算出によって将来の投資効果が見える

ユーザー・ベンダー・コンサルタント間のギャップ解消のための戦略ビジョン

具体的に展開

As-Is 革新前 → To-Be 革新後

一括請負方式での契約

業務委託契約書

ギャップを埋め、成果の見える化が出来た上で、業務契約を交わす

101

機能番号3-8は，時間（納期）を表し，左側の5つはその構成要素を示している。

図表7-0-2は，第Ⅱ部の全体を示したものである。第7章は，「常識で理解できるIT構築にしよう」とし，追加料金を支払わないのが世間の常識であることを記述した。その答えを第8章以降に記述している。

第8章は，MMMメソッド活用で5つのギャップ克服と品質を高める内容を記述してある。

第9章は，MMMメソッド・IT構築5つのウェア要素整備度を高めるための手法を記述している。最終的には戦略ビジョンにまとめることにあり，経営者にはこの1枚のシートを説明するだけで十分である。戦略ビジョンの右下にあるIT投資期待効果を示すことによって，経営者がIT投資の判断をできるようになる。

第10章は，MMMメソッドの体系は階層レベルになっており，問題点・課題点の掘り下げや，解決案を見つけるためにドリルダウンしていくことができることを説明している。

第Ⅰ部で指摘したスタンダードな「リファレンス」は，大変よくできているが，2つの点で中小企業には荷が重いと指摘した。1つはよくできすぎていて中小企業が運営するには手間がかかりすぎてコスト高になる。2つにはリファレンス間にギャップが生じて木に竹を接ぐようなところがあると言った。それを解決するのがMMMメソッドある。当然一貫性を持っていることは言うまでもない。

第11章はIT構築プロセスについて記述し，第12章はIT構築契約について記述している。

第7章 常識で理解できるIT構築にしよう

騙しの対処 1

当初契約2,000万円は，出来上がって2,000万円が世間の感覚

図表7-1-1　IT業界の新常識 4-2-2-2 のルール
（FFP・ミーコッシュ方式：完全定額契約）

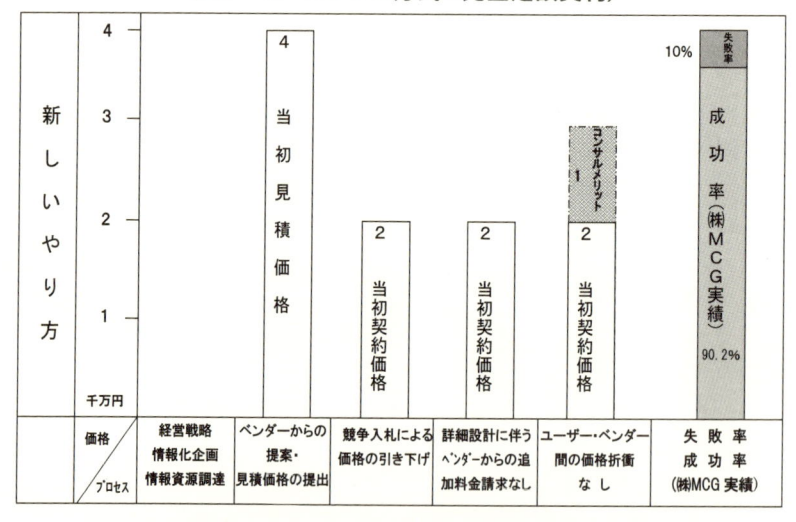

新しいやり方 (千万円)	価格 / プロセス	経営戦略 情報化企画 情報資源調達	ベンダーからの提案・見積価格の提出	競争入札による価格の引き下げ	詳細設計に伴うベンダーからの追加金請求なし	ユーザー・ベンダー間の価格折衝なし	失敗率 成功率 ㈱MCG実績
			当初見積価格 4	当初契約価格 2	当初契約価格 2	当初契約価格 2 + コンサルメリット 1	失敗率 10% / 成功率 90.2%

〔附記〕4-2-2-2 のルール：当初見積 4（千万）が競争入札によって 2（千万）に引き下げられるが，詳細設計・システム開発において「手戻り」を発生させないため，追加料金が発生しない。よって，ユーザーにとって，1（千万）のコンサルメリットを発生させる小林勇治が提唱するルールのこと。

（注）ミーコッシュは小林勇治の登録商標。

IT業界の新常識 4－2－2－2 のルールの実践

① 当初見積りが 4,000 万円であったものが，
② コンペによる見積り合わせをすると，2,000 万円に値引きされる。
③ その後，詳細設計・開発の段階でも追加料金が発生しない。
　～追加料金が発生しないミーコッシュ方式で，IT構築を行う
　～追加料金を請求されても支払わなくてよいIT構築の進め方
④ ユーザー・ベンダーの話し合いが行われても，2,000 万円で落着するというルールが一般人の常識であろう。この常識的にIT構築を行うのが，ITミーコッシュ方式である。

(1) 業界の新常識4-2-2-2のルールにしよう

　第1章で4-2-4-3のルールを説明したが，これは，当初見積りが4,000万円であったものが，コンペによる見積合わせをすると2,000万円程度に値引きされる場合があるが，その後の詳細設計や，開発・運用段階の仕様変更等があり，追加料金が2,000万円発生し合計で4,000万円の請求をされることになる。ユーザーの異議申し立てとベンダーとの話し合いにおいて，追加料金がお互いの真ん中を取って1,000万円に落ち着き，合計で3,000万円になるというものである。

　しかし，常識からすると納得がいかない。それが「世間の感覚」ではないだろうか。筆者は素直に4-2-2-2のルール（この例でいうと，出来上がって2,000万円）を確立したい思いでやってきたし，実現してきた。その詳細は後述する。

(2) 当初見積りが4,000万円であった

　通常，コンピュータ業界の場合，何も言わないと定価に近い価格で見積もられる場合が多い。4-2-2-2のルールをわかりやすく説明するために仮に4,000万円の見積りが出されたとする。これが当初見積りである。

(3) コンペによって見積り合わせをやると2,000万円に値引きされた

　この4,000万円の金額に不満を感じたユーザーは，他社からも見積りを取る。すると，なかには安い価格を提示するベンダーも出てくるし，4～5社でコンペをやれば半値近くになることも珍しくない。

　第12章第5節でも説明するが，追加料金の一番大きな要因は，要求仕様工程，設計工程，コーディング工程，ティスティング工程，納入時工程へと進めば進むほど，当初予定よりコストが高くなる。アラン・M・デービスによれば，納入段階でのリカバリーコストは，要求仕様書段階のリカバリーコストと比較して200倍のコストがかかると指摘している。

　このことから，ベンダーが追加料金を請求するのも無理からぬように思われるが，ミーコッシュ方式では，それを認めない。認めないというより，そのよ

うなことが起きないように進めるのがミーコッシュ方式なのだ。ここだけでは十分説明できないので，他の章と読み合わせて追加料金がかからなくなることを理解していただきたい。

(4) 詳細設計・開発の段階で追加料金が発生しないやり方

ここでの対応が筆者の言う「違うところ」となる。第2節で再度説明するが，詳細設計・開発の段階は，既に見積書が提出され，ユーザー・ベンダーが価格に対して合意した後に行われる。この段階での変更はベンダーとしてみれば，追加料金を要求する要因になる。ただし，納入時における変更よりは安くつくというだけのことである。

根本的な解決の方法は，第8章でも説明するが，情報戦略から情報化企画，情報資源調達までにしっかりしたものを作成できるか否かにかかっている。基本的には前工程での時間をかけた，RFP（要求仕様書）を作成することによって，追加料金を防止できるといっても過言ではない。

(5) ユーザー・ベンダーの話し合いにおいても2,000万円で出来上がる

既に述べたように，しっかりしたRFPを作成すれば，ベンダーも後でどの程度の追加料金がかかるか，かからないかは計算できるようになる。はっきり見えないRFPの場合，リスクを考えて見積金額を膨らませて提出するであろうし，たとえ価格を値引きしても，ユーザーとベンダー間で，揉める要因を作っているということになる。

お互いがWin-Winの関係で終わるためには，ユーザーの考えていることを明確にして，ベンダーにいかに伝えるかが大切になる。一般的な中小企業の場合は，この手法を知らない場合も少なくない。しかし，それは日々ITシステム構築の仕事をしているわけではないから当然ともいえる。

騙しの対処 2 巧みなITベンダーアプローチにはこのように対処しろ

図表7-2-1　脳内関所の構造

情報 → 脳内関所（短期の記憶） → （脳内辞書）
- ＩＴ：格納される
- 経営：格納される
- 小説：格納される

頭

脳内関所：情報に対する疑う技術のこと
脳内関所：過去の経験，知識と同等の事柄は深く考える必要はなく，思考の節約をする

出所：藤沢晃治著『疑う技術』PHP新書を参考に作成

(1)「脳内関所」を改善せよ

人間の脳内には，情報の信憑性や論理性を審査する「脳内」関所がある。関所を通過してしまうと誤った情報が格納され，それによって物事が判断される。

よって，「経済産業省認可」や「一般社団法人〇〇科学研究所」や「〇〇さんの紹介で」などという文言に脳内関所は騙されてしまうのである。心しなければならないことは，どんな公的機関の発表であっても，疑いの心を忘れてしまうと，関所を素通りするということである。

そういう筆者も数多くの失敗経験を持っている。あなたも過去にいくつかの失敗経験をお持ちではないだろうか。

(2) 過去の経験，知識と同等のことからは深く考えない

過去に，自分が経験したことや，知識の習得がある場合，その一部を聞いただけで，それは「大丈夫だ」と決めつけていることがないだろうか。過去に同じベンダーに依頼して成功したから「今回も大丈夫だ」と決めつけていないだろうか。

大手のベンダーから見ると中小企業の案件は，必ずしも優先案件にならない場合も少なくない。その場合，今まで来てくれたSEは優秀だったが，今回は人手が不足していて，2.5流のSEが来るかもしれない。ソフト開発の品質は主担当のSEの能力によって，大きく影響される。

(3) 注目されたくない事柄にはわざとわかりにくい説明をする

ベンダーにとって，あまり深く聞いてほしくないことを説明しなければならないことがある。説明しなければ，そのことは「聞いていなかった」と後でトラブルの元になるからである。

そのような場合，「多変量解析によれば」とか「最小自乗法によれば」などと言って，わざとわかりにくい言葉で説明することがある。その時は，「どういう意味か，もう少し詳しく説明してほしい」と質問することである。それも

自分がきちんとわかるまでしつこく質問しよう。

　知らないことは恥ずかしいことではない。恥ずかしいことは，知らないのに知ったふりをすることである。そのことが後で大きなツケになって回ってくることを知れば，決して知ったふりをすることはできないはずである。

（4）口コミでは小さな情報はそぎ落とされる

　これは2次情報，3次情報となっていくたびに，強調されている大きな文字だけが残り，小さな文字の情報は完全に消えてしまうことである。

　「iPadは使い勝手がよい」と聞くと，つい我も我もと買い求めてしまうが，インターネット上の接続はよいが，既存サーバーとの親和性については，あまり考えないで機種選択するようなものである。

　口コミは，よいところが誇張され，悪いところが消去される傾向があることを理解しておかなければならない。

（5）セールスマンは対比効果をうまく活用している

　これもセールスマンがよく使う手であるが，A案よりも劣るB案，C案を作っておき，3案をプレゼンする。するとユーザーはA案を選択するというものである。セールスマンは最初からA案を勧めるために準備したのである。

　一見親切な説明のように見受けられるが，これもベンダーの罠であることに充分気をつける必要がある。見かけ上の親切こそ危ないことは第1章でも家電量販店での出来事で説明した。筆者もその時は全く気がつかなかった。しかし，冷静に考えればいくつかの矛盾に気がつく。

　すべてのセールスマンがそうであるというわけではないが，端から信じ込んで行動を起こす前に，いったんは疑ってみて，それが正しいものであるか間違っているものであるかを見定める必要があるということだ。

騙しの対処 3

IT投資効果が見えるようにせよ

図表7-3-1　IT構築期待効果
（ミーコッシュ成熟度分析／革新テーマ）

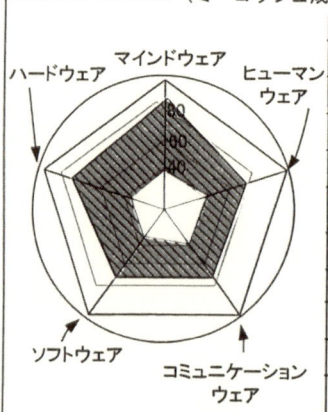

成熟度	現状	目標	主要革命テーマ
MW	38	84	今までの考え方を白紙に戻して⇒体質そのものを変える
HW	46	72	ツギハギ改善ではダメ⇒抜本的なリデザイン
CW	48	72	今までのなれ合い取引ではダメ⇒ルールの抜本的な見直し
SW	44	72	現状業務追随型ではダメ⇒ソフトウェアを戦略化すべき
HW	40	80	現状業務追随型ではダメ⇒ハードウェアを戦略化すべき
合計	216	380	+164

業種	1.建設業　2.製造業　3.卸売業　4.小売業　5.飲食業　6.旅館業　7.洗濯業
状況選択	1.黒字企業　2.赤字企業　3.再生企業
現状売上	180,000万円	現状経常	12,493万円 (6.9%)
革新売上	500,000万円	革新経常	44,200万円 (8.8%)

（経営革新のステップと期待効果：11,767万円）

項目 ステップ	経営革新の内容	実施期間	現状コスト	再生後コスト	期待効果	投資金額
第一ステップ	マテハンの改善による期待効果	10.7～11.6	729.6万円	0円	729.6万円	
第二ステップ	物流業務・システム革新による期待効果	10.7～11.6	5841.7万円	2346.8万円	3,494.9万円	
第三ステップ	購買・製造・在庫管理システム革新による期待効果	10.7～11.6	5,161.2万円	1,093.2万円	4,068万円	
第四ステップ	製品・製造資材・原料調達による改善効果	11.1～11.12	3,097.7万円	0	3,097.7万円	
第五ステップ	受注入力、納品書作成、請求書発行に関する改善効果	10.7～11.6	566.1万円	189.3万円	376.8万円	
合計			15,396.3万円	3,629.3万円	11,767万円	

(1) 事業として投資するからにはIT投資期待効果を算出するのは当然

　日本CIO連絡協議会の調査によれば，IT投資評価制度を持っているのは，日本で24％，米国では81％という結果がある。米国におけるIT構築は「**投資**」という概念で行っているので，投資効果を算出するのが当然となっているが，日本におけるIT構築は，情報処理「**費用**」という見方が強い。そのせいかIT投資評価が低いのかもしれない。

　しかし，大きな金額を投資するのであるから，投資効果を考えないで投資するのは経営者の怠慢で有り，暴挙である。ましてやIT投資効果の算出をベンダーに委ねるのは，差し控えたい。自らの考えと自らの根拠に基づいて算出したいものである。

　図表7-3-1は，実際に企業で作成された例である。この投資対期待効果を示すことで，経営者は，IT投資に対してのジャッジメントができる状態になるのである。

(2) IT投資期待効果は情報資源調達の前にやれ

　どの程度の期待効果があるのだから，どれほどのIT構築投資が許容されるかということが本来のIT投資のあるべき姿である。よって，ベンダーとの交渉前に算出しておくことが大切である。

　こんなIT構築をやりたいからと，いきなりベンダーを呼んで情報化企画からすべてをベンダーに委ねるケースがあるが，安価で品質・納期を確実に仕上げるためには，事前準備をしてから対峙すべきである。

　このことが確立していないから，ベンダーに主導権を奪われ，ずるずると投資がかさむIT構築になるのである。ITベンダーを呼ぶ前に自社の方針・戦略を明確にし，かつ具体的な業務フローまで落とし込んだ形で作り上げてから，ベンダーとの折衝をすべきである。

　さもなければ，限りなく当初予算の1.9倍のコスト，2.2倍の納期がかかり，品質が悪く，成功率は26％に近づくことになろう。

図表7-3-2　期待効果を算出する5つの手法 (Ver.3)

	手 法 名	概　　要
1	**KPI手法** Key Performance Indicator 経過指標（重要業績指標）手法	業績や効果などを表す先行指標のことで、売り上げ・値入率・粗利益・在庫回転率等を定量的に把握する方法である。
2	**ABC手法** Activity Based Costing 活動基準原価計算手法	一般的に業務プロセスや活動基準別に原価計算を行い、現状のコストと革新後のコスト比較を想定して期待効果を算出する方法である。
3	**ベンチマーキング手法** Benchmarking	同業の競合企業や、優れた企業の業績指標を参考に、現状の自社コストと革新後のコストを比較して期待効果を測定する方法である。
4	**ROI手法** Return On Investment 投下資本利益率手法	ROIは「利益÷投資」で計算される数値で、投資効果を見るための一般的な呼び方。現状の利益は把握できるが、期待効果に対しては上記①〜③いずれかの手法を併用することをお薦めしたい。
5	**構成要素整備度手法**	経営の構成要素をマインドウェア・ヒューマンウェア・コミュニケーションウェア・ソフトウェア・ハードウェアの5つの構成要素に分け、整備度を向上させることによって、経常利益がどのように変化向上するかを算出する手法。

(3) IT投資期待効果算出には5つの方法がある

　IT投資期待効果を算出する方法として、**図表7-3-2**のように5つ程度の方法が考えられるが、最も裏付けのある期待効果算出方法は、ABC手法と考えている。この方法で算出したものが**図表7-3-1**の下段に示したものに当たる。それぞれの事業ごとにコスト計算をして、革新前と革新後で比較するので、信頼のおける根拠であるといえる（付属資料①ツール40参照）。

　同じく**図表7-3-1**の上段に示したのが構成要素整備度手法によって算出されたものである。IT構築に必要な要素を抽出し、それぞれの事業ごとに現状要素整備度の向上によって算出するやり方である。あるアルゴリズム（過去の企業データと筆者の経験値をもとに作成）をもとに算出し、企業努力を促すとともに、努力する目的・手段が見えることで、期待効果実現率を高めようするものである。

4 騙しの対処

IT構築プロジェクト成功率は90％以上を確保せよ

図表7-4-1　ITベンダーにおけるCPPF方式とFFP・ミーコッシュ方式との損得比較（グラフ上の単位：千万円）Ver.4

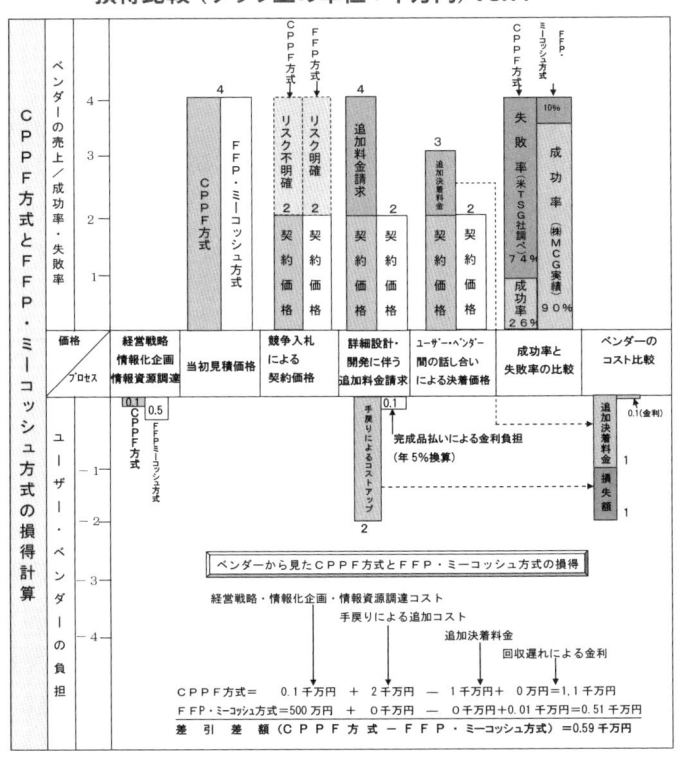

```
ベンダーから見たCPPF方式とFFP・ミーコッシュ方式の損得
    経営戦略・情報化企画・情報資源調達コスト
    手戻りによる追加コスト
    追加決着料金
    回収遅れによる金利

CPPF方式　　　　 ＝　0.1千万円　＋　2千万円　－　1千万円　＋　0万円＝1.1千万円
FFP・ミーコッシュ方式＝500万円　　＋　0千万円　－　0千万円＋0.01千万円＝0.51千万円
差引差額（CPPF方式－FFP・ミーコッシュ方式）＝0.59千万円
```

（附記）① 経営戦略・情報化企画・情報資源調達はCPPF方式（従来型）0.1（千万円：推定）に対し、FFP・ミーコッシュ方式は5倍の0.5（千万円）のコストを掛けている。

② CPPF方式はリスク不明確：RFPの内容が不充分のため、見積金額の中に不明確なリスクが含まれる。

③ FFP・ミーコッシュ式はリスク明確：情報化企画の段階でリスクを明確にするために、BII（ビジネス・情報統合モデル）モデル、コミュニケーションウェア（EDI）等の明確化を図るのでリスクを少なくする。

④ 追加料金請求：CPPF方式は本来2（千万円）の追加料金をもらう必要があった。

⑤ 追加決着料金：しかしCPPF方式での実際は1（千万円）のみしかいただけなかった。

⑥ 差引金額：CPPF方式とFFP・ミーコッシュ方式を比較すると、0.5（千万円）CPPF方式が損失が大きい。

⑦ 手戻りによるコストアップ：手戻り等による追加ベンダー費用が2（千万円）発生している。

第7章　常識で理解できるIT構築にしよう

ベンダーいじめのように思われる読者もいると思うが，決してそうではない。1つの試算があるから検討してみよう。

(1) CPPF（固定料金＋受注コスト契約）方式・成功率33％でもベンダーは儲からない

第1章第4節で成功率を述べたが，アメリカにおける成功率は33％であり，同じ条件なら日本でも同じような結果が出るものと思われる。このような形でユーザーは不満があるが，ユーザーを犠牲にしてベンダーは儲かっているのであろうか。

図表7-4-1の下段で示したように，筆者が推定で試算してみると（手戻りなしの開発コストを基準値として考え，そのコストは除外），CPPF方式（固定料金＋受注コスト契約）で①経営戦略・情報化企画・情報資源調達コスト0.1千万円，②手戻りによる追加コストが2.0千万円，③ユーザー・ベンダー間の話し合いによる追加決着料金，1.0千万円。④回収遅れはないので金利負担0千万円，合計で1.1千万円となる。

しかし，ベンダーのコストは2.0千万円の追加コストがかかったがユーザーから回収できたのは1.0千万円である。よって1千万円の赤字となるのである。

(2) FFP方式なら追加料金なしで，外部支援を得ても安価に完成できる

一方，筆者が推奨しているFFP（完全定額契約）方式はどうであろうか。筆者はこの方式を「ミーコッシュ方式」と名付けてユーザーに推奨している。

その中身は，①経営戦略・情報化企画・情報資源調達コストは0.5千万円（CPPF方式の5倍のコストをかける），②手戻りコストは0千万円，③追加決着料金は0千万円，④回収遅れによる金利が0.01千万円，合計で0.51千万円となる。

よって，外部コンサルタントの支援コスト0.5千万円を加算しても，差し引き**FFP方式のほうが0.59千万円安価**になる。

この方式のメリットは，最終的にいくらになるのかわからないという経営者

のイライラを防いで，楽しいIT構築がかなうことである。

(3) 品質を高め，手戻りなしで納期後れも防げる

IT戦略と，情報化企画に時間とコストをかけることにより，結果的には，品質がよくなる。すると開発の手戻りもなくなることから，修正のコストと時間がかからなくなる。よって納期遅れもなくなってくるのである。

繰り返すが，この情報化企画に時間とコストをかけてほしいものである。

(4) 成功率90%は確保できる

筆者はコンサル30年間で，完全定額契約方式と独自のミーコッシュ手法で31社のIT構築支援を行ってきたが，3社が失敗，28社が成功で，成功率は90.2%である。ここ10年間は100%の成功率を維持している。

これは決して特異なケースではなく，基本に忠実であれば実現できるものと確信している。IT構築件数が少ないのは，経営戦略，情報化企画に時間をかけ，手戻りをしないような準備をするとともに，情報システムが稼働した後も継続して支援している企業が多いからである。

(5) FFP方式はユーザーを守る砦である

繰り返しになるが，CPPF方式からFFP方式に転換することがユーザーを守る絶対的条件であると筆者は信じている。

そのための障害を取り除いて，それを実現することである。たぶん多くのベンダーは「ノー」というであろう。これから説明する諸々の条件を整えて，出来上がっていくらという価格の固定契約と，成功率を90%以上確保することを望んでやまない（図表7-4-1参照）。

騙しの対処 5 ITベンダーのうまい話はこうして暴け

図表 7-5-1　ベンダーのうまい話はこうして暴け

ベンダーのうまい話

ベンダー / ユーザー
無料です

仕掛けを暴け

ベンダー / ユーザー
騙されている
オプションは有料です！

（1）本当にこれがベストの選択なのか考えてみる

　ベンダーが，ある「情報システム」を売り込もうとする場合，最初にダメなA案，B案を見せ，その後に優れたシステムのC案を提示する場合がある。そうするとシステムを探している人は，無意識のうちにA案，B案と比べて，C案は「ずいぶんよいシステムだ」と決めてしまうことがある。ベンダーは「**対比効果**」をうまく利用しているのである。

　ユーザーとしては，「この中から選ぶことはできないので，別の案を出してみてください」と言ってみるべきである。

（2）**最初に高い数字を突きつけられたら要注意である**

　セールスの常套手段として，最初に高いものを見せておく方法がある。最初に1億円のシステムを提示して，そのよさを繰り返し説明する。当然，「こんな高いものはとても買えない。1億円もするなんて手が出せない」ということになる。すると，次は5,000万円のシステムを提案して「御社にはこのシステムがぴったりと思います」という具合に説明する。しかし，「1,000万円しか出せない」と言われると，今度は2,000万円クラスのシステムを提案する。このように高いものから先に見せられると，2,000万円の程度のものが妙に安く感じられるのである。

　これも交渉の基本テクニックである「**ハードル下げ効果**」を使っていることをユーザーは知る必要がある。

（3）**「無料」「タダ」って本当？**

　よく広告等で「無料」と謳っていても，実際には，基本料は無料でも，必ず有料オプションを付けることが条件になっていることもあるし，期間限定で無料となっているケースもある。これもそのまま放っておけば有料になってしまう仕掛けがしてあることが多い。

　コピー機の例で考えてみよう。コピー機は限りなく安く売るが，問題はメンテナンス料金である。1枚当たり6円なのか4円なのかで大きくコストが異な

る。トータルコストで判断しないと，タダだからといって安易に飛びついてはいけないということである。

(4) ポイント制は本当にお得？

　ある航空会社から，「このカードにしたら，買い物もマイルが計算されます」という謳い文句でカードを切り替えることを提案された。最初はそんなものは必要ないと言っていたが，担当者の熱心な説明を聞いているうちにカードを導入すると何か得する気分になって，カードをマイル登録専用から，クレジットカード付きのマイル登録カードに切り替えた。すると確かに買い物すればマイルが登録されるのであるが，翌月にはカードの年会費が請求されてきた。

　よく考えてみると，今までのクレジットカードであってもマイルに代わるサービスは付いているので，わざわざ航空会社のクレジットカードに切り替える必要はさほどなかったのではないかと思う。よく考えて行動すべきという一例である。

(5) バッテリー駆動時間6時間は本当？

　バッテリーの入ったパソコンやモバイル乾電池等で，「バッテリー駆動時間7時間」などと謳っているケースがあるが，しかし，実際に使ってみるとそれほどもたないことが多い。そこでパンフレットをよく見ると小さな文字でたくさんの補足説明があり，要するに最良の環境条件で最良の使い方をした場合に最長7時間駆動するということが書いてあったりする。

　すなわち，「補足説明」は買い手に正しい情報を提供することが目的ではなく，**購入後に誤認に気がついたユーザーがクレームをつけてきた場合の売り手の自己保身を目的に書かれている**のである。

　本質的に**売り手は買い手を騙そうとする**ものであることを忘れてはいけないのである。

第8章

MMMメソッド活用で5つのギャップ克服と品質を高めよ

図表8-0-1 担当別業務内容とギャップ, リファレンスとの関係

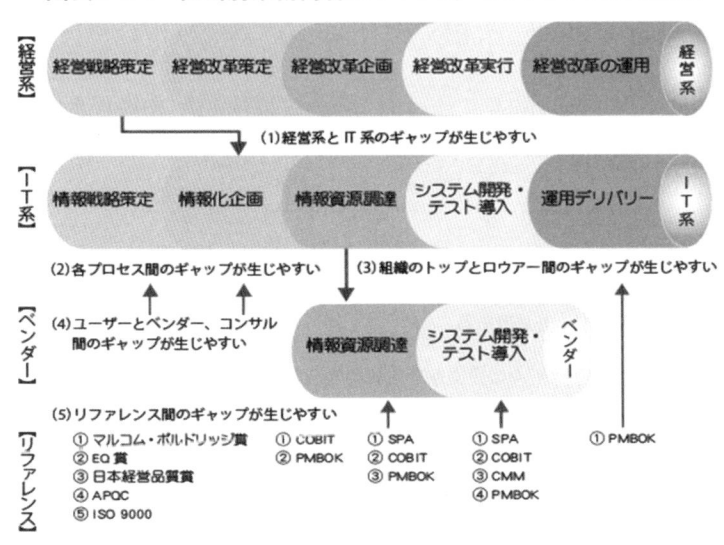

【経営系】 経営戦略策定 → 経営改革策定 → 経営改革企画 → 経営改革実行 → 経営改革の運用 [経営系]

(1) 経営系とIT系のギャップが生じやすい

【IT系】 情報戦略策定 → 情報化企画 → 情報資源調達 → システム開発・テスト導入 → 運用デリバリー [IT系]

(2) 各プロセス間のギャップが生じやすい　(3) 組織のトップとロウアー間のギャップが生じやすい

【ベンダー】
(4) ユーザーとベンダー、コンサル間のギャップが生じやすい

情報資源調達 → システム開発・テスト導入 [ベンダー]

(5) リファレンス間のギャップが生じやすい

【リファレンス】

① マルコム・ボルドリッジ賞	① COBIT	① SPA	① SPA	① PMBOK
② EQ賞	② PMBOK	② COBIT	② COBIT	
③ 日本経営品質賞		③ PMBOK	③ CMM	
④ APQC			④ PMBOK	
⑤ ISO 9000				

ギャップ克服 1

経営系とIT系のギャップ克服

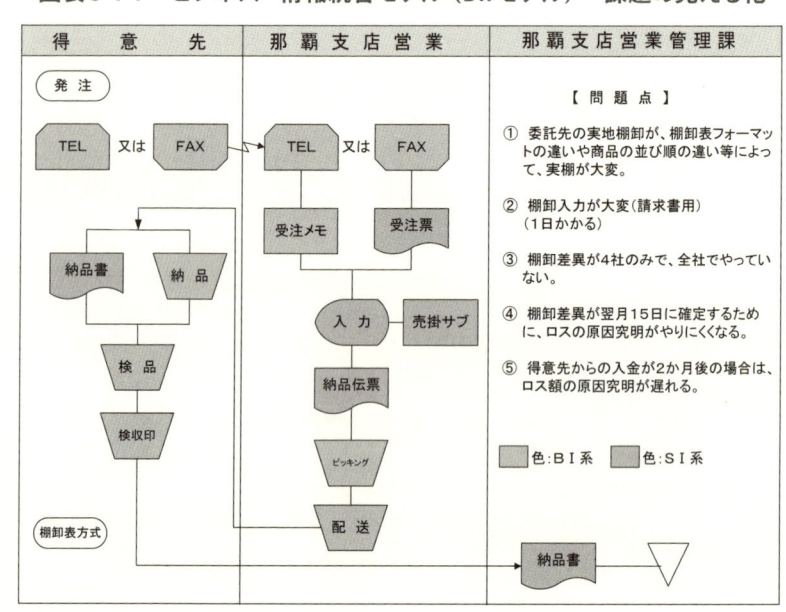

図表8-1-1　ビジネス・情報統合モデル（BIIモデル）―課題の見える化

得意先	那覇支店営業	那覇支店営業管理課
発注 TEL 又は FAX ↓ 納品書　納品 ↓ 検品 ↓ 検収印 棚卸表方式	TEL 又は FAX ↓ 受注メモ　受注票 ↓ 入力　売掛サブ ↓ 納品伝票 ↓ ピッキング ↓ 配送	【問題点】 ① 委託先の実地棚卸が、棚卸表フォーマットの違いや商品の並び順の違い等によって、実棚が大変。 ② 棚卸入力が大変（請求書用）（1日かかる） ③ 棚卸差異が4社のみで、全社でやっていない。 ④ 棚卸差異が翌月15日に確定するために、ロスの原因究明がやりにくくなる。 ⑤ 得意先からの入金が2か月後の場合は、ロス額の原因究明が遅れる。 ■色:BI系　■色:SI系 納品書 ▽

　経営系（BI）と情報系（SI）間のギャップを防ぐために、ビジネス・情報統合モデル（BIIモデル）を活用する方法である。

　通常経営系と情報系は別々の企画がなされる場合も多い。そうすると経営系で示したものが、情報系に落し込めない事象が発生し、双方のギャップが発生する要因になる。
　よって、企画の段階で、経営系とIT系を統合したBIIモデルを使うことによってギャップ解消できる。

① BIIモデルによる経営系とIT系を統合して図式化する。
② BIIモデルによって、ユーザー・ベンダー・コンサルタントが理解が容易で運用の段階でブレが生じない。
③ ユーザーからの視点で見える化が行われているために、ユーザーの理解がされやすい。

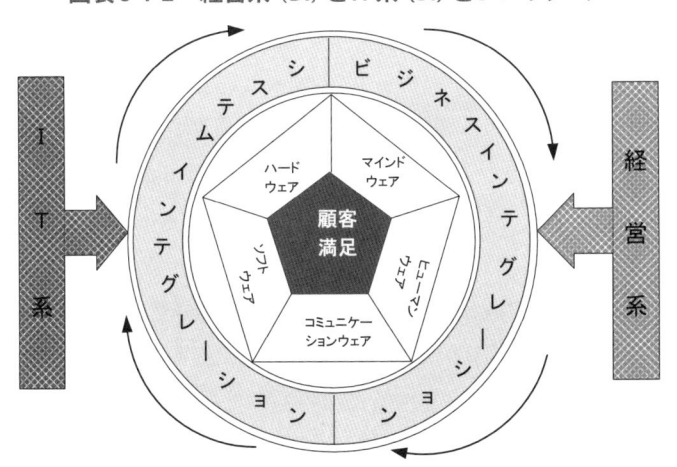

図表8-1-2　経営系（BI）とIT系（SI）と5つのウェア

（図：中心に「顧客満足」を置いた五角形に、ハードウェア、マインドウェア、ヒューマンウェア、コミュニケーションウェア、ソフトウェアの5つのウェアが配置され、外周を「ビジネスインテグレーション」と「システムインテグレーション」が囲む。左側から「IT系」、右側から「経営系」の矢印が向かう）

（1）ビジネス・情報統合（BII）モデルを活用せよ

　経営系のプロジェクト（ビジネスインテグレーション：BI）とIT系のプロジェクト（システムインテグレーション：SI）が別々に進められると，ギャップの要因になり得る。また，SIの構築段階においても，BIで策定したことを踏まえてSIの構築を図らないと，BIとSIのギャップの要因になる。

　このギャップを解消するためには，BIとSIを統合した**図表8-1-1**のような「ビジネス・情報統合モデル」（BIIモデル）を作成すればよい。BIとSIを統合した表示方式となり，課題が見える化されるとともに，両者の要求と課題認識を共有できるようになる。

　経営系とIT系のギャップは，BIのメンバーにもSIのメンバーにも理解しやすいBIIモデルを利用すると解消できると思う。ぜひ活用してみてほしい。

（2）業務プロセスマニュアルとIT改革・運用マニュアル統合を図れ

　経営改革・運用で取り決められた業務プロセスマニュアルと，IT改革・運用マニュアルなどが別々に作成されると，ギャップの要因になる。

　では，このギャップを解消するにはどうすればよいのであろうか。通常，

BIのメンバーは業務に関する業務フローのみを作成し，SIのメンバーは情報に関するシステムフローのみを作成することが多いため，それが統合化されていないケースが目立つ。

先ほど経営系とIT系の革新は同時並行的に進めていくことが効果的だと書いたが，BIとSIを同じプロジェクトで推進し，図表8-1-1のような「ビジネス・情報統合モデル」を活用すればギャップは解消できる。

(3) 現状（As-Is）モデルと革新（To-Be）モデルの作成を作れ

図表8-1-1はAs-Is（現状）モデルの例を示している。現状の業務フローを整理して，問題点を浮き彫りにするためのものである。当然，To-Be（革新）モデルも作成し，As-Isモデルで指摘した問題点の具体的解決案を提示する必要がある（図表3-3-1参照）。

ここでの解決案は，改革反対派との充分な論議と説得を重ねたうえで提示されなければ，運用の段階で不満が爆発するため注意する必要がある。

(4) ハードウェア・ソフトウェアの構築だけでは成功率は低い

IT投資は通常，ハードウェア（情報機器等の有形資産）とソフトウェア（プログラム等の知的財産権）の2つの側面から考えることが多いかもしれない。しかし，それでは経営革新を伴わないシステム構築となり，成功率は低いであろう。成功率を高めるためには，**マインドウェア**（企業理念，戦略ビジョン，人事・組織管理等の考え方，在り方），**ヒューマンウェア**（ノウハウやツール等のやり方），**コミュニケーションウェア**（EDI・ネットワーク・情報公開等の約束事）の革新も必要である。これら5つのウェア革新全体を筆者は「**ミーコッシュ革新**」と呼んでいる。

> ※ミーコッシュ（MiHCoSH）
> Mind Ware, Human Ware, Communication Ware, Soft Ware, Hard Wareの頭文字を取ったもの。

ミーコッシュ革新を実現するには，**図表8-1-2**に示したように，経営系とIT系を融合し，5つのウェアをあたかもミキサーで混ぜ合わせるように一体的に回しながらプロセスを進めていく必要がある。

(5) SI系とBI系のバランスあるメンバー構成にせよ

　プロジェクトのメンバー構成が，経営系かIT系のどちらかに偏っている場合もギャップが生じる要因になる（詳細は第3節で述べる）。

2 各プロセス間のギャップ克服

図表8-2-1　経営とITを統合するためのシールド工法

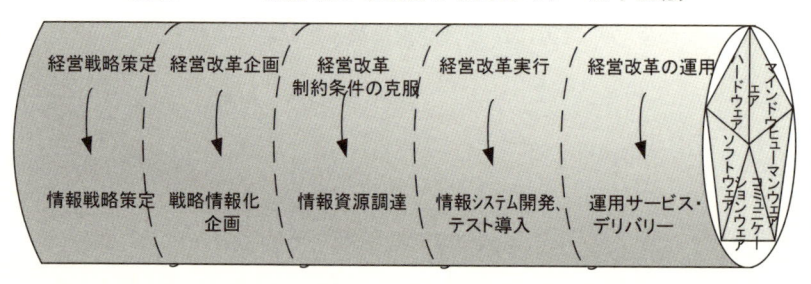

経営戦略策定／経営改革企画／経営改革・制約条件の克服／経営改革実行／経営改革の運用

情報戦略策定／戦略情報化企画／情報資源調達／情報システム開発・テスト導入／運用サービス・デリバリー

（マインドウェア／ヒューマンウェア／コミュニケーションウェア／ハードウェア／ソフトウェア）

① 経営戦略策定と情報戦略策定をトンネル掘削シールド工法のように回転させながら同時並行的に進めることによってギャップ解消する。

② 経営改革企画と戦略情報化企画をシールド工法のように，回転させながら同時並行的に進めることによってギャップ解消する。

③ 経営改革・制約条件の克服と情報資源調達をシールド工法のように，回転させながら同時並行的に進めることによってギャップ解消する。

④ 経営改革実行と情報システム開発・テスト導入をシールド工法のように，回転させながら同時並行的に進めることによってギャップ解消する。

⑤ 経営改革の運用と情報システムの運用サービス・デリバリーをシールド工法のように，回転させながら同時並行的に進めることによってギャップ解消する。

(1) 各プロセス間のギャップ課題

　経営戦略に基づいて情報戦略が策定されないと，プロセス間のギャップの要因になる。また，情報戦略で定められたものが，その趣旨に沿って情報化企画に的確に落とし込めていない場合も，ギャップの要因になる。さらに，情報化企画に適合したベンダーを選択しないと，概要設計と情報化企画との間でギャップが生じる。

　情報化企画に合致しないシステム開発がなされた場合も，ギャップの要因になるし，運用段階で情報化企画と運用マニュアルにもギャップが生じてしまうので，注意が必要である。第4節でも述べる戦略ビジョンを確立し，プロジェクトメンバーがそのビジョンに沿って進める必要がある。

(2) 経営戦略策定と情報戦略策定をトンネル掘削シールド工法のように回転させながら同時並行的に進めることによってギャップ解消する

　では，どのようにすれば各プロセス間のギャップを解消できるであろうか。

① 先の**図表8-1-1**で示したBIIモデル等を駆使して，**図表8-1-2**のように，経営系とIT系の統合化を図りながらトンネル掘削のシールド工法のように進めると，それぞれプロセスの違いはあっても，シームレスな状態で同時並行的にオーバーラップしながら展開していくため，プロセス間のギャップを解消できる。

② ミーコッシュの5つのウェアの革新は，シールド工法の刃のように（**図表8-2-1参照**）同時に推進することによって，プロセスが移行していく必要がある。

③ 後ほど説明する「ミーコッシュ・マンダラ・マトリックス（MMM）メソッド」を活用し，階層を掘り下げながら開発まで進めるようになる。

④ **図表8-4-1**のIT経営革新戦略ビジョンのように，経営戦略と情報戦略を統合化したものにまとめることによってチーム全体で意識の共通化を図ることも大切である。

(3) 経営改革企画と戦略情報化企画をシールド工法のように，回転させながら同時並行的に進めることによってギャップ解消する

　経営改革と情報化企画は，表裏一体として進める必要がある。先述したBIとSIを統合したBIIモデル等を駆使して一体的に進めればよいのである。ここは重要なポイントとなる（図表8-2-1参照）。

(4) 経営改革・制約条件の克服と情報資源調達をシールド工法のように，回転させながら同時並行的に進めることによってギャップ解消する

　経営改革を実行する際には，各種の制約条件や反対意見が出てくる。それを1つ1つ，図表3-1-1～3のようなツールを駆使してあらゆる課題や制約条件を乗り越える必要がある。

　ここでSI部門のエゴによって，なおかつ経営者の虎の威を借りた強引な進め方をしてはならない。あくまでも現場のユーザーが納得する形を取らなければならないことを肝に銘じてほしい。

(5) 経営改革実行と情報システム開発・テスト導入をシールド工法のように，回転させながら同時並行的に進めることによってギャップ解消する

　情報システムを実行する段階では，若干の経営改革が伴うことがある。その場合もBIIモデルに反映して，プロジェクトメンバーの共通確認資料としても保存する必要がある（図表8-2-1参照）。

(6) 経営改革の運用と情報システムの運用サービス・デリバリーをシールド工法のように，回転させながら同時並行的に進めることによってギャップ解消する

　同じように，情報システム運用の段階においても，経営改革を伴う場合が生じる可能性がある。しかし，この段階での大きな変更はなく，微調整程度であるから，情報システムの手戻りは発生しない。ここでの微調整は運用マニュアルとの統合を目的として行う。

3 組織のトップとロウアー間のギャップ克服

図表 8-3-1 「ミーコッシュ掘削方式」によるトップとロウアー間の意識の
ギャップ克服

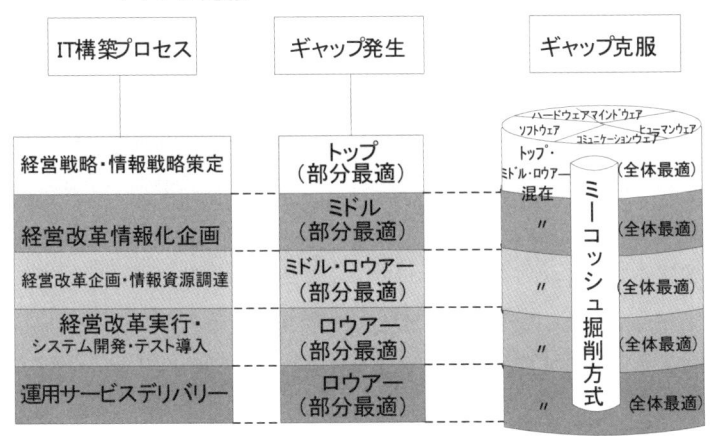

IT構築プロセス	ギャップ発生	ギャップ克服
経営戦略・情報戦略策定	トップ（部分最適）	混在（全体最適）
経営改革情報化企画	ミドル（部分最適）	〃（全体最適）
経営改革企画・情報資源調達	ミドル・ロウアー（部分最適）	〃（全体最適）
経営改革実行・システム開発・テスト導入	ロウアー（部分最適）	〃（全体最適）
運用サービスデリバリー	ロウアー（部分最適）	〃（全体最適）

ギャップ克服の円筒：ハードウェア／マインドウェア／ソフトウェア／コミュニケーションウェア／ヒューマンウェア（ミーコッシュ掘削方式）

【トップとロウアー間のギャップ克服法】

① マインドウェアの共通認識
② ヒューマンウェアの共通認識
③ コミュニケーションウェアの共通認識
④ ソフトウェアの共通認識
⑤ ハードウェアの共通認識

　以上のことを共通認識するために，5つのウェアをミーコッシュ掘削方式のように，回転させながら掘削していくことによってギャップ解消が可能となる。

(1) ミーコッシュ掘削方式で推進せよ

　トップの経営戦略を各IT構築プロセスに落とし込んでいく時，図表8-3-1の右側に示したように，「IT構築プロセス」と「ギャップ発生」を縦穴の掘削機のようにして，メンバーにトップ，ミドル，ロウアーを混在させ，5つのウェアの刃を一体的に回しながら，全体最適を意識して掘り下げていくとよいであろう。これを「ミーコッシュ掘削方式」と筆者は呼んでいる。

(2) プロジェクトへの参加を徹底させる

　具体的には，IT経営革新戦略策定の段階からトップ，ミドル，ロウアーのそれぞれにプロジェクトに参加してもらうことである。社長等の決定権者が加わっていれば，重要な決定変更などの際にも迅速に意思決定ができるほか，経営戦略とのギャップも生じにくくなる。プロジェクトのレギュラーメンバーは毎回出席することが絶対条件で，毎回参加できない人はレギュラーメンバーから除外すべきである。各事業部のキーマンに相当する人は必要に応じてスポット参加してもらう方式のほうがよいであろう。

(3) プロジェクトメンバーには反対派も必ず入れろ

　メンバーに改革反対派を加えておくことも重要なポイントである。この反対派に対して，各IT構築プロセスでは，トップ，ミドル，ロウアー間でコンセンサスが得られるまで協議することが大切である。そして，経営戦略で決めたことは，システム完成まで軸がブレないように推進するべきだ。私の経験ではIT推進派50％，反対派20％，中間派30％がよいと考えている。しかし，プロジェクトメンバーは5人以内がベストである。それに各事業部に関係する人たちを，必要に応じてスポット参加させながら進めるほうがスムーズに進められるであろう。

　この時に活用できるツールとしては，「ミーコッシュ・マンダラ・マトリックス（MMM）メソッド」がある（「MMMメソッド」については次章で説明する）。

(4) IT部門とSI部門のメンバー構成を適正にせよ

　SI部門とともに開発機能に合わせて，それぞれ関係するユーザー部門のメンバーを適正に参加させる必要がある。そうでないと，前項でも述べたが，所属部門のエゴが発生して部分最適になり，全体最適から遠いシステムになってしまい，IT投資効果のない，失敗プロジェクトに限りなく邁進することになる。メンバー構成はIT部門（SI）30％，業務部門（BI）70％で選択され，関係する事業部全部のスポット参加で運営するほうがよい。

図表8-3-2　IT構築プロジェクトメンバー構成

SIとBI ＼ IT推進	推進派	中間派	反対派
IT部門（SI）	1〜2名		
業務部門（BI）	2〜3名	1〜2名	1名

(5) トップはたとえ1時間でも必ず出席する

　プロジェクトマネジャーに任せることなく，トップはたとえ1時間であっても出席して，重要改革の決定を下す必要がある。企業のイノベーションにはトップの権限なくして推進できない部分が多々ある。

ギャップ克服 4 ユーザーとベンダー・コンサルタント間のギャップ克服

図表8-4-1 ユーザーとベンダー・コンサルタント間のギャップ解消のための戦略ビジョン（例）

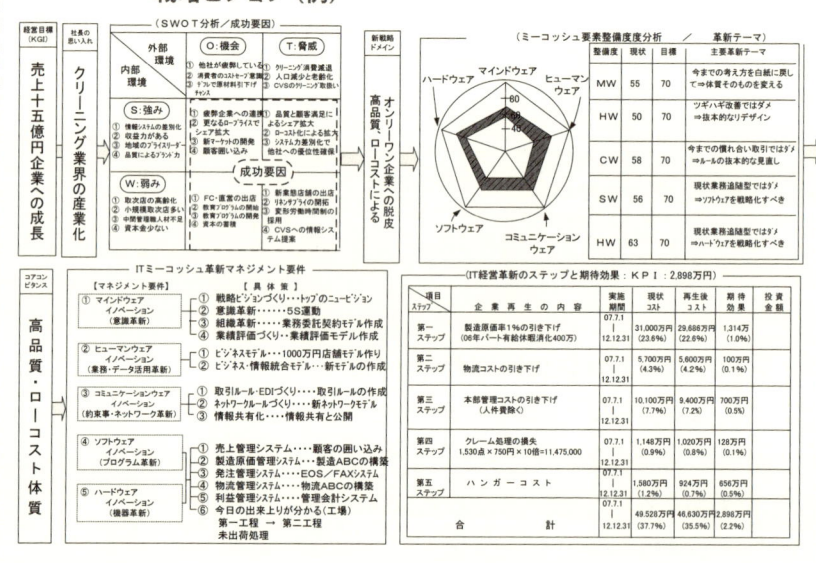

① 経営目標：経営の最終到達目標（KGI）を掲げる
② 社長の思い入れ：社長のこのビジネスに対する思い入れは何かを記述する
③ SWOT分析：強み（S），弱み（W），機会（O），脅威（T），成功要因を編み出す
④ 新戦略ドメイン：新戦略の生存領域を確定する
⑤ ミーコッシュ要素整備度分析：5つのウェア別の整備度チェックをする
⑥ 革新テーマ：5つのウェア別の革新テーマを整理する
⑦ コアコンピタンス：この戦略の核（コア）となるものは何かを特定する
⑧ ITミーコッシュ革新マネジメント要件：5つのウェア別のマネジメント要件を抽出する
⑨ IT経営革新ステップと期待効果：IT革新戦略実現ステップと実践期待効果

(1) マインドウェアとしての戦略ビジョンの作成

　この三者間のギャップを解決するために，筆者は，三者が共通認識をもてるような「戦略ビジョン」を必ず作成することが大切であると考えている。

　たとえば，**図表8-4-1**のような「IT経営革新戦略ビジョン」を，経営戦略・情報戦略策定の段階で作成し，ユーザー，ITベンダー，ITコンサルタント（ITコーディネータ）間の意思統一を図っておくのである。また，プロセスが進捗して横道にそれそうになった時でも，この戦略ビジョンを確認し合い，プロジェクトの目的（期待効果）は何かを説いて再確認することによってギャップの解消を図るようにすると，ブレないシステム開発ができるようになる。

　さらに，**図表8-4-1**の右下にあるような「期待効果」を策定しておけば，ギャップの解消度を高めることができるし，経営者に対してもIT投資の目的と効果を明確に示して，投資を促すこともできるようになる。

(2) ヒューマンウェアとしてのBIIモデルの共有

　既に説明した**図表8-1-1**のようなビジネス・情報統合（BII）モデルを作成し共有することによって，ユーザーに理解されやすく，かつSI系とBI系の双方を表示してユーザー・ITベンダー・ITコンサルタント間のギャップを防ぐことができる。ここが認識違いを防止できるキーポイントになるので，現状（As-Is）モデルの問題点と解決策としての革新（To-Be）モデルを提示することによって，どこが革新されるかが，三者間で共有することができる。このことは**図表10-5-1**と**図表10-5-2**も見て参考にしてほしい。

　また，セキュリティに対する運用についての取り決めも明確にしておく必要がある。

(3) コミュニケーションウェアとしてのEDI（電子的データ交換方式）の共有

　この中でも，基本契約は基本的な事項の取り決めであるが，運用規約については，取引の例外処理・例外運用がないかを確認しておく必要がある。

　例外運用は，プログラムの手戻りの要因になるため，特に気をつける必要が

ある。このレベルも情報化企画の段階で定めておくことによって，プログラム追加料金を防ぐこともできるし，成功率も高めることができる。

　表現規約は三者の共通認識をしておくべき絶対要件となる。取り扱い伝票，商品コード，分類コード，取引区分（**図表9-3-5**参照）カード，媒体等の取り決めは重要である。また通信規約は，J手順から流通BMSへの移行等をどのようにするかも取り決めておく必要がある。さらにネットワーク形態についても専用回線なのか，インターネットVPNなのか，どのようなものを採用するかについても考慮しておく必要がある（**図表3-4-1，3-4-2**参照）。

(4) ソフトウェア出力帳票の共有

　ソフトウェアにおいても，情報化企画段階で確定しておくことによって，三者間のギャップを解消することができる。入力画面から打ち合わせすることが少なくないが，筆者は，経営者やユーザーがどのような最終出力を望んでいるかを明確にしておいたほうが，ベンダーが入力画面のイメージやデータベース構造を考えるうえで役立つと考えている。それのみではなく，入力画面についてまで介入しすぎるとベンダーのアイデアとやる気をなくしてしまう可能性があるからである（**図表9-4-3**参照）。

　最近ではセキュリティソフトの選択も重要になってきている。

(5) ハードウェアの機器構成の共有

　ハードウェアにおいても情報化企画段階で明確にしておく必要がある。サーバーは自社所有するのかクラウドサービスを利用するのか。端末はデスクトップパソコンなのか，スマートフォンを使うのか，それともタブレット端末を使うシステム構成にするのか等を明確にしておく必要がある。

　その他，レーザープリンターや3Dプリンターも定めておく必要があるし，外部メモリーや記憶媒体についても明確にしておく必要があろう（付属資料①ツール221参照）。

5 リファレンス間のギャップ解消

図表8-5-1　リファレンスに代わる中小企業版MMMメソッドの例

3-1 品質：品質を保持するための5つのギャップ克服

3-2 マインドウェア（考え方・在り方）：経営者・組織の考え方・在り方を明確にする

3-3 ヒューマンウェア（スキル・やり方）：IT構築する場合の進め方

3-4 コミュニケーションウェア：約束事・EDI（電子的データ交換方式）・ネットワーク

3-5 ソフトウェア（知的財産権）：プログラムの概要設計をする

3-6 ハードウェア（有形資産）：情報機器の構成を定める

3-7 コスト：情報システム構築のためのコスト計算とコントロール

3-8 時間（納期）：情報システム構築を納期内に完了できるかをコントロールする

第8章　MMMメソッド活用で5つのギャップ克服と品質を高めよ　133

IT経営革新で既存のリファレンスを活用しようとした場合，それ自体は立派なものだが中小企業には荷が重いし，リファレンス間のギャップも生じる。**図表8-5-1**は中小企業用に筆者が開発した事例である。

　図表2-0-1に掲げたようなリファレンスは完璧すぎて，実際に中小企業が活用しようとしても，少し荷が重いように思う。そこでリファレンス間のギャップを解消すべく自ら**図表8-5-1**のようなマンダラ・マトリックスを作って，プロセスが進むにつれて階層を掘り下げていくことによってリファレンス間のギャップが生じないようにするのも1つの方法であろう。

　図表8-5-1は，筆者がいつも使っている例である。ここではレベル1のみの記載になるが，マインドウェアレベル1の戦略ビジョンがわからなければ，レベル2（**図表9-0-1，9-1-1，10-1-1，10-1-2参照**）にブレイクダウンしてみればその内容がわかるようになっているし，さらに戦略ビジョンの中身を細かく知りたい時にはレベル3（第10章参照）へと階層別に掘り下げて進めることができる。このように工夫すれば，一貫性を保ちながら進められるので，ギャップが生じないようになると思う（詳しくは第10・11章参照）。

　また，ソフトウェアやハードウェアの範囲が，情報システム室にいる人からすると守備範囲が広いと思われるかもしれないが，中小企業のIT構築の責任者またはCIO（最高情報責任者）はここまで考える必要があると筆者は思っている。

ギャップ克服 6 5つのギャップを克服すれば成功率90.3%は確保できる

ギャップ解消することによって成功率が高まる

　それではギャップ解消がIT投資の成功率とどの程度相関関係があるのか調べてみよう。2011年のわが社の調査結果ではあるが，ギャップの度合いとIT投資成功率（品質・コスト・納期によって評価）について失敗企業18社，成功企業18社を調査した結果，**図表8-6-1**のようになった。

　すなわち，経営系とIT系間のギャップは失敗企業28.4点に対し，成功企業は93.2点と大変高くなっている。各プロセス間のギャップにおいては，失敗企業46点，成功企業95.2点とやはり成功企業が高くなっている。トップとロウアー間のギャップも失敗企業は34.8点，成功企業84.4点になっている。ユーザーとITベンダー・コンサルタント（ITコーディネータ）間のギャップは，失敗企業24.4点，成功企業83.2点とこれも大きく差が開いている。リファレンス間のギャップにおいては失敗企業22.4点に対し，MMMメソッドを使った例であるが，成功企業93.6点となっている。

　もう1つ，失敗・成功の判定基準である品質・コスト・納期の順守率も調べてみた（**図表8-6-2**参照）。

　品質での順守率は100点満点で失敗企業56点，成功企業98点になっている。

図表8-6-1　ギャップ解消度調査結果の集計（36社）

	サンプル数	1.経営系とIT系	2.各プロセス間	3.トップとロウアー間	4.ユーザーとITベンダー・コンサル間	5.リファレンス間	合計
失敗企業	18社	28.4	46.0	34.8	24.4	22.4	156.0
成功企業	18社	93.2	95.2	84.4	83.2	93.6	449.6

（注）調査表により集計し，各調査項目の平均点を算出し，百点満点に換算している。

図表8-6-2　IT経営革新失敗・成功評価結果の集計（36社）

	品質順守率			コスト順守率			納期順守率		
	5点満点	100点満点	オーバー率	5点満点	100点満点	オーバー率	5点満点	100点満点	オーバー率
失敗企業	2.8	56	—	2.3	46	158%	2.1	42	167%
成功企業	4.9	98	—	4.9	98	102%	3.0	60	140%

（注）調査表により各調査項目の平均点を算出し、RFP要求との比較でオーバー率を算出した。

またコスト順守率ではRFP（ベンダーへの提案依頼書）の価格オーバー率は、失敗企業158%、成功企業102%となっている。納期のオーバー率は、失敗企業167%、成功企業140%となっている。

このことからも、ギャップ解消がIT投資成功率に大きく影響することがわかった。

ぜひ、皆さんもこの事実を踏まえてCIOとしてまた経営者としての成功を期待している。

筆者自身も、コンピュータメーカー勤務17年、ITコンサルタントとして30年になるが、その間いかにしてIT投資の成功率を高めるか考え続けてきた。その経験からMMMメソッドを考え出して支援している。まだ完璧のものとは言いきれないが、確かな効果があるとは言えると思う。コンサル30年間で31社のIT投資支援を行ってきたが、前述したように、失敗は3社で成功が28社と成功率は90.3%を維持しており、ここ10年間は失敗していない。失敗した3社はプログラムミスで動かなかったわけではなく、先進的経営革新を諦めたために稼働しなかったのである。

自分で言うのもおこがましいが、このやり方を行えば今後失敗は絶対にないと考えている。

ぜひ中小企業の皆さんもミーコッシュリファレンスを参考にしていただき、価値あるIT投資を行って成功してほしいものである。

第9章

MMMメソッド・IT構築5つのウェア要素整備度を高めよ

図表9-0-1　IT構築要素別総合診断（階層レベル1～2）

| 機能構成図MMM | 機能番号3 | ：企業ドック/機能別診断 / IT構築要素別診断 / IT構築要素別 | 総合診断 |

	1 PLAN（進捗管理）	2 経営系とIT系のギャップ解消	3 各プロセス間のギャップ解消
	8 ACTION（修正）	3-1 品質	4 トップとロワアー間のギャップ解消
	7 CHECK（検証）	6 リファレンス間のギャップ解消	5 ユーザーとベンダー間のギャップ解消

	1 PLAN（進捗管理）	2 経営戦略（ビジョン）	3 経営者（人的能力）
	8 ACTION（修正）	3-2 マインドウェア（考え方・在り方）	4 組織能力
	7 CHECK（検証）	6 人事・労務	5 社会的責任

	1 PLAN（進捗管理）	2 経営戦略・IT戦略策定スキル	3 経営改革・情報化企画策定スキル
	8 ACTION（修正）	3-3 ヒューマンウェア（スキル・やり方）	4 情報資源調達スキル
	7 CHECK（検証）	6 運用・保守スキル	5 開発・移行スキル

	1 PLAN（進捗管理）	2 WBS(ワーク・ブレイクダウン・ストラクチャー)	3 クリティカルパス法
	8 ACTION（修正）	3-8 時間（納期）	4 ファースト・トラッキング
	7 CHECK（検証）	6 アーンド・バリュー・マネジメント	5 資源平準化

	1 PLAN（進捗管理）	2 3-1 品質	3 3-2 マインドウェア（考え方・在り方）	3-3 ヒューマンウェア（スキル・やり方）
	8 ACTION（修正）	3-8 時間（納期）	4 IT構築要素別総合診断	3-4 コミュニケーションウェア（約束事・EDI）
	7 CHECK（検証）	3-7 コスト	3-6 ハードウェア（有形資産）	3-5 ソフトウェア（知的財産権）

	1 PLAN（進捗管理）	2 法律政令・省令の遵守	3 企業内の約束事
	8 ACTION（修正）	3-4 コミュニケーションウェア（約束事・EDI）	4 コミュニケーションルール
	7 CHECK（検証）	6 ネットワーク、情報共有、情報公開	5 ビジネスプロトコル

	1 PLAN（進捗管理）	2 コスト見積	3 コストの予算化
	8 ACTION（修正）	3-7 コスト	4 コスト・コントロール
	7 CHECK（検証）	6 変更のコントロール	5 実績測定

	1 PLAN（進捗管理）	2 土地	3 建物
	8 ACTION（修正）	3-6 ハードウェア（有形資産）	4 設備・車輌
	7 CHECK（検証）	6 情報機器	5 セキュリティ機器

	1 PLAN（進捗管理）	2 特許権	3 実用新案
	8 ACTION（修正）	3-5 ソフトウェア（知的財産権）	4 意匠権・商標権
	7 CHECK（検証）	6 ソフトウェアプログラム	5 著作権

　この章では，マインドウェア，ヒューマンウェア，コミュニケーションウェア，ソフトウェア，ハードウェアの5つの構成要素整備を高めるための視点から記述する。他の章とあわせて理解してほしい。

要素整備度 1 考え方・在り方のマインドウェアを高めよ

図表9-1-1　IT構築マインドウェアの機能構成図（階層レベル2～3）

機能構成図MMM　機能番号3－2　：企業ドック/機能別／IT構築診断／ＩＴ構築・マインドウェア

1 PLAN (進捗管理)	2 経営系とIT系のギャップ解消	3 各プロセス間のギャップ解消		1 PLAN (進捗管理)	2 成功要因	3 ドメイン		1 PLAN (進捗管理)	2 経営者の成功への情熱と人間性	3 企業理念ミッション・企業倫理
8 ACTION (修正)	3-2-1 品質	4 トップとロワー間のギャップ解消		8 ACTION (修正)	3-2-2 経営戦略（戦略ビジョン）	4 コアコンピタンス		8 ACTION (修正)	3-2-3 経営者（人的能力）	4 リーダーシップ・マネジメント力
7 CHECK (検証)	6 リファレンス間のギャップ解消	5 ユーザーとベンダー間のギャップ解消		7 CHECK (検証)	6 IT構築期待効果	5 マネジメント要件		7 CHECK (検証)	6 人事制度・人材育成	5 顧客、従業員の満足度

1 PLAN (進捗管理)	2 WBS(ワーク・ブレイクダウン・ストラクチャー)	3 クリティカルパス法		3-2-1 品質	3-2-2 経営戦略（戦略ビジョン）	3-2-3 経営者（人的能力）		1 PLAN (進捗管理)	2 組織デザイン	3 組織構造
8 ACTION (修正)	3-2-8 時間（納期）	4 ファースト・トラッキング		3-2-8 時間（納期）	ＩＴ構築・マインドウェア	3-2-4 組織能力		8 ACTION (修正)	3-2-4 組織能力	4 組織マネジメント
7 CHECK (検証)	6 アーンド・バリュー・マネジメント	5 資源平準化		3-2-7 コスト	3-2-6 人事・労務	3-2-5 社会的責任		7 CHECK (検証)	6 価値観の共有（京都府の例）	5 企業文化

1 PLAN (進捗管理)	2 コスト見積	3 コストの予算化		1 PLAN (進捗管理)	2 組織体の業績評価	3 業績給への移行		1 PLAN (進捗管理)	2 経営の透明性	3 環境への対応
8 ACTION (修正)	3-2-7 コスト	4 コスト・コントロール		8 ACTION (修正)	3-2-6 人事・労務	4 キャリアパス		8 ACTION (修正)	3-2-5 社会的責任	4 社会要請への対応
7 CHECK (検証)	6 変更のコントロール	5 実績測定		7 CHECK (検証)	6 HRM(人的資源管理)の導入	5 退職金制度の廃止		7 CHECK (検証)	6 安心・安全対策	5 雇用への対応

【IT構築要素整備：マインドウェア/階層レベル2～3】
① 品質：品質を保持するための5つのギャップ克服
② 経営戦略（戦略ビジョン）：戦略ビジョンの構築の進め方
③ 経営者（人的能力）：経営者の情熱・企業理念・リーダーシップ・従業員満足度等
④ 組織能力：組織デザイン・組織構造・組織マネジメント・企業文化・価値観等
⑤ 社会的責任：経営の透明性・環境への対応・社会要請への対応，安心・安全対策等
⑥ 人事・労務：組織体の業績評価，業績給への移行，キャリアパス等
⑦ コスト：情報システム構築のためのコスト計算とコントロール
⑧ 時間（納期）：情報システム構築を納期内に完了できるかをコントロールする

図表9-1-2　クロスSWOT分析ツール/成功要因

	機　会（O）	脅　威（T）
外部環境 内部環境		
強み（S）	事業機会を自社の 強みにするには 積　極　的　攻　勢	脅威を自社の 機会に変える 差　別　化　戦　略
弱み（W）	機会を自社の弱みで 取りこぼさない方策 段　階　的　施　策	脅威と弱みの 補正をするには 専守防衛または撤退

〔解決の方向〕
① Who（どういう顧客に）
② What（何を提供して）
③ How（どのように対応するか）

注）＊外側がＳＷＯＴ分析
　　＊ ┌┈┐ 内が成功要因

生存領域（事業ドメイン）

第9章　MMMメソッド・IT構築5つのウェア要素整備度を高めよ　139

(1) 経営戦略（戦略ビジョン）の策定の進め方

戦略ビジョンについては第8章第4節で説明した。そこで説明しきれなかった部分を補足説明する。

1) 成功要因

第8章第4節で説明済みであるが，SWOT分析から，①S（強み）対O（機会）・T（脅威）の交点の中に成功要因を抽出する，②W（弱み）対O（機会）・T（脅威）の交点の中に成功要因を抽出する方法で書き出す（図表9-1-2参照）。

2) ドメイン（生存領域）を定める

企業の生存領域をどこに置くかも重要な決定事項である。通常，ドメインを決める場合においては，①顧客（市場）軸，②技術軸，③機能軸の3点から見ることが必要である（図表9-1-3参照）。

3) コアコンピタンスは何か

ドメイン（生存領域）を定めると同時に，自社の強みと核になる武器は何かを知っておく必要がある。これについても，顧客，技術，機能の面から抽出していくことになる（ツール82参照）。

図表9-1-3　3次元ドメイン分析

出所：Darecon HPに加筆修正

4) マネジメント要件

これらの成功要因・生存領域・コアコンピタンスについてどのような要件を具備すべきかがマネジメント要件である。

筆者が提唱しているITミーコッシュ（MiHCoSH）のマネジメント要件を挙げると次のようになる（ツール134参照）。

① マインドウェアイノベーション（意識革新）

戦略ビジョンづくり・トップのニュービジョンづくりを行うためのイノベーション委員会や組織革新のためのリストラクチャリング委員会、業績評価づくりを行う業績評価委員会等を立ち上げる場合もある。既に**図表3-1-1～3**で説明したので再読してみてほしい。

② ヒューマンウェアイノベーション（やり方革新）

ビジネスモデルづくり・BPR（ビジネスプロセスリエンジニアリング）の仮説（業務・データ活用革新）、ビジネス・情報統合モデル（BIIモデル：**図表3-3-1参照**）・BPRのテスト・データ活用づくりを行って全事業部に展開する必要がある。

③ コミュニケーションウェアイノベーション（約束事革新）

取引ルール・EDI（電子的データ交換方式）づくり、取引・データ変換のルール化、ネットワークのルールづくり、ネットワーク形態・通信サービス、情報共有化・ルールづくり、情報共有と公開等の革新が求められる（**図表3-4-1、3-4-2、9-3-4、9-3-8を参照**）。

④ ソフトウェアイノベーション（知的財産権／プログラム革新）

顧客管理方式づくり、顧客の囲い込み等の的確化が求められる。これらは、ベンダー選定の前に**図表9-4-3**レベルのユーザーとしての要望内容を明確にしておく必要がある。これが不明確だと、ベンダーに追加料金を要求される隙を与えることになる。

⑤ ハードウェアイノベーション（有形資産／情報機器革新）

ハードウェアにおいても**図表9-1-5**に示したような内容レベルのものは作り、サーバー等は別途用意して機能のレベルも明確にする必要がある（**図表**

図表9-1-4　ソフトウェア例　顧客台帳

店舗コード												
店舗名			顧客台帳（簡易）				年	月	日	曜日		
顧客コード	氏　名(漢字)	DM区分	住　　所(漢字)　電話番号	入会年月日 FAX番号	チケット冊数	チケット回収日	買上日付 Rポイント	買上回数 Fポイント	期間実績 Mポイント	ポイント	順位	買上金額

図表9-1-5　革新ハードウェア構成図

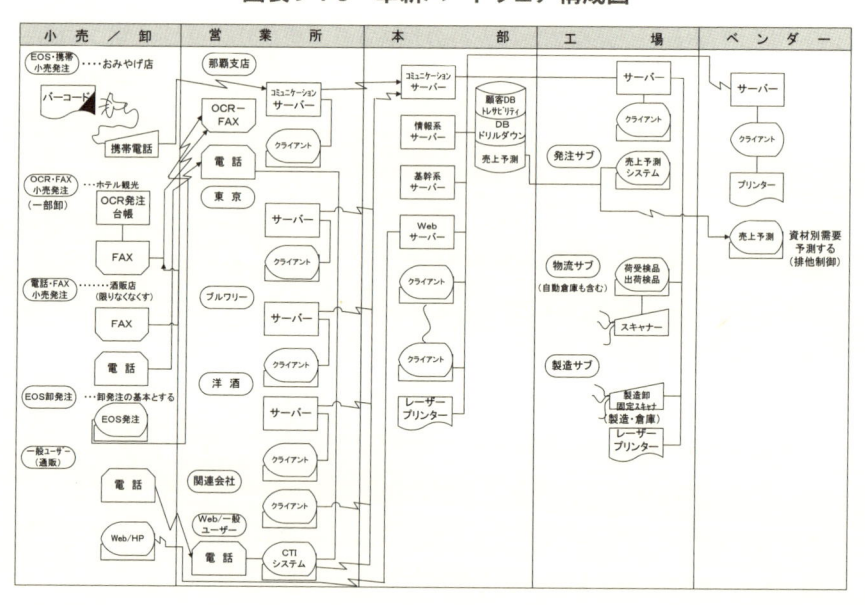

(9-5-1参照)。

5) IT構築期待効果

第7章第3節で説明済みなので割愛する。

(2) IT構築は経営者の考え方によって大きく左右される

1) 経営者の成功への情熱と人間性

中小企業のIT投資にはトップの強い思いが必要である。たとえば，次のよ

うな目標を明確にすることも1つの方法である。

この目標に向かってトップの強いリーダーシップが求められる。

2）企業理念・ミッション・企業倫理

最近の経営の方向は，長野県の伊那食品工業㈱のように，理念経営によって社員のエンパワーメントを引き出して社員の幸せや仕入先の幸せ，地域社会への貢献等を行いながら業績を上げている企業が多くなってきており，注目されている。その場合であっても，ITで裏付けされた仕組みがあったればこそ実現できることを忘れてはいけない。

3）リーダーシップとマネジメント力

中小企業におけるIT構築では，「私はITには弱いから任せる」等という社長がいるが，大きな間違いである。経営者はITはわからなくても経営はわかっている。経営者が理解できるように説明できないベンダーなら，わかるような説明を何度でも求めたらよい。知らないことは恥ずかしいことではない。

大切なことは，IT構築には業務の革新が伴うのでトップにそのジャッジメントが求められるということである。これは経営者でなければできないことが多い。

4）顧客・従業員の満足度

高知県高知市の㈱ファースト・コラボレーションは，社員数24名の不動産仲介業であるが，従業員のノルマなし，売上歩合なし，さらに育児のための授乳帰宅や昼寝すらできる雇用形態になっている。いかに従業員満足度を追求している企業であるかがわかる。

これらの雇用環境から従業員の接客サービスもよく，「日本でいちばん大切にしたい会社」大賞の審査委員会特別賞も受賞している。顧客満足度も高く，業績も年々向上している企業である。

(3) ITの有効活用は組織能力によって異なってくる

IT活用に大きく影響する組織デザインと組織構造について説明する。

図表9-1-6　組織デザイン

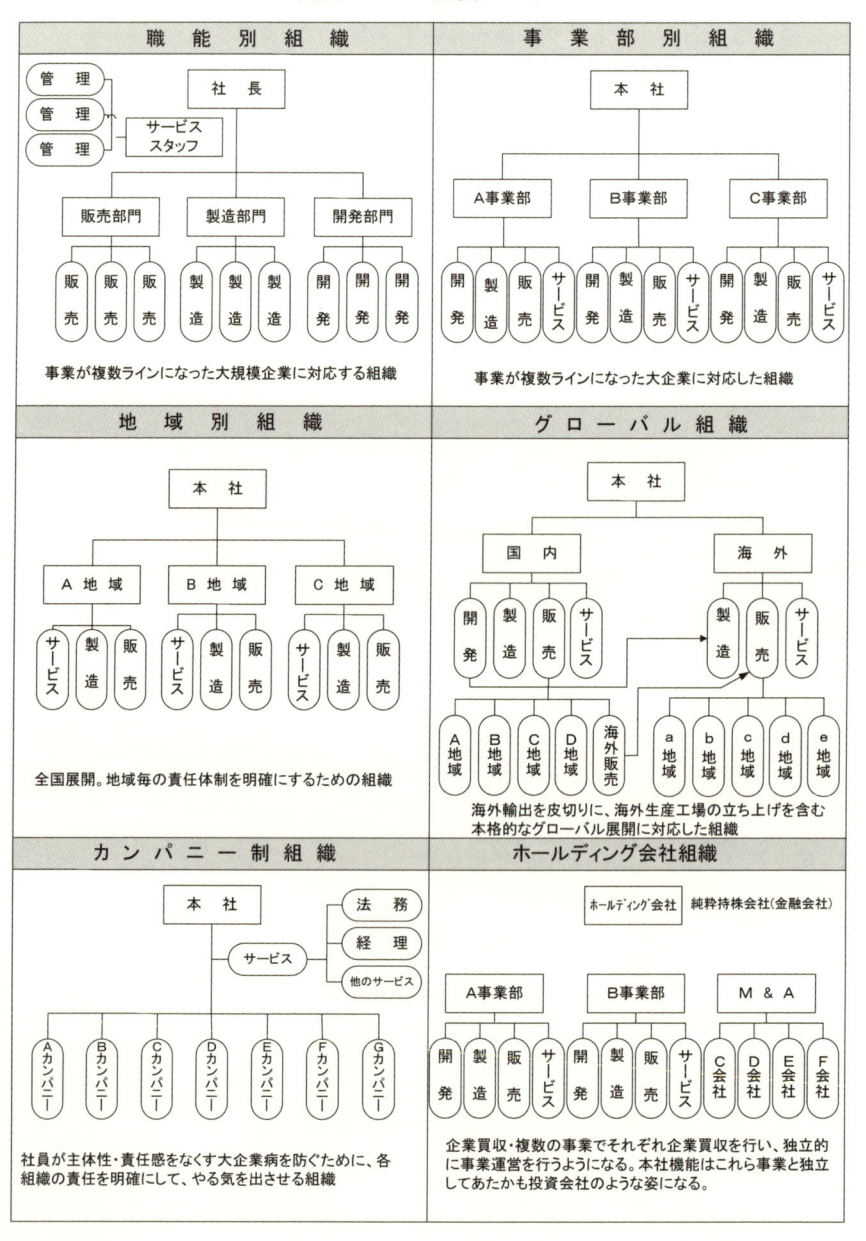

職能別組織

```
管理　　　　社長
管理　　──サービス
管理　　　スタッフ
　　　　│
　┌────┼────┐
販売部門　製造部門　開発部門
│　　　　│　　　　│
販販販　製製製　開開開
売売売　造造造　発発発
```

事業が複数ラインになった大規模企業に対応する組織

事業部別組織

```
　　　　本社
　　　　│
　┌────┼────┐
A事業部　B事業部　C事業部
│　　　　│　　　　│
開製販サ　開製販サ　開製販サ
発造売｜　発造売｜　発造売｜
　　　ビ　　　　ビ　　　　ビ
　　　ス　　　　ス　　　　ス
```

事業が複数ラインになった大企業に対応した組織

地域別組織

```
　　　　本社
　　　　│
　┌────┼────┐
A地域　　B地域　　C地域
│　　　　│　　　　│
サ製販　サ製販　サ製販
｜造売　｜造売　｜造売
ビ　　　ビ　　　ビ
ス　　　ス　　　ス
```

全国展開。地域毎の責任体制を明確にするための組織

グローバル組織

```
　　　　　　本社
　　　　　　│
　　　┌────┴────┐
　　国内　　　　　海外
　　│　　　　　　│
開製販サ　　　　製販サ
発造売｜　　　　造売｜
　　　ビ　　　　　　ビ
　　　ス　　　　　　ス
│
A B C D 海　　a b c d e
地地地地外　　地地地地地
域域域域販　　域域域域域
　　　　売
```

海外輸出を皮切りに、海外生産工場の立ち上げを含む本格的なグローバル展開に対応した組織

カンパニー制組織

```
　　　　本社　　　　　　法務
　　　　│　　　　　　　経理
　　　　├─サービス─　他のサービス
┌──┬──┬──┼──┬──┬──┐
A　B　C　D　E　F　G
カ　カ　カ　カ　カ　カ　カ
ン　ン　ン　ン　ン　ン　ン
パ　パ　パ　パ　パ　パ　パ
ニ　ニ　ニ　ニ　ニ　ニ　ニ
ー　ー　ー　ー　ー　ー　ー
```

社員が主体性・責任感をなくす大企業病を防ぐために、各組織の責任を明確にして、やる気を出させる組織

ホールディング会社組織

```
ホールディング会社　純粋持株会社（金融会社）
　　　│
　┌───┼───┐
A事業部　B事業部　M&A
│　　　　│　　　　│
開製販サ　開製販サ　C D E F
発造売｜　発造売｜　会会会会
　　　ビ　　　　ビ　社社社社
　　　ス　　　　ス
```

企業買収・複数の事業でそれぞれ企業買収を行い、独立的に事業運営を行うようになる。本社機能はこれら事業と独立してあたかも投資会社のような姿になる。

図表9-1-7　組織構造

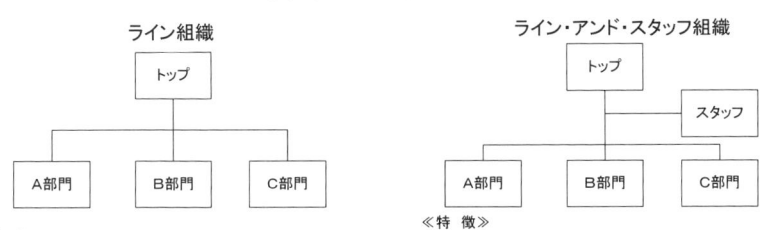

ライン組織

```
        トップ
    ┌─────┼─────┐
  A部門   B部門   C部門
```

≪特　徴≫
① トップの指揮命令によって動く組織のこと。
② トップに権限が集中
③ トップが直接指示、命令を下す。

ライン・アンド・スタッフ組織

```
        トップ ─── スタッフ
    ┌─────┼─────┐
  A部門   B部門   C部門
```

≪特　徴≫
① ライン組織にトップの情報処理機能を助けるためのスタッフ部門を設けた組織
② スタッフは経営企画・人事・法務・広報・情報等からなる

プロダクト・マネージャー組織

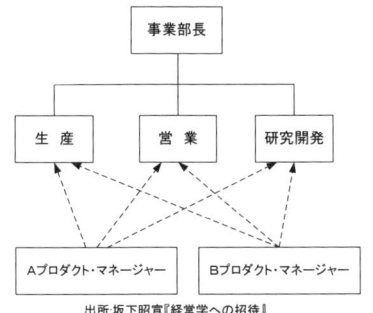

```
        事業部長
    ┌─────┼─────┐
   生産    営業   研究開発

  Aプロダクト・マネージャー
  Bプロダクト・マネージャー
```

≪特徴≫
①組織の壁を越えた調整軸を入れている。
②組織の中の情報が流れるようにする。
③組織メンバー間のコミュニケーションの活発化
④組織の知創造を高めることが課題

出所:坂下昭宣『経営学への招待』

マトリックス組織

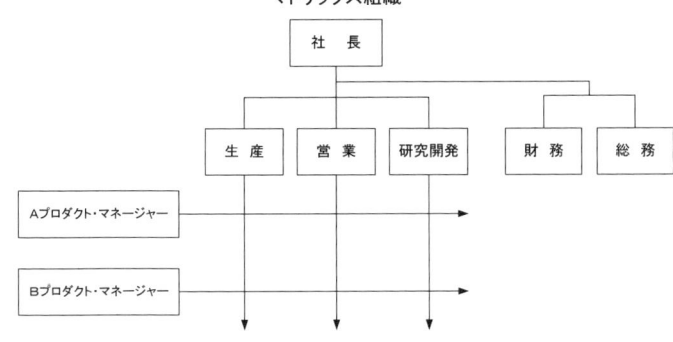

```
              社　長
    ┌─────┬─────┬─────┬─────┐
   生産   営業  研究開発  財務   総務

  Aプロダクト・マネージャー ────────→
  Bプロダクト・マネージャー ────────→
```

≪特徴≫
①事業部制の縦割組織の欠点を補う
②事業部軸は強くなるが、スタッフ軸は弱くなる
欠点
①命令系統が2つになる為、パワー関係やコミュニケーションラインが複雑になる。

出所：坂下昭宣『経営学への招待』白桃書房

1) **組織デザインを再定義せよ**（図表9-1-6参照）
 2) **組織構造を革新する**（図表9-1-7参照）
 3) **組織マネジメントは組織の活性化に必須条件**

 前述した組織デザインと組織構造から，自社にとって最も適切なものを選択して，IT活用に適合させる必要がある。

 分業と調整の仕組み，インセンティブシステム設計能力，計画とコントロール能力，人の配置と育成，組織のリーダーシップが適切に行われる必要がある。

 4) **企業文化は理念経営にとっての共有財産**

 経営理念，社長の思い入れ，行動様式，規範，仕事のやり方等の組織文化が適切に醸成されるようにしなければならない。

 5) **価値観の共有はどのようにするか**

 自分の立場を離れて自らの思いを語る，相手の身になってよく聴く，日頃の行動から勝手なレッテルを貼らない，「べき論」で相手を攻撃しない，リーダーは弱みを素直に見せて「一緒に困る」というような価値観の共有が求められる。

(4) 企業の社会的責任とIT活用効果の両立性

 1) **経営の透明性**

 顧客への情報公開，社会への情報提供，株主への情報提供，地域社会への情報提供，従業員への情報提供は適切に行われているかが検討されなければならない。

 2) **環境への対応**

 環境保護，環境監査，資源，エネルギー消費，環境の安全対策は適切に行われているかが検討されることになる。

 3) **社会的要請への対応**

 社会からの要請に対する取組み方針の明確化，対応組織の構築，予防的・治験的コンプライアンス等が整備されているかがポイントになる。

4）雇用への対応

雇用の延長，低い離職率，適切な労働時間，福利厚生制度の充実，障害者雇用等に対応しているか。

5）安心・安全対策

安全である権利，知らされる権利，選択できる権利，意見を反映させる権利，消費者教育を受ける権利等について対応しているかが検討される。

(5) ITによる業績評価と業績給の活用

1）組織体の業績評価

企業全体業績，主要事業の業績，所属部門・本人の査定，出欠勤計数等の組織体の業績評価が適切に行われるようにする必要がある（ツール169参照）。

2）業績給への移行

粗利益額，回収率，労働分配率，売上達成率，上司による査定等，業態，職種に応じた査定方法を適切に組み合わせて導入されているか検討する必要がある（ツール204参照）。

3）キャリアパス

安定志向型，意欲型，独立型（コンセショナリー型，テナント型，契約型）等の業態にふさわしい従業員のキャリアパス等が適切に行われるようにしなければならない（ツール263参照）。

4）退職金制度の廃止

従業員や組合との就業規則変更の合意がとれるような合理的理由と変更内容が適切に行われているかがポイントとなる。

5）HRM（人的資源管理）の導入

従業員の採用，人材開発，人材評価と報酬といった人的資源管理システムが適切に導入されているか検討される必要がある。

要素整備度 2
やり方・ノウハウ・技術等のヒューマンウェアを高めよ

図表9-2-1　IT構築ヒューマンウェアの機能構成図（階層レベル2～3）

機能構成図MMM　機能番号3—3：企業ドック/機能別 / IT構築診断 / ＩＴ構築・ヒューマンウェア

1 PLAN (進捗管理)	2 経営系とIT系のギャップ解消	3 各プロセス間のギャップ解消	1 PLAN (進捗管理)	2 KGI社長の思い入れ	3 SWOT分析・成功要因	1 PLAN (進捗管理)	2 ビジネスモデル	3 BIIモデル(As-Is)
8 ACTION (修正)	3-3-1 品質	3 トップとロウアー間のギャップ解消	8 ACTION (修正)	3-3-2 経営戦略・IT戦略策定スキル	3 事業ドメイン・コアコンピタンス	8 ACTION (修正)	3-3-3 経営企画・IT企画策定スキル	BIIモデル(To-Be)
7 CHECK (検証)	6 リファレンス間のギャップ解消	3 ユーザーとベンダーのギャップ解消	7 CHECK (検証)	6 IT経営革新期待効果	マネジメント要件	7 CHECK (検証)	出力(帳票・画面)	下位情報モデル(モデリング)

1 PLAN (進捗管理)	2 WBS(ワーク・ブレイクダウン・ストラクチャー)	3 クリティカルパス法	3-3-1 品質	3-3-2 経営戦略・IT戦略策定スキル	3-3-3 経営企画・IT企画策定スキル	1 PLAN (進捗管理)	2 システムの概要	3 起案・選定スケジュール
8 ACTION (修正)	3-3-8 時間(納期)	3 ファースト・トラッキング	3-3-8 時間(納期)	3-3 IT構築・ヒューマンウェア	3-3-4 情報資源調達スキル	8 ACTION (修正)	3-3-4 情報資源調達スキル	提案依頼書(RFP)内容
7 CHECK (検証)	アーンド・バリュー・マネジメント	資源平準化	3-3-7 コスト	3-3-6 運用・保守スキル	3-3-5 システム開発・移行スキル	7 CHECK (検証)	契約・保証要件	開発体制・開発頻度

1 PLAN (進捗管理)	2 コスト見積	3 コストの予算化	1 PLAN (進捗管理)	2 サービスレベルマネジメント	3 ベンダーのマネジメントスキル	1 PLAN (進捗管理)	2 BIIモデル(To-Be)のすり合わせ	3 下位情報モデル・データモデルのすり合わせ
8 ACTION (修正)	3-3-7 コスト	3 コスト・コントロール	8 ACTION (修正)	3-3-6 運用・保守スキル	3 運用サービスのマネジメントスキル	8 ACTION (修正)	3-3-5 システム開発・移行スキル	プログラム開発
7 CHECK (検証)	変更のコントロール	実績測定	7 CHECK (検証)	IT経営革新期待効果/インフラストラクチャーマネジメン	サポートサービスのマネジメントスキル	7 CHECK (検証)	本番移行	プログラムの検収・テスト

【IT構築要素整備：ヒューマンウェア/階層レベル2～3】
① 品質：品質を保持するための5つのギャップ克服
② 経営戦略・IT戦略策定スキル：最終到達目標・SWOT分析・成功要因策定等
③ 経営企画・IT企画策定スキル：ビジネスモデル，BIIモデル（As-Is）（To-Be）等
④ 情報資源調達スキル：システムの概要・起案選定スケジュール・提案依頼書策定スキル等
⑤ システム開発・移行スキル：BIIモデルのすり合わせ・下位情報モデル・データモデル
⑥ 運用・保守スキル：サービスレベルマネジメント，ベンダーのマネジメントスキル等
⑦ コスト：情報システム構築のためのコスト計算とコントロール
⑧ 時間（納期）：情報システム構築を納期内に完了できるコントロール

(1) 経営戦略，IT戦略策定スキルを磨け

1）KGI，社長の思い入れ（図表8-4-1参照）

①経営目標（KGI），②社長の理想の姿，③社長の使命感，④会社のミッション，⑤オブジェクティブ（やるべきこと）のスキルが明確であり，必要な人材が確保できていることが必要である。

2）SWOT分析・成功要因（図表9-1-2参照）

①クロスSWOT分析，②事業機会を自社の強みにする，③脅威を自社の機会に変える，④機会を自社の弱みで取りこぼさない，⑤脅威と弱みの補正をする。

3）事業ドメイン・コアコンピタンス（図表9-1-3参照）

①顧客（市場）軸（WHO），②技術軸（HOW），③機能軸（コアコンピタンス（WHAT）），④差別的技術スキル，⑤差別的ノウハウ，が求められる。

4）マネジメント要件（ツール134・144参照）

①マインドウェアマネジメント要件，②ヒューマンウェアマネジメント要件，③コミュニケーションウェアマネジメント要件，④ソフトウェアマネジメント要件，⑤ハードウェアマネジメント要件を実現するためのスキルが求められる。

5）IT経営革新期待効果（図表7-3-1, 7-3-2参照）

①KPI手法による期待効果算出，②ABC手法による算出，③ベンチマーキング手法による算出，④ROI手法による算出，⑤構成要素整備度手法による算出がある。

(2) 経営企画・IT企画策定スキル

1）ビジネスモデル分析革新（ツール247参照）

①領域（ドメイン：図表9-1-3参照），②資源展開，③競争優位

競争優位については，図表9-2-2に示すように，広いターゲットの場合は，①コストリーダーシップによる低価格戦略か，製品・サービスの差別化戦略の2つに1つで競争優位を確保することが考えられる。

図表9-2-2　競争優位戦略

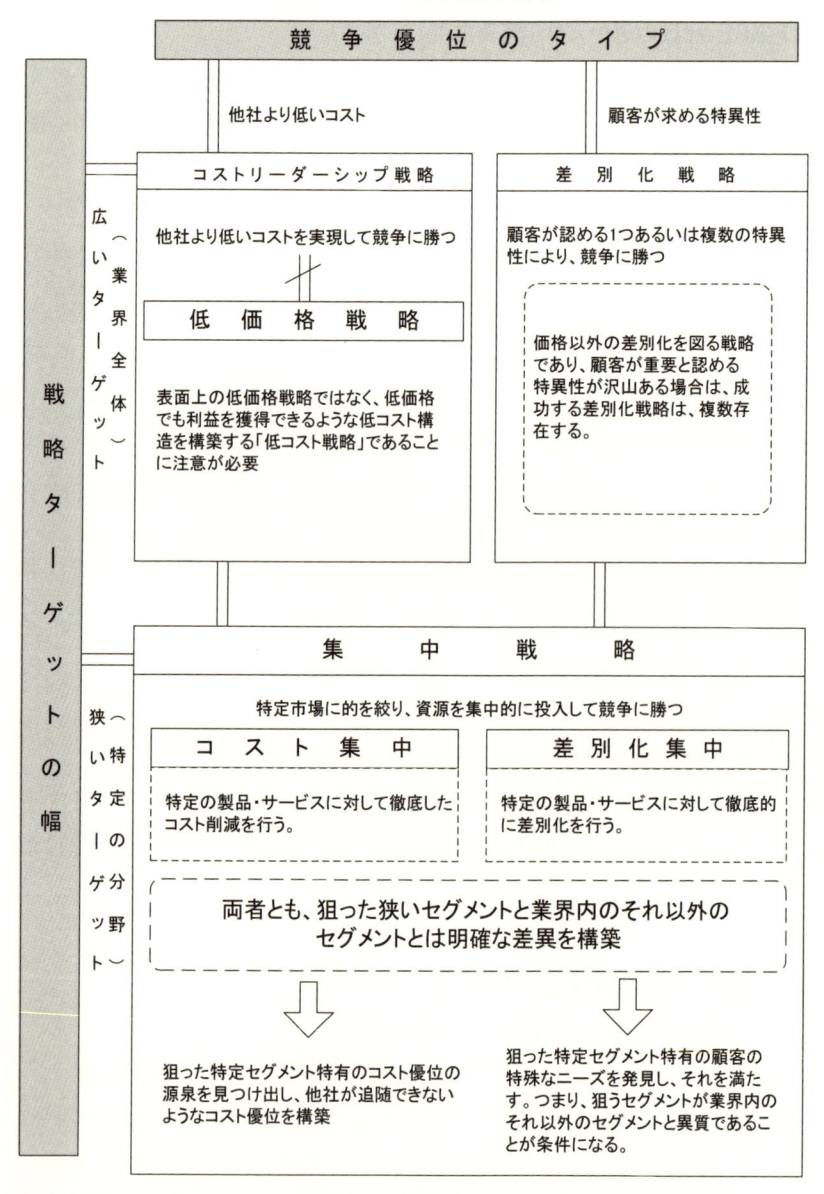

競争優位のタイプ

	他社より低いコスト	顧客が求める特異性
広いターゲット（業界全体）	**コストリーダーシップ戦略** 他社より低いコストを実現して競争に勝つ ≠ **低価格戦略** 表面上の低価格戦略ではなく、低価格でも利益を獲得できるような低コスト構造を構築する「低コスト戦略」であることに注意が必要	**差別化戦略** 顧客が認める1つあるいは複数の特異性により、競争に勝つ 価格以外の差別化を図る戦略であり、顧客が重要と認める特異性が沢山ある場合は、成功する差別化戦略は、複数存在する。
狭いターゲット（特定の分野）	\<集中戦略\> 特定市場に的を絞り、資源を集中的に投入して競争に勝つ	
	コスト集中 特定の製品・サービスに対して徹底したコスト削減を行う。	**差別化集中** 特定の製品・サービスに対して徹底的に差別化を行う。

戦略ターゲットの幅

両者とも、狙った狭いセグメントと業界内のそれ以外のセグメントとは明確な差異を構築

⬇　　　　　　　⬇

狙った特定セグメント特有のコスト優位の源泉を見つけ出し、他社が追随できないようなコスト優位を構築

狙った特定セグメント特有の顧客の特殊なニーズを発見し、それを満たす。つまり、狙うセグメントが業界内のそれ以外のセグメントと異質であることが条件になる。

出所：マイケル・ポーター（土岐坤他訳）『競争の戦略』ダイヤモンド社

また，狭いターゲットを狙う場合においては，コスト集中か，差別化集中戦略をとることにより競争優位を保つことになる。
　企業において競争優位を高めるために，ビジネスモデル革新への取組みを行うことが求められる。
　そのほか，④相乗効果，⑤思考プロセスがある（ツール266参照）。

2）現状BIIモデル（As-Is：現状モデル：図表12-5-1参照）
　①購買業務BIIモデル，②製造・加工業務BIIモデル，③販売業務BIIモデル，④物流業務BIIモデル，⑤経営資源調達活動BIIモデル等がある。

3）革新BIIモデル（To-Be：革新モデル：図表3-3-1，12-5-2参照）
　①購買業務BIIモデル，②製造・加工業務BIIモデル，③販売業務BIIモデル，④物流業務BIIモデル，⑤経営資源調達活動BIIモデル等がある。

4）下位情報モデル（モデリング：図表5-5-1，ツール91参照）
　これ以下は筆者は推奨できないが，一般的に行われている手法である。
　①ビジネスプロセスモデル（DFD），②上位情報モデル（ERD），③ジェネリック情報モデル参照，④DFD・ERD・ジェネリック等の突合せ，⑤下位情報モデルの完成等がある。

5）出力帳票（これは必須条件となる）
　①購買業務 出力帳票（図表9-1-4参照），②製造・加工業務 出力帳票，③販売業務 出力帳票，④物流業務 出力帳票，⑤経営資源調達活動 出力帳票等がある。

（3）情報資源調達スキル

1）システムの概要
　①マインドウェアの概要（第9章第1節参照），②ヒューマンウェアの概要（第9章第2節参照），③コミュニケーションウェアの概要（第9章第3節参照），④ソフトウェアの概要（第9章第4節参照），⑤ハードウェアの概要（第9章第5節参照）等がある。

図表9-2-3 IT構築・選定スケジュール

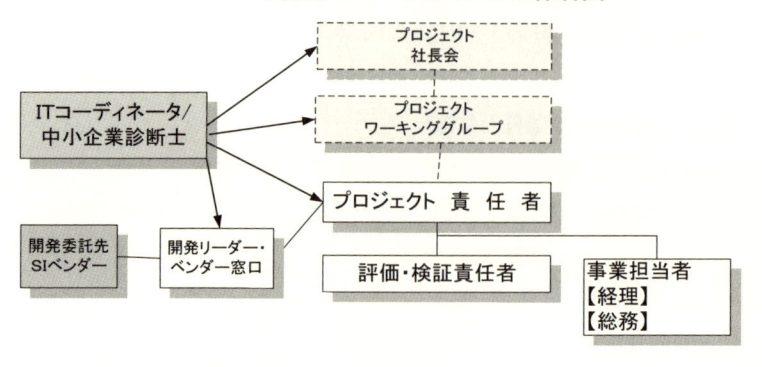

図表9-2-4 プロジェクト体制図

2) IT構築・選定スケジュール（**図表9-2-3**参照）

①課題の抽出（**図表12-5-1参照**），②課題の分析，③課題解決案（**図表12-5-2参照**），④要素別仕様化（**図表11-3-1参照**），⑤妥当性の確認が必要である。

3) 提案依頼内容（RFP）

①企業概要（既述），②システム化方針・システム化範囲，③性能仕様／データボリューム，④納入物・見積書，⑤プロジェクトの全体体制が必要であ

る。ツール45（巻末の付属資料）に一覧表で提示しているので，参考にしてほしい。

4）開発体制・開発環境
①プロジェクトの全体体制がある。会社，システム開発会社の役割・責任を明確にしておく必要がある（**図表9-2-4**参照）。

そのほか，②ユーザーの開発体制，③ITベンダーの開発体制，④システム会社（ITベンダー）の開発体制，⑤コンサルの関与の仕方を整備する必要がある。

5）契約・保証要件
①契約形態・納期，②検収要件・支払，③瑕疵担保責任・品質保証，④機密保持，⑤成果物の権利関係を明記していることが大切である。契約については第12章で詳しく述べるので，参考にしてほしい。

(4) システム開発・移行スキル
1）To-Beモデル策定スキル（**図表12-5-2**参照）
①購買業務モデル策定スキル，②製造・加工業務モデル策定スキル，③販売業務モデル策定スキル（**図表3-3-1**参照），④物流業務モデル策定スキル（**図表3-3-1**参照），⑤経営資源調達活動モデル策定スキル（ツール257参照）が必要となる。

2）下位情報モデル・データモデルすり合わせ（**図表5-5-1**参照）
①購買業務モデル（**図表12-5-2**参照）すり合わせスキル，②製造・加工業務モデル すり合わせスキル，③経営資源調達活動モデル（ツール257参照）すり合わせスキルが求められる（ツール91参照）。

3）プログラム開発スキル
①購買業務 プログラム開発スキル，②製造・加工業務 プログラム開発スキル，③販売業務 プログラム開発スキル，④物流業務 プログラム開発スキル，⑤経営資源調達活動 プログラム開発スキルがあるが，中小企業の場合は外部のソフトハウスを利用する場合が多い。

4）プログラムの検収・テストスキル

①購買業務 プログラム検収スキル，②製造・加工業務 プログラム検収スキル，③販売業務 プログラム検収スキル，④物流業務 プログラム検収スキル，⑤経営資源調達活動 プログラム検収スキル等が必要であるが，外部のコンサルタントを活用する場合もある。

5）本番移行スキル（ツール93参照）

①購買業務 本番移行スキル，②製造・加工業務 本番移行スキル，③販売業務 本番移行スキル，④物流業務 本番移行スキル，⑤経営資源調達活動 本番移行スキルがあるが，これは通常ベンダーによって行われる。

（5）運用・保守スキル

1）サービスレベルマネジメントスキル（ツール20参照）

①サービス品質の定量化，②成果のユーザーへの提供，③サービスの効果的な目標，④運用管理改善手法，⑤システム構成・改善手法がわかるとより一層充実したものになるが，通常ベンダーとの共同作業になる。

2）ITベンダーのマネジメントスキル

①定期的なモニタリングの実施スキル，②ITベンダー評価スキル，③費用対効果抽出スキル，④効率化努力スキル，⑤インセンティブスキルがある（図表6-2-1参照）。

3）運用サービスのマネジメントスキル

①コストマネジメントスキル，②サービスの継続スキル，③性能マネジメント，④運用作業工程の見積審査スキル，⑤ネットワークの監視スキルがあるが，ベンダーやコンサルタントのサポートを得ながら運用すればよいであろう。

4）サポートサービスのマネジメントスキル

①教育・トレーニングスキル，②ヘルプデスク運用スキル，③トラブルの管理スキル，④トラブルのモニタリングスキル，⑤システム改革要件モニタリングスキルがあるが，中小企業の場合は必ずしも必須条件とはならない。

5）ITインフラマネジメントスキル

①データマネジメントスキル，②設備マネジメントスキル，③システム変更マネジメントスキル，④構成マネジメントスキル，⑤方針と標準化スキル等が必要であるが，中小企業ではここまで整備することはないと思われる。

　これらについては第10章・第11章で切り口を変えて説明するので，あわせて理解してほしい。

要素整備度 3
約束事・EDI・ネットワーク等のコミュニケーションウェアを高めよ

図表9-3-1　IT構築コミュニケーションウェアの機能構成図（階層レベル2〜3）

機能構成図MMM　機能番号3-4　：企業ドック/機能別／IT構築診断／IT構築／コミュニケーションウェア

1 PLAN (進捗管理)	2 経営系とIT系のギャップ解消	3 各プロセス間のギャップ解消
8 ACTION (修正)	3-4-1 品質	4 トップとロワー間のギャップ解消
7 CHECK (検証)	リファレンス間のギャップ解消	ユーザーとベンダー間のギャップ解消

1 PLAN (進捗管理)	2 商法等	3 新会社法
8 ACTION (修正)	3-4-2 法律・政令・省令等	4 労働法
7 CHECK (検証)	税法等	中小企業基本法

1 PLAN (進捗管理)	2 従業員のマナー(ANAの例)	3 従業員の行動規範
8 ACTION (修正)	3-4-3 企業内の約束事	4 分掌規定
7 CHECK (検証)	附則・その他	就業規則

1 PLAN (進捗管理)	2 WBS(ワーク・ブレイクダウン・ストラクチャー)	3 クリティカルパス法
8 ACTION (修正)	3-4-8 時間(納期)	4 ファースト・トラッキング
7 CHECK (検証)	アーンド・バリュー・マネジメント	資源平準化

3-4-1 品質	3-4-2 法律・政令・省令等	3-4-3 企業内の約束事
3-4-8 時間(納期)	3-4 IT構築/コミュニケーションウェア	3-4-4 コミュニケーションルール
3-4-7 コスト	ネットワーク・情報公開	ビジネスプロトコル

1 PLAN (進捗管理)	2 メラビアンの法則(7・38・55のルール)	3 セリングルール
8 ACTION (修正)	3-4-4 コミュニケーションルール	4 コミュニケーションの基本原則
7 CHECK (検証)	ファシリテーションルール	コーチングルール

1 PLAN (進捗管理)	2 コスト見積	3 コストの予算化
8 ACTION (修正)	3-4-7 コスト	4 コスト・コントロール
7 CHECK (検証)	変更のコントロール	実績測定

1 PLAN (進捗管理)	2 ネットワーク形態	3 通信サービス
8 ACTION (修正)	3-4-6 ネットワーク・情報公開	4 情報公開
7 CHECK (検証)	ビジネスパートナーとの情報共有	社内の情報共有

1 PLAN (進捗管理)	2 商慣行	3 取引基本契約
8 ACTION (修正)	3-4-5 ビジネスプロトコル	4 取引運用規約
7 CHECK (検証)	取引通信規約	取引表現規約

【IT構築要素整備：コミュニケーションウェア/階層レベル2〜3】
① 品質：品質を保持するための5つのギャップ克服
② 法律・政令・省令等：商法等・新会社法・労働法・中小企業基本法・税法等
③ 企業内の約束事：従業員のマナー・従業員の行動規範・分掌規定・就業規則等
④ コミュニケーションルール：メラビアンの法則・セリングルール・コミュニケーションの基本原則・コーチングルール・ファシリテーションルール等
⑤ ビジネスプロトコル：商慣行・取引基本規約・取引運用規約・取引表現規約・取引通信規約等
⑥ ネットワーク・情報公開：ネットワーク形態・通信サービス・情報公開・社内の情報共有・ビジネスパートナーとの情報共有
⑦ コスト：情報システム構築のためのコスト計算とコントロール
⑧ 時間（納期）：情報システム構築を納期内に完了できるコントロール

(1) 法律・政令・省令等

① **商法等**：会社法・商法総則・商行為法・保険法・海商法・金融商品取引法等は順守されているか。

② **会社法**：条文が仮名になったり，わかりやすく，起業の手続が簡単になった。また，M&Aが柔軟に進めることができるようになった。合同会社LLPの導入が可能になった。また，会計に関するコンプライアンスから会計参与の新設等が求められる。

③ **労働法**：労働契約法・労働安全衛生法，労働基準法・労働組合法，労働関係調整法，男女雇用機会均等法，労働者の福祉，労働者派遣法，パートタイム労働法等の順守がなされているか。

④ **中小企業基本法**：経営の革新・創業の促進，経営基盤の強化，環境変化への適応の円滑化，資金の円滑化，自己資本の充実等は適切に行われているか。

⑤ **税法等**：地方税法，所得税法，法人税法，印紙税法，消費税法，相続税法等の順守がなされているか。

(2) 企業内の約束事

① **従業員のマナー（ANAの例）**：Smaile（笑顔），Smart（しゃれた），Speedy（迅速），Sincerity（誠実），Study（学習），Speciality（専門性）が実施されているか。

② **従業員の行動規範**：法令・道徳・倫理・宗教的規範・慣行等の行動規範は適切に運用されているか。

③ **分掌規定**：組織において，責任（職責），権限，役割の整理，役割の配分が適切に行われているか。

④ **就業規則**：労働条件の画一化・明確化，就業時間，賃金，退職，職場規律等は条文化され，適切な運用がなされているか。

⑤ **附則・その他**：内容（本則及び附則），形式（本則と附則で構成），配置（施行期日・有効期限・廃止・法令適用関係・経過措置等）は適切に行わ

図表9-3-2　メラビアンの法則

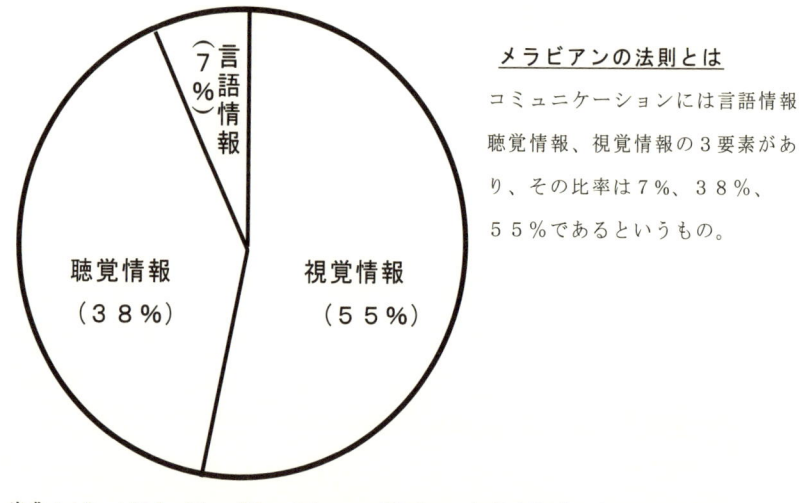

言語情報（7％）
聴覚情報（38％）
視覚情報（55％）

メラビアンの法則とは
コミュニケーションには言語情報聴覚情報、視覚情報の3要素があり、その比率は7％、38％、55％であるというもの。

出典：Albert Mehrabian, *Silent Messages* Wadsworth, Pablishing Company, 1971

れているか。

(3) コミュニケーションルール

① **メラビアンの法則（7・38・55のルール）**：初対面の人物を認識する割合は，言語情報7％（Verbal），聴覚情報38％（Vocal），視覚情報55％（Visual）という，7・38・55のルールといわれる概念がある。この「言語情報＝Verbal」「聴覚情報＝Vocal」「視覚情報＝Visual」の頭文字を取った**「3Vの法則」**を理解してコミュニケーションを心がけていくことが求められる。

② **セリングルール**：図表9-3-3に示したように，顧客との間のコミュニケーションを良好にして，販売に結びつけるためには，関心を引く技術，質問する技術，反対に答える技術，同意を得る技術，契約する技術を用いてコミュニケーションをすることによって，自分を売り込むことに成功できることを知っておく必要がある。

図表9-3-3　セリングルール

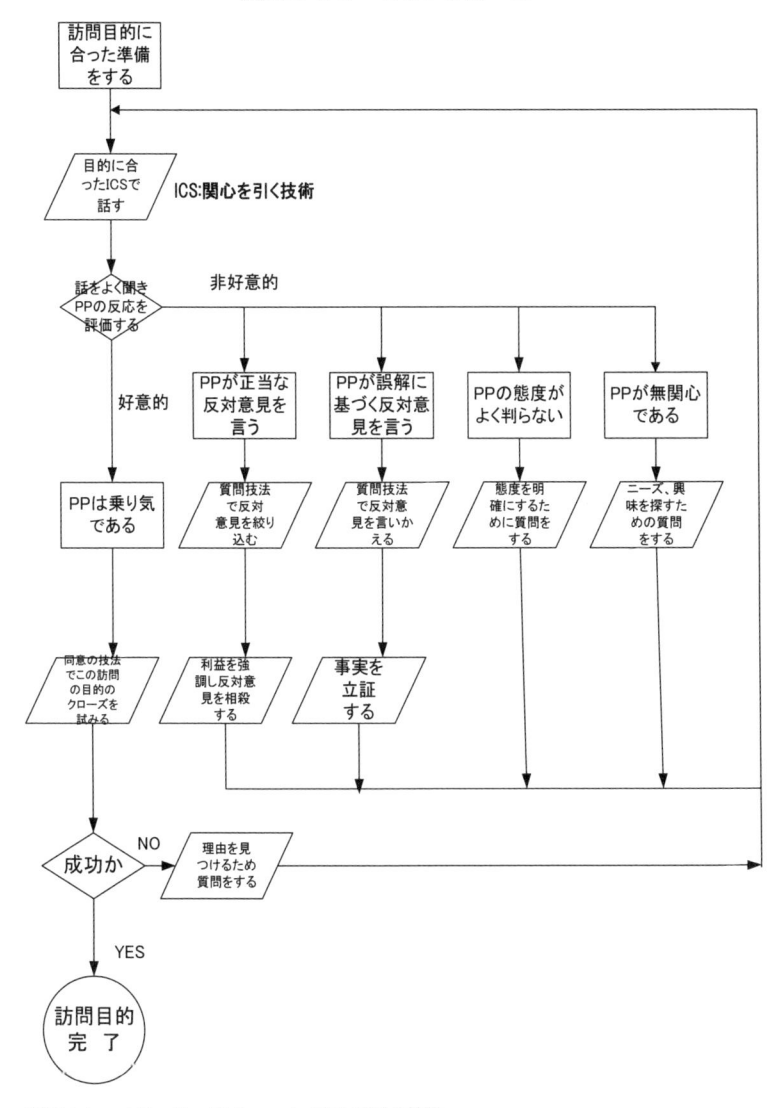

```
┌──────────────┐
│ 訪問目的に   │
│ 合った準備   │←────────────────────────────────────────────┐
│ をする       │                                              │
└──────┬───────┘                                              │
       ↓                                                      │
  ╱──────────╲                                                │
 ╱ 目的に合   ╲                                                │
╱ ったICSで    ╲   ICS:関心を引く技術                          │
╲   話す      ╱                                                │
 ╲──────────╱                                                 │
       ↓                                                      │
  ╱──────────╲     非好意的                                    │
 ╱話をよく聞き╲────────┬──────────┬──────────┬──────────┐    │
╱ PPの反応を   ╲       │          │          │          │    │
╲  評価する   ╱       │          │          │          │    │
 ╲──────────╱        │          │          │          │    │
       │好意的       ↓          ↓          ↓          ↓    │
       │        ┌────────┐ ┌────────┐ ┌────────┐ ┌────────┐│
       │        │PPが正当な│ │PPが誤解に│ │PPの態度が│ │PPが無関心││
       │        │反対意見を│ │基づく反対意│ │よく判らない│ │である   ││
       │        │言う     │ │見を言う  │ │         │ │        ││
       │        └────┬───┘ └────┬───┘ └────┬───┘ └────┬───┘│
       ↓             ↓          ↓          ↓          ↓    │
  ┌────────┐   ╱────────╲  ╱────────╲ ╱────────╲ ╱────────╲│
  │PPは乗り気│   ╱質問技法 ╲ ╱質問技法 ╲╱態度を明 ╲╱ニーズ、興╲│
  │である   │   ╲で反対   ╱ ╲で反対意 ╱╲確にするた╱╲味を探すた╱│
  │        │    ╲意見を絞り╱  ╲見を言いか╱ ╲めに質問を╱ ╲めの質問  ╱│
  └────┬───┘     ╲込む  ╱    ╲える  ╱   ╲する  ╱   ╲をする ╱ │
       ↓          ╲────╱      ╲────╱     ╲────╱    ╲────╱  │
  ╱────────╲         ↓           ↓          │         │    │
 ╱同意の技法╲    ╱────────╲  ┌────────┐    │         │    │
╱でこの訪問  ╲   ╱利益を強  ╲  │事実を  │    │         │    │
╲の目的の    ╱   ╲調し反対意 ╱  │立証    │    │         │    │
 ╲クローズを ╱    ╲見を相殺 ╱   │する    │    │         │    │
  ╲試みる  ╱      ╲する   ╱    └────┬───┘    │         │    │
   ╲────╱          ╲────╱          │         │         │    │
       │               │              │         │         │    │
       ↓               └──────────────┴─────────┴─────────┘    │
  ╱──────╲ NO   ╱────────╲                                    │
 ╱ 成功か ╲────→╱理由を見  ╲───────────────────────────────────┘
 ╲       ╱     ╲つけるため ╱
  ╲────╱       ╲質問をする╱
    │YES         ╲──────╱
    ↓
 ╱──────╲
╱訪問目的╲
╲ 完 了  ╱
 ╲──────╱
```

ICS：Interest Creating Statement，関心を引く技術
PP：Prospective Purchaser，見込み客

図表9-3-4　取引条件オープン化の例（ワールドの事例）

コース			A	B	C	D	E
月次現金決済率			100%	75%以上	50%以上	35%以上	20%以上
マスター掛率			52.0%	53.0%	54.0%	56.0%	57.0%
期間ごとの展示会発注小売価格に対する売り上げインセンティブ率	500万未満	0.01%	52.0%	53.0%	54.0%	56.0%	57.0%
	500万以上	1.0%	51.0%	52.0%	53.0%	55.0%	56.0%
	1,000万以上	2.0%	50.0%	51.0%	52.0%	54.0%	55.0%
	2,000万以上	3.0%	49.0%	50.0%	51.0%	53.0%	54.0%
	3,000万以上	4.0%	48.0%	49.0%	50.0%	52.0%	53.0%
	5,000万以上	5.0%	47.0%	48.0%	49.0%	51.0%	52.0%
	1億円以上	6.0%	46.0%	47.0%	48.0%	50.0%	51.0%
	2億円以上	7.0%	45.0%	46.0%	47.0%	49.0%	50.0%

③ **コミュニケーションの基本原則**：相手の立場になって考える，IT構築の動機づけ，経営者の動き，経営者のタイプ，予期される問題と対処等が適切か。

④ **コーチングルール**：モチベーション，観察，適切な課題，コミュニケーション，考える力が適切に発揮されているか（ツール193参照）。

⑤ **ファシリテーションルール**：巻き込み，ぶつかり，意味づけ，抽出，結び（確認）等が適切に行われているか（ツール115参照）。

(4) ビジネスプロトコル

① **商慣行**：電子商談の取り決め，面談商談の取り決め，販売促進費の取り決め，リベートの取り決め，協力金の取り決め等が明確になっているかがポイントとなる。

　たとえば，得意先別に取引条件が違っていたものを，**図表9-3-4**のよう

図表9-3-5　伝票区分・相殺区分・税区分と区分名称の定義

伝票区分	相殺区分	税区分	区分の名称	伝票区分	相殺区分	税区分	区分の名称
100	スペース	課税	仕　入	360	CQ	税抜相殺	EDI費用(発注データ・*専用帳票代)
101	A4	課税	仕入訂正	361	CR	税抜相殺	EDI費用(買掛データ)
				362	CS	税抜相殺	EDP費用
200	スペース	課税	返　品	370	CV	不課税	リース料等
201	B4	課税	返品訂正	380	CW	不課税	クレーム代金
210	BB	課税	値　引	381	CX	税抜相殺	欠品ペナルティ
211	スペース	課税	値引訂正				
221	BE	課税	納品訂正	400	EA	税抜相殺	出店・テナント諸経費
222	スペース	課税	納品訂正の訂正	401	EB	非課税	出店・テナント諸経費
				410	EC	不課税	テナント消費税預り金
300	CA	税抜相殺	売掛相殺	411	EE	不課税	テナント買掛金等
305	CB	不課税	テナント掛売	420	EF	税抜相殺	出店電話代金
310	CC	税抜相殺	その他(税抜相殺分)	430	EG	税抜相殺	ギフト券回収
315	CE	税抜相殺	原料供給				
320	CF	税抜相殺	リベート	500	スペース	不課税	消費税
321	CG	不課税	リベート				
325	CH	税抜相殺	特別販促費	600	GA	不課税	概算払
330	CI	税抜相殺	広告料	601	GB	不課税	戻入金
340	CJ	税抜相殺	物流費	700	HA	税抜相殺	送金手数料
341	CK	税抜相殺	TC物流機器				
342	CL	税抜相殺	オリコン・カゴ車賃貸料	800	IA	不課税	売上納品計算
343	CM	税抜相殺	委託配送料(*欄外注記)				
				900	JA	税抜相殺	その他(税抜相殺)
350	CN	税抜相殺	文房具代替(ゴム印等)	901	JB	非課税	その他(非課税)
355	CP	税抜相殺	品質管理・検査代金				

図表9-3-6　RFIDの規格適用ツール（ICタグの周波数帯別の特徴）

周波数	短波（HF）		極超短波（UHF）				マイクロ波	
	135KHz未満	13.56MHz	303.8MHz	433.92MHz	860〜960MHz	86〜960MHz	2.45GHz	
推進団体	ユビキタス	EPCグローバル ユビキタス		EPCグローバル	EPCグローバル	ISO/IECとEPCの統一規格	EPCグローバル ユビキタス	
国際規格		ISO18000-3 モード1・又は ISO15693		ISO18000-7	ISO18000-6 （タイプA,B）	ISO18000-6 （タイプC:Gen2）	ISO18000-4 モード1	
アクティブ／パッシブ	パッシブ	パッシブ	アクティブ	アクティブ	パッシブ		パッシブ	
通信距離	1m程度	70cm	15m	10m	2〜8m		2m	数センチ
リーダーからICタグへの通信速度		1.65kb/s 26.48kb/s			10k〜40kb/s	40k〜160kb/s	30k〜40kb/s	
ICタグからリーダーへの通信速度		6.62kb/s〜 26.69kb/s			40kb/160kb/s	5k〜640kb/s	30k〜40kb/s	
免許	不要	不要	必要	必要	必要		必要	不要
方式	電磁誘導	電磁誘導	電磁波による伝播	電磁波による伝播	電磁波による伝播		電磁波による伝播	
事例	ランドリータグ 回転寿司 自動精算等 自動倉庫 物品管理 スキーゲート 食堂精算	物流管理 交通系カードシステム 行政カードシステム ICカード公衆電話 入退室管理システム アパレル 書籍	位置管理 入出荷検品	米国国防総省 港湾セキュリティ JAL実証 アマチュア無線	入出荷管理 スマートシェルフ ウォルマート ジェット 東芝テック、富士通、日立製作所 日本高出力:952〜954MH_z 日本低出力:950〜956MH_z		物流管理 製造物履歴管理 物品管理 車両管理 青果物流通管理 家電リサイクル アパレル カルテ管理	

（注）＊最高速度が848kb/sと高速なモード2もある。
出所：日本ユニシス㈱資料に加筆修正

に取引高と決済条件によってマトリックス上に統一し，オープン化できれば，システム構築は容易になり，かつ運用面でも合理化されることになる。

② **取引基本契約**：取引基本契約書，実行内容，取り組み範囲，欠品ペナルティ，物流センターフィー等は明確になっているか。

③ **取引運用規約**：仕入先との業務運用・社内の業務運用・販売先との業務運用・ネットワークの運用・コンピュータの運用ルールは適切か。取引区分の例を示すと**図表9-3-5**のようになる。

④ **取引表現規約**：データ媒体の取り決め，データ表現，コード統一，各種データフォーマットの統一，各種伝票の統一等は適切に行われているか（**図表3-4-2参照**）。

たとえば**図表9-3-6**に示したように，ICタグを使用する場合であっても，規格が各種あり，価格も性能も違うので注意する必要がある。

⑤ **取引通信規約**：TCP/IP，通信XML，流通BMS，JX手順，Wi-FiZIG-

図表9-3-7 携帯電話の高速通信規格

通信規格	主な通信速度（最大毎秒）	映画、DVD2時間分のダウンロードにかかる時間	比較	適用企業
3G（第3世代）	384キロビット	約21時間	100	NTTドコモがサービス開始。ドコモでは「Super 3G」と呼んでいる
3G（3.5世代）	14メガビット	約34分	3	2003年KDDIがサービス開始。2007年NTTドコモがサービス開始。
LTE（3.9世代）	100メガビット	約5分	0.4	2010年12月にドコモがサービス開始
LTEアドバンスト（第4世代）	1ギガビット	約30秒	0.04	2015年度中にドコモが商用化する計画

出所：総務省・情報通信審議会の資料をもとに作成

　BEE等の通信規約は適切なものを選択し推進しているか。
　また，携帯電話においても図表9-3-7に示すように通信規格が著しく変化しているので注意が必要である。

(5) ネットワーク・情報公開

① **ネットワーク形態**：LAN，WAN，衛星通信，CATV，インターネット等の通信形態は適切なものを選択しているか。
② **通信サービス**：IP-VPN，広域LANサービス，プロバイダーサービス，VAN，インターネットVPN等の選択は適正に行われているか。
③ **情報公開**：企業の情報公開，調達情報の公開，ミッション情報の公開，インタラクティブ情報交換，ネットコミュニティ等は適正に行われているか。
④ **社内の情報共有**：事業成果情報，業務情報，ナレッジ，データベース，グループウェア等は適切に情報共有されているか。
⑤ **ビジネスパートナーとの情報共有**：戦略的提携ルール，販売・在庫情報の共有，販売予測情報の共有，技術・開発情報の共有等は適切に行われているか。

図表9-3-8　最も進んだ戦略システムはCPFR（需要予測と在庫補充のための企業間の共同事業）

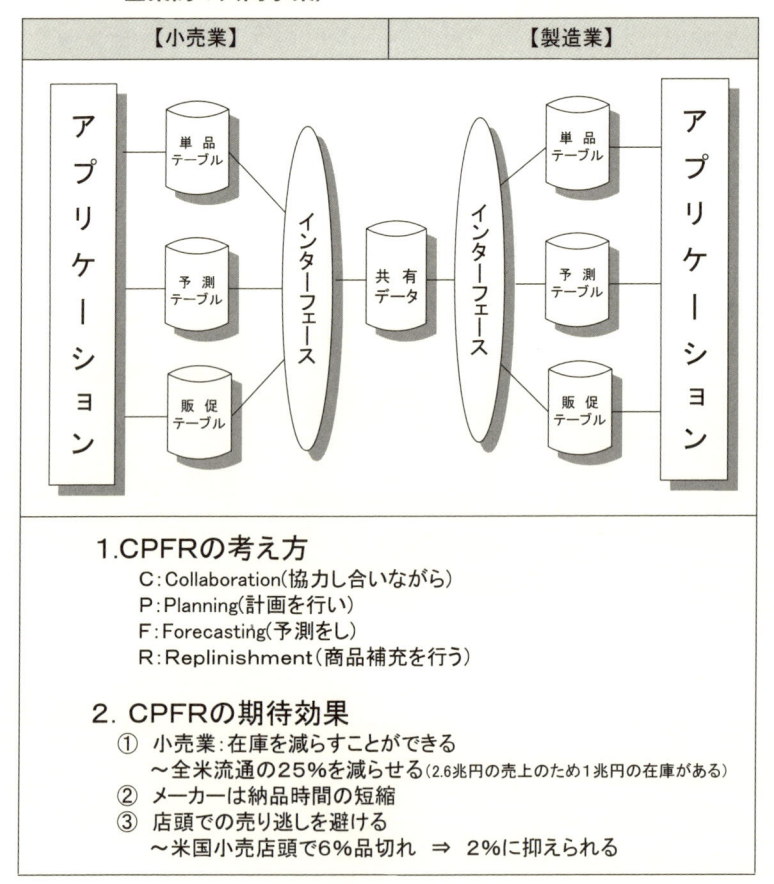

```
┌─────────────────────────────┬─────────────────────────────┐
│        【小売業】            │        【製造業】            │
├─────────────────────────────┴─────────────────────────────┤
│                                                            │
│   ア      単品         イ           イ    単品        ア   │
│   プ     テーブル      ン    共有   ン   テーブル     プ   │
│   リ                   タ    デー   タ                リ   │
│   ケ      予測         │    タ     │    予測         ケ   │
│   ー     テーブル      フ           フ   テーブル     ー   │
│   シ                   ェ           ェ                シ   │
│   ョ      販促         ー           ー    販促        ョ   │
│   ン     テーブル      ス           ス   テーブル     ン   │
│                                                            │
├────────────────────────────────────────────────────────────┤
│  1. CPFRの考え方                                           │
│     C : Collaboration（協力し合いながら）                  │
│     P : Planning（計画を行い）                             │
│     F : Forecasting（予測をし）                            │
│     R : Replinishment（商品補充を行う）                    │
│                                                            │
│  2. CPFRの期待効果                                         │
│   ① 小売業：在庫を減らすことができる                       │
│      ～全米流通の25％を減らせる(2.6兆円の売上のため1兆円の在庫がある) │
│   ② メーカーは納品時間の短縮                               │
│   ③ 店頭での売り逃しを避ける                               │
│      ～米国小売店頭で6％品切れ ⇒ 2％に抑えられる           │
└────────────────────────────────────────────────────────────┘
```

出所：VICS; the Voluntary Interindustry Commerce Standards Association『CPFRガイドライン』（公財）流通経済研究所

　図表9-3-8は小売業とメーカーとの間の情報共有の例であるが，両者の信頼関係と契約に基づいて，メーカーより小売店へ商品の自動補充がなされている。

要素整備度 4

知的財産権のソフトウェア革新を起こせ

図表9-4-1　IT構築ソフトウェア（知的財産権）の機能構成図（階層レベル2〜3）

機能構成図MMM　機能番号3-5　：　企業ドック/機能別　/　IT構築診断　/　ソフトウェア（知的財産権）

1 PLAN (進捗管理)	2 経営系とIT系のギャップ解消	3 各プロセス間のギャップ解消		1 PLAN (進捗管理)	2 発明の定義	3 登録要件		1 PLAN (進捗管理)	2 保護の対象	3 権利存続期間
8 ACTION (修正)	3-5-1 品質	4 トップとロアー間のギャップ解消		8 ACTION (修正)	3-5-2 特許権	4 特許出願手続		8 ACTION (修正)	3-5-3 実用新案権	4 審査の有無
7 CHECK (検証)	6 リファレンス間のギャップ解消	5 ユーザーとベンダー間のギャップ解消		7 CHECK (検証)	6 通常実施権	5 特許請求の範囲		7 CHECK (検証)	6 権利行使	5 費用

1 PLAN (進捗管理)	2 WBS (ワーク・ブレイクダウン・ストラクチャー)	3 クリティカルパス法		3-5-1 品質	3-5-2 特許権	3-5-3 実用新案権		1 PLAN (進捗管理)	2 新規性（意匠権）	3 創作性（意匠権）
8 ACTION (修正)	3-5-8 時間 (納期)	4 ファスト・トラッキング		3-5-8 時間 (納期)	3-5 ソフトウェア(知的財産権)	3-5-4 意匠権・商標権		8 ACTION (修正)	3-5-4 意匠権・商標権	4 美観・外観（意匠権）
7 CHECK (検証)	6 アーンド・バリュー・マネジメント	5 資源平準化		3-5-7 コスト	3-5-6 ソフトウェアプログラム	3-5-5 著作権		7 CHECK (検証)	6 商標登録	5 デザインの創作（意匠権）

1 PLAN (進捗管理)	2 コスト見積	3 コストの予算化		1 PLAN (進捗管理)	2 オペレーティングシステム	3 業務系ソフトウェア		1 PLAN (進捗管理)	2 著作権の対象	3 著作権の保護
8 ACTION (修正)	3-5-7 コスト	4 コスト・コントロール		8 ACTION (修正)	3-5-6 ソフトウェアプログラム	4 情報系ソフトウェア		8 ACTION (修正)	3-5-5 著作権	4 著作権者
7 CHECK (検証)	6 変更のコントロール	5 実績測定		7 CHECK (検証)	6 セキュリティソフトウェア	5 コミュニケーションソフトウェア		7 CHECK (検証)	6 権利が生じないもの	5 権利の特徴

【IT構築要素整備：ソフトウェア（知的財産権）/階層レベル2〜3】
① 品質：品質を保持するための5つのギャップ克服
② 特許権：発明の定義，登録要件，特許出願手続，特許請求の範囲等
③ 実用新案権：保護の対象，権利存続期間，審査の有無，費用，商標登録等
④ 意匠権・商標権：新規性（意匠権），創作性（意匠権），美観・外観（意匠権）等
⑤ 著作権：著作権の対象，著作権の保護，著作権者，権利の特徴等
⑥ ソフトウェアプログラム：オペレーティングシステム，業務系ソフトウェア，情報系ソフトウェア，コミュニケーションソフトウェア，セキュリティソフトウェア等
⑦ コスト：情報システム構築のためのコスト計算とコントロール
⑧ 時間（納期）：情報システム構築を納期内に完了できるコントロール

(1) 特許権
　① 発明の定義：「特許」として認められる特許権法による「発明の定義」（自然法則の利用，技術的思想，創作等）を理解し，自社における特許になり得る発明を認識しているか。
　② 登録要件：特許法で定める，「特許」の登録要件（産業利用，新規性，進歩性，先願等）を理解しているか。
　③ 特許出願手続：特許として認められるためには，特許庁へ特許出願が必要である。これらの手続を理解し，弁理士等の協力を得て，特許出願手続を行っている（行うことができる）か。
　④ 特許請求の範囲：「特許請求の範囲」は発明の概念を文章化したものであり，特許出願に添付する必須書類である。自社において，「特許請求の範囲」が明文化されているか。
　⑤ 通常実施権：特許の通常実施権とは，業として特許を利用する権利のことで，許諾によるライセンスなどがある。特許の有効活用策の1つである。特許の通常実施権を活用しているか。

(2) 実用新案権
　① 保護の対象：実用新案制度の「保護の対象」（物品の形状，構造または組合せに係るもの等）を理解し，自社において同制度の保護の対象となり得る対象を把握しているか。
　② 権利存続期間：実用新案の「権利存続期間」（出願から10年）を理解し，期間中実用新案権を有効活用しているか。
　③ 審査の有無：実用新案権は実体審査がなく基礎的要件を満たしていれば出願時に登録されるというメリットを理解し，発明の対象・内容によっては実用新案権を選択して出願することができるか。
　④ 費用：実用新案権を出願・登録するための費用を理解し，実用新案権を有効活用しているか。
　⑤ 権利行使：実用新案権の権利を行使するためには，専門家の協力等を得

て"技術の新規性や進捗性"等の評価(「実用新案技術評価書」による)が必要であることを理解し,実用新案権を有効活用しているか。

(3) 意匠権・商標権
① **新規性(意匠権)**:意匠権の保護の対象となるデザイン等は,新規性が求められることを理解し,自社において意匠権を有効活用しているか。
② **創作性(意匠権)**:意匠権の保護の対象となるデザイン等は,創作性が求められることを理解し,自社において意匠権を有効活用しているか。
③ **美観・外観(意匠権)**:意匠権の保護の対象となるデザイン等は,美観・外観を求められることを理解し,自社において意匠権を有効活用しているか。
④ **デザインの創作(意匠権)**:意匠権は,洋服のデザインや自動車のモデルデザインなども対象になることを理解しているか。意匠権には,3年以内に限り登録意匠を秘密にする制度があることを理解しているか。
⑤ **商標登録**:商標の登録のメリット,活用方法等を理解し,自社において商標を登録しているか。他社の商標侵害に対する警告や他社へのライセンスなど,商標の有効活用を実践しているか。

(4) 著作権
① **著作権の対象**:著作権の対象を理解し,自社の著作物を著作権として明確に定め,有効活用しているか。
② **著作権の保護**:著作権の保護の対象について理解しているか。
③ **著作権者**:著作権は著作者に対して付与される財産権であり,著作者には,著作権の対象である著作物を排他的に利用する権利が認められることを理解しているか。
④ **権利の特徴**:著作権の特徴(日本は無方式主義を採るため著作物を創作した時点で著作権が発生する,著作物に特定の表示(コピーライトマーク等)を行う義務は課されていないなど)を理解しているか。これらの

契約に関するところで関連するが，第10章で詳しく触れることにする。
⑤ **権利が生じないもの**：著作権者が死後50年を経過した場合においては，遺族にその権利が生じないもの等を理解しているか。

(5) ソフトウェアプログラム

① **オペレーティングシステム**：コンピュータ機器等がオペレーティングシステム（OS）により制御されていることを理解し，自社の用途に合ったOSの機器が導入できていること。

　図表9-4-2に示したように，OSは常に進化しており，どのOSを選択するかは企業の将来に大きく影響するので，どのOSが生き残るのかも見極めておく必要がある。

② **業務系ソフトウェア**：導入した業務系ソフトウェアが，自社の業務処理・内容に適合し，効率的に利用されていることが必要である。

　図表9-4-3は筆者が支援している時の基本的な業務ソフトの体系例であるが，参考にしていただければと思う。

③ **情報系ソフトウェア**：情報系ソフトウェアや情報通信端末，そのほか通

図表9-4-2　モバイル端末・PCとOSとの関係と主な製品

モバイルデザインサイズ \ O/S	Android 1,2,3,4,4.3	iOS iPad / iPhone	Windows Phone 7、7.5、8、IS12T	Windows 8、8.1、10.0	ツール
スマートフォン(5インチ～7インチ未満)	Isai2013 冬モデル／XPERIAZ1／GALAXYnote3／ソニーXperiaZ1	APPLE iphone5S／APPLE iphone5／APPLE iPhone6／ドコモ iPhone5C	Windows PhoneAS12T		①レスポンシブデザインのアイディアで画面のサイズや機能に適応可能になる。
中型タブレット(7インチ以上10インチ未満)	Dell「Venue」8.1 タブレット／GALAXY タブレット(7インチ)／GALAXY Tab8.9(8.9インチ)	iPad mini(7.9インチ)／iPad 2 (9.7インチ)／iPad Retina(9.7インチ)		Dell「Venue」8 タブレット	
大型タブレット(10インチ以上)	Asus (18.4インチ)／Asus MeMO(10.1インチ)／NEC Life Touch L TLX5W/1A(10.1インチ)	Asustek 18.4インチ MacBook Pro-Retina (13インチ)	「パナソニックタフパッド4K」(20インチ)	Dell「Venue」(11インチ)／Surface Pro(10.6インチ)／HP ENVYx2(11.6インチ)／SurfaceRT(10.6インチ)	
デスクトップパソコン				HPENVYRO Ve 20 (20インチ)	

図表 9-4-3　業務系ソフトウェアの事例

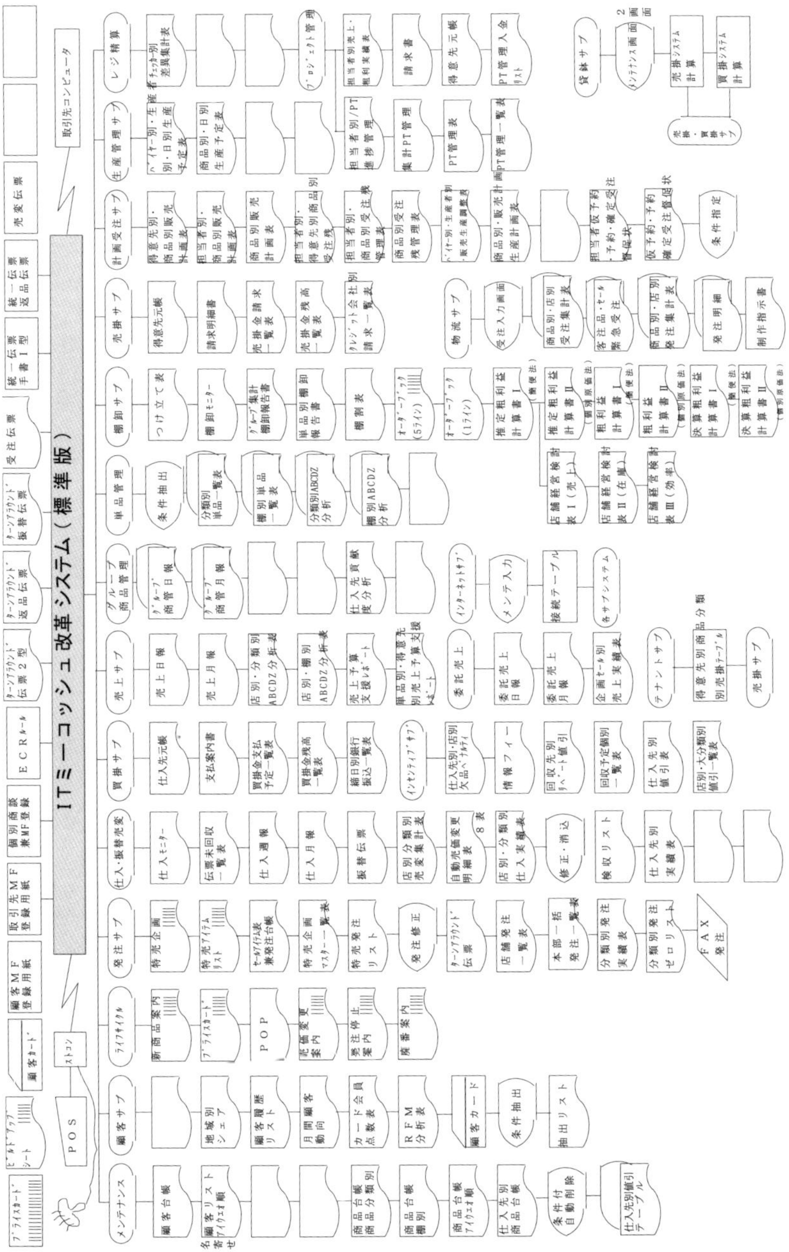

第9章　MMMメソッド・IT構築5つのウェア要素整備度を高めよ

図表9-4-4 コミュニケーションソフトウェアの例

機　能	ソフトウェア
電子コミュニケーション	① 共同会議:電子的に共同で会議すること ② 非同期会議:入出力の完了を待たずに入出力処理をする ③ 電子メール:コンピュータネットワークを利用して郵便のように情報交換 ④ ファックス:画像情報を遠隔地に伝送する機器 ⑤ SNS:インターネット上の交流を通して、社会的ネットワークを構築すること
電子会議ツール	① インターネットフォーラムまたはディスカッションボードと呼ばれるプラットフォーム ② オンラインチャット:リアルタイムメッセージを容易に管理するプラットフォーム ③ テレフォニー:電話は、ユーザー相互が容易に管理できる ④ ビデオ会議:ビデオ信号とオーディオ信号を作った会議を行う ⑤ 電子会議システム(EMS):参加者を分散収容する任意の場所で行うシステム
共同管理(コーディネーション)	① 電子カレンダーともいわれる時間管理ソフトウェア ② プロジェクト管理システム:プロジェクトのスケジュールの追跡 ③ オンラインブルーフィング:シェア、レビュー、承認を行う ④ ワークフローシステム:プロセス内のタスクやドキュメントの共有 ⑤ 知識管理システム:収集・整理・管理をし情報を共有する
電子掲示板(BBS)機能	① インターネット総合掲示板 ② インターネット専門掲示板 ③ インターネット画像掲示板 ④ 地方ローカル掲示板 ⑤ P2P 掲示板
ライブラリー機能	① 動的ライブラリー:表計算プログラム add-in 等の機能が典型 ② リモートライブラリー:離れた場所からのライブラリーがコントロールできる ③ 共有ライブラリー:ディスクやメモリー上のコードの共有 ④ オブジェクトライブラリー:現在は余り使われていない

信ネットワーク，WEBに関わるサービス・ツール等を積極的に活用できているか。

④ **コミュニケーションソフトウェア**：社内部門間，管理職と一般職員，企業間など，自組織と他組織との情報交換などが効果的に行えること。

その例を示すと**図表9-4-4**のように，電子コミュニケーション，電子会議ツール，共同管理（コーディネーション），電子掲示板機能，ライブラリー機能等が考えられる。

図表9-4-5　セキュリティソフトウェアの例

セキュリティソフト類型	ソフトウェアの内容
ウィルス・スパイウェア対策・不正侵入対策	① 感染ファイルの駆除 ② 脅威報告 ③ 予約検索 ④ 簡易検索 ⑤ ファイアウォール
迷惑メール対策	① 迷惑メール対策 ② メール内のURL危険度 ③ WebメールのURLの危険度 ④ 外国メールのブロック ⑤ 詐欺メール対策
有害サイト対策	① フィッシング対策 ② 有害サイト規制 ③ 安全性評価 ④ SNSのURLの安全性 ⑤ URLのフィルタリング
複数PC管理 個人情報保護	① リモート管理 ② リモート検索の実行上の課題 ③ 個人情報の保護
その他のサービス 機能	① 暗号化 ② PC盗難対策 ③ PC内クリーナー ④ セキュリティレポート ⑤ クレジットカードの保護

参考:セキュリティ・ウィルス対策ソフト比較TOP
このサイトにアクセスして検索すると、条件に合ったソフトウェアが検索できるようになっている。

⑤ セキュリティソフトウェア：会社の機密情報の漏洩等を防ぐために，セキュリティソフトウェアの導入など，具体的に対策を実施しているかということがポイントになる。

　その一例を挙げれば図表9-4-5のようになるが，ウィルス・スパイウェア対策・不正侵入対策，迷惑メール対策，有害サイト対策，複数PC管理・個人情報保護，そのほかのサービス機能が考えられる。

要素整備度 5

有形資産としてのハードウェアはこのように整備せよ

図表9-5-1　IT構築ハードウェア（有形資産）の機能構成図（階層レベル2〜3）

機能構成図MMM　機能番号3-6：企業ドック／機能別／IT構築／ハードウェア　（有形資産）

1 PLAN (進捗管理)	2 経営系とIT系のギャップ解消	3 各プロセス間のギャップ解消
8 ACTION (修正)	3-6-1 品質	4 トップとロワー間のギャップ解消
7 CHECK (検証)	6 リファレンス間のギャップ解消	5 ユーザーとベンダー間のギャップ解消

1 PLAN (進捗管理)	2 社有地の有効活用度合	3 社有地の賃貸有効活用度合
8 ACTION (修正)	3-6-2 土地	4 社有地の価値と担保能力
7 CHECK (検証)	6 賃借地の価値と地代	5 賃借地の有効活用度合

1 PLAN (進捗管理)	2 社有建物の有効活用度合	3 社有建物の賃貸有効活用度合
8 ACTION (修正)	3-6-3 建物	4 社有建物の価値と担保能力
7 CHECK (検証)	6 賃借建物の価値と家賃	5 賃借建物の有効活用度合

1 PLAN (進捗管理)	2 WBS(ワーク・ブレイクダウン・ストラクチャー)	3 クリティカルパス法
8 ACTION (修正)	3-6-8 時間(納期)	4 ファースト・トラッキング
7 CHECK (検証)	6 アーンド・バリュー・マネジメント	5 資源平準化

3-6-1 品質	3-6-2 土地	3-6-3 建物
3-6-8 時間(納期)	3-6 ハードウェア (有形資産)	3-6-4 設備・車輌
3-6-7 コスト	3-6-6 情報機器	3-6-5 セキュリティ機器

1 PLAN (進捗管理)	2 社有設備・車輌の有効活用度合	3 社有設備・車輌の賃貸有効活用度合
8 ACTION (修正)	3-6-4 設備・車輌	4 社有設備・車輌の価値と担保能力
7 CHECK (検証)	6 賃借設備・車輌の価値と賃貸料	5 賃借設備・車輌の有効活用度合

1 PLAN (進捗管理)	2 コスト見積	3 コストの予算化
8 ACTION (修正)	3-6-7 コスト	4 コスト・コントロール
7 CHECK (検証)	6 変更のコントロール	5 実績測定

1 PLAN (進捗管理)	2 端末システム関連機器	3 クライアント／サーバー関連機器
8 ACTION (修正)	3-6-6 情報機器	4 生産製造関連機器
7 CHECK (検証)	6 通信関連機器	5 物流関連機器

1 PLAN (進捗管理)	2 オートロック	3 生体認証
8 ACTION (修正)	3-6-5 セキュリティ機器	4 防犯カメラ
7 CHECK (検証)	6 UTM(総合脅威管理)機器	5 他の防犯機器

【IT構築要素整備：ハードウェア（有形資産）／階層レベル2〜3】
① 品質：品質を保持するための5つのギャップ克服
② 土地：社有地の有効活用度合い，社有地の賃貸有効活用度合い等
③ 建物：社有建物の有効活用度合い，社有建物の賃貸有効活用度合い等
④ 設備・車輌：社有設備・車輌の有効活用度合い等
⑤ セキュリティ機器：オートロック，生体認証，防犯カメラ，総合脅威管理機器等
⑥ 情報機器：端末システム関連機器，クライアント／サーバー関連機器，生産・製造関連機器，物流関連機器，通信関連機器等
⑦ コスト：情報システム構築のためのコスト計算とコントロール
⑧ 時間（納期）：情報システム構築を納期内に完了できるコントロール

（1）土地
① **社有地の有効活用度合い**：社有地の課題対応性・先導性・独創性・汎用性・経済性・社会貢献等の観点から活用度合いを評価しているか。
② **社有地の賃貸有効活用度合い**：社有地の課題対応性・先導性・独創性・汎用性・経済性・社会貢献等の観点から活用度合いを評価しているか。
③ **社有地の価値と担保能力**：社有地の課題対応性・先導性・独創性・汎用性・経済性・社会貢献等の観点からの価値と担保能力を評価しているか。
④ **賃借地の有効活用度合い**：賃借地の課題対応性・先導性・独創性・汎用性・経済性・社会貢献等の観点から活用度合いを評価しているか。
⑤ **賃借地の価値と地代**：賃借地の課題対応性・先導性・独創性・汎用性・経済性・社会貢献等の観点からの価値と地代を評価しているか。

（2）建物
① **社有建物の有効活用度合い**：社有建物の課題対応性・先導性・独創性・汎用性・経済性・社会貢献等の観点から活用度合いを評価しているか。
② **社有建物の賃貸有効活用度合い**：社有建物の賃貸課題対応性・先導性・独創性・汎用性・経済性・社会貢献等の観点からの活用度合いを評価しているか。
③ **社有建物の価値と担保能力**：社有建物の課題対応性・先導性・独創性・汎用性・経済性・社会貢献等の観点からの価値と担保能力を評価しているか。
④ **賃借建物の有効活用度合い**：賃借建物の課題対応性・先導性・独創性・汎用性・経済性・社会貢献等の観点から活用度合いを評価しているか。
⑤ **賃借建物の価値と家賃**：賃借建物の課題対応性・先導性・独創性・汎用性・経済性・社会貢献等の観点からの価値と家賃を評価しているか。

（3）設備・車輌
① **社有設備・車輌の有効活用度合い**：社有設備・車輌の課題対応性・先導

性・独創性・汎用性・経済性・社会貢献等の観点から活用度合いを評価しているか。
② **社有設備・車輌の賃貸有効活用度合い**：社有設備・車輌の賃貸課題対応性・先導性・独創性・汎用性・経済性・社会貢献等の観点からの活用度合いを評価しているか。
③ **社有設備・車輌の価値と担保能力**：社有設備・車輌の課題対応性・先導性・独創性・汎用性・経済性・社会貢献等の観点からの価値と担保能力を評価しているか。
④ **賃借設備・車輌の有効活用度合い**：賃借設備・車輌の課題対応性・先導性・独創性・汎用性・経済性・社会貢献等の観点から活用度合いを評価しているか。
⑤ **賃借設備・車輌の価値と賃借料**：賃借設備・車輌の課題対応性・先導性・独創性・汎用性・経済性・社会貢献等の観点からの価値とリース料・レンタル料等を評価しているか。

(4) **セキュリティ機器**
① **オートロック**：オートロックの課題対応性・安全性・信頼性・経済性等の観点からセキュリティ度合いを評価しているか。
② **生体認証**：生体認証の課題対応性・先導性・独創性・安全性・信頼性・経済性等の観点からセキュリティ度合いを評価しているか。
③ **防犯カメラ**：防犯カメラの課題対応性・独創性・安全性・信頼性・経済性等の観点からセキュリティ度合いを評価しているか。
④ **他の防犯機器**：他の防犯機器の課題対応性・独創性・安全性・信頼性・経済性・社会貢献等の観点からセキュリティ度合いを評価しているか。
⑤ **UTM（総合脅威管理）機器**：UTM（総合脅威管理）機器の課題対応性・独創性・安全性・信頼性・経済性等の観点からセキュリティ度合いを評価しているか。

図表9-5-2　POS端末の変遷

年代	POS名	POS・OS	価格(概略)	特徴
1980〜	[POS第1期] 汎用機POS	独自POS 各社独自のOS	スキャナ　30万円 POS　100万円 サーバー800万円	バーコードスキャナ入力 POS端末 コントローラ
1995〜	[POS第2期] パソコンPOS	Windows OS	スキャナ　10万円 POS　30万円 サーバー　20万円	バーコードスキャナ入力 POS端末 コントローラ
2012〜	[POS第3期] モバイルPOS （クラウドサービス）	iPhone / ios iPad　/ ios グーグル Android Windows 10	ライセンス料　168,000円 POS　100,000円 月間　1,600円/レンタル 〜 （月間5,000円/レンタル）	音声認識機能 O2O機能の強化 電子サイン認証 電子マネー対応
2014〜	[POS第4期] ウェアラブルPOS ・メガネ型 ・服に着装した電極 ・リストバンド型 ・スポーツ用品に着装	Android OS iOS	29,800円／端末 〜 3D…35,000円／端末	・眼の動きを取得 ・心電を取得 ・取得した情報を送信 コントローラディスク タグリーダー センサー ヘッドマウント ディスプレイ

(5) 情報機器

① 端末システム関連機器：店頭端末（POS・ATM等），EOS（電子的発注システム）・GOT，ハンディターミナル・モバイル，パソコン，スマートフォン・タブレット端末等は効率性・安全性・信頼性等の観点から適正に選択されているか。

POSの例は**図表9-5-2**のようになる。

最近ではウェアラブル端末がしきりに取り上げられるようになっているが，

図表9-5-3　眼鏡型ウェアラブル端末

出所：セイコーエプソン㈱HP，http://www.epson.jp/

図表9-5-4　腕時計型ウェアラブル端末

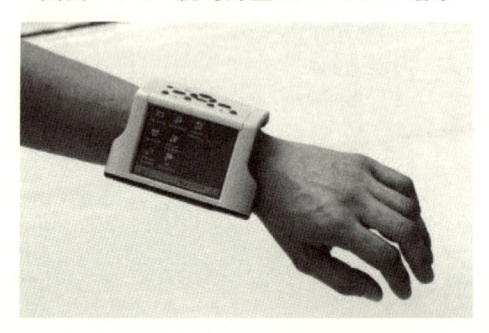

出所：「フリー百科事典Wikipedia日本語版」（ウェアラブル端末）

　これは身体の周辺に端末を取り付けて情報収集しようとするものである（**図表9-5-3，9-5-4参照**）。
　図表9-5-4は一瞬は腕時計のようであるが，これもウェアラブル端末の一種である。
　② **クライアント/サーバー関連機器**：サーバー，クライアント，プリンター，ハブ，バックアップ装置等は効率性，安全性，信頼性等の観点から適正に選択されているか。
　図表9-5-5は一般的なサーバーの例である。

図表9-5-5　サーバーの例

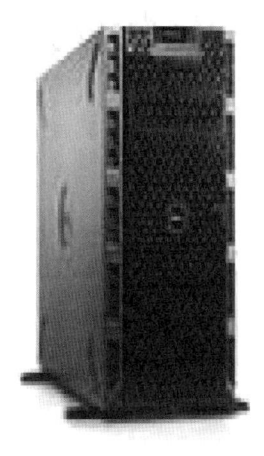

出所：デル㈱HP，http://www.dell.com/

図表9-5-6　垂直連続搬送機（バーチレーター）

出所：ホクショー㈱HP，http://www.hokusho.co.jp/

③ **生産・製造関連機器**：CAD（コンピュータ支援設計），CAM（コンピュータ支援製造），NC（数値制御），FMS/FA，CIM（コンピュータ統合生産）等は効率性，安全性，信頼性等の観点から適正に選択されているか。

図表9-5-7　ルーターの例

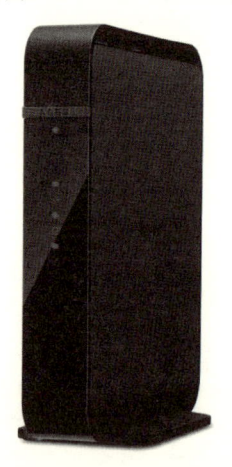

出所：Amazon.com HP，http://www.amazon.co.jp/

④ **物流関連機器**：フォークリフト端末，デジタルピッキング，ピッキングカート，コンベア／ソーター，物流コントローラー等は効率性，安全性，信頼性の観点から適正に選択されているか。
⑤ **通信関連機器**：通信回線，ネットワーク接続機器，セキュリティ部品，通信交換機，CTI／電話機等は効率性，安全性，信頼性等の観点から適正に選択されているか。

第10章

MMMメソッド・階層レベルの掘り下げで開発の一貫性を保て

図表10-0-1　MMMメソッド・階層レベルの展開

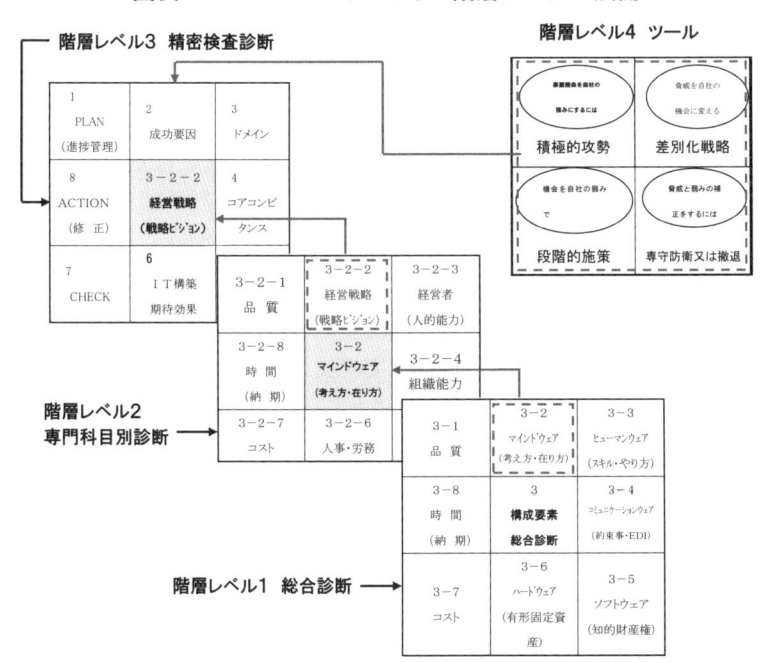

階層レベル 0 「中小企業用リファレンス」の階層構造

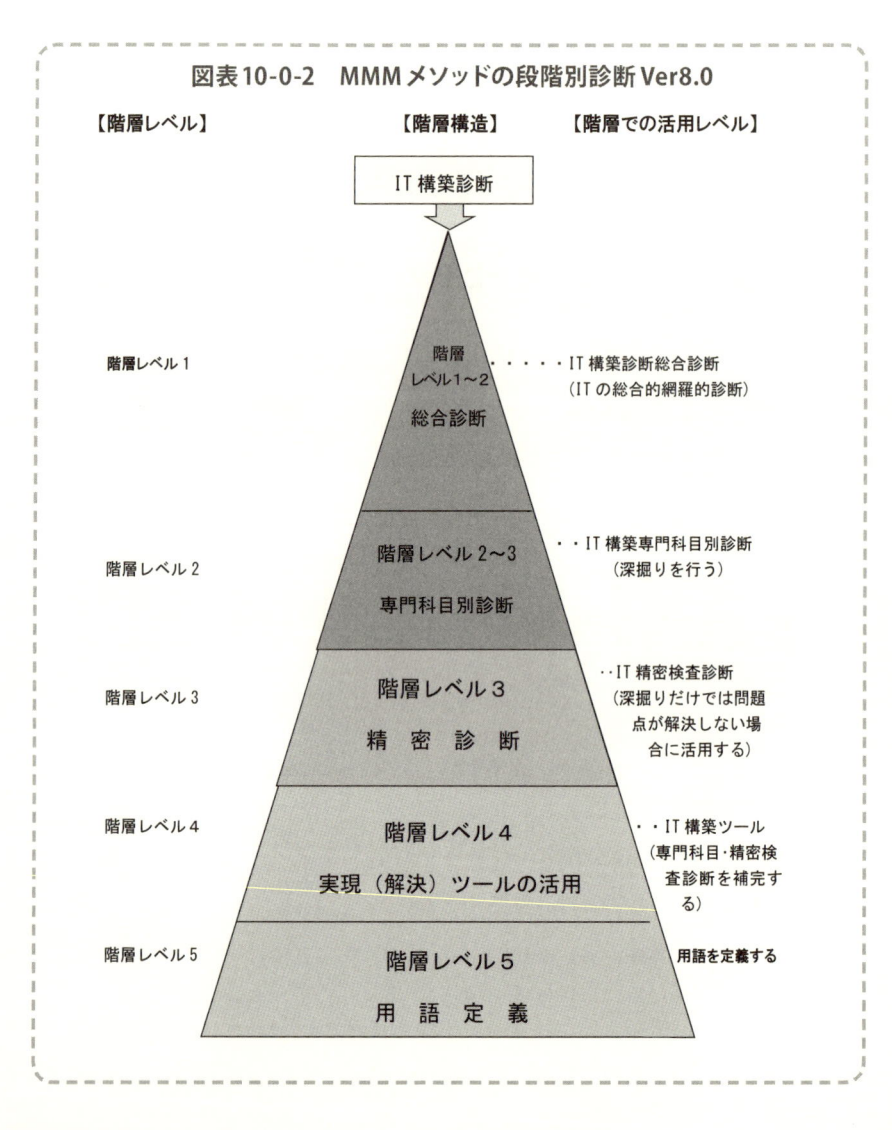

図表 10-0-2　MMM メソッドの段階別診断 Ver8.0

【階層レベル】　　【階層構造】　　【階層での活用レベル】

- IT 構築診断

- 階層レベル 1 ── 階層レベル 1～2　総合診断 ・・・・IT 構築診断総合診断（IT の総合的網羅的診断）
- 階層レベル 2 ── 階層レベル 2～3　専門科目別診断 ・・IT 構築専門科目別診断（深掘りを行う）
- 階層レベル 3 ── 階層レベル 3　精密診断 ・・IT 精密検査診断（深掘りだけでは問題点が解決しない場合に活用する）
- 階層レベル 4 ── 階層レベル 4　実現（解決）ツールの活用 ・・IT 構築ツール（専門科目・精密検査診断を補完する）
- 階層レベル 5 ── 階層レベル 5　用語定義 ・・用語を定義する

(1) 一貫性を保つためMMMメソッド要素整備度/階層構造をドリルダウンせよ

　ここでは第9章の要素整備度を活用する場合の補完的説明となる。具体的には，①要素別整備度を階層別にドリルダウンして活用することと，②その具体的な活用方法について説明する。

　図表9-0-1では「**機能構成図**」のみを掲載しているが，**図表10-1-1**は，同じ階層レベル1の「**要素整備度評価表**」からその項目を細かくして分析しているものである。よって，2表を一対として見てほしい。機能構成図はMMMメソッド全体を鳥瞰するためのものであり，要素整備度評価表はその明細を示したものであるからだ。

　このMMM（ミーコッシュ・マンダラ・マトリックス）の中で，課題のあるところや，要素整備度の高低の度合いが明確になるようになっている。

　また開発プロセスが進捗するに従って，整備度の低いところや課題が解決できるように設計してある。

(2) 階層レベル1～2：IT総合診断で要素整備度を正しく知る

　階層レベル1（**図表10-1-1**）は，「総合診断」と位置づけられるが，主に開発プロジェクトのスタート時点に診断されるものである。ここで，どこにこの企業の課題があるかを，ユーザー，ベンダー，コンサルタントの三者に気づいてもらうことが必要である。**図表9-0-1**と関連づけて理解してほしい。

(3) 階層レベル2～3：専門科目別診断で課題の掘り下げをする

　総合診断で，要素整備度（**図表10-1-1参照**）が明らかになったら，整備度の低いところを補完するようにするのか，それとも，整備度の高いところをさらに強化するのがよいのかを検討する。

　その結論に従って，階層レベル2に掘り下げ，どこの箇所を補強するのか，どこの箇所の整備度をより高めるのかの決定に基づいて掘り下げが行われる。

　多くの場合，すべての分野の要素整備度を上げるのが理想的であるが，時間やコストの関係で制約がある場合は，その必要性の高いところのみを選択して

掘り下げるのも一つの方法である。

(4) 階層レベル3：精密検査診断で課題の更なる掘り下げを行う

　階層レベル2でなお課題が見つからない場合や，解決案が見出せなかった場合は，さらに階層レベル3の「精密検査診断」のレベルに掘り下げていくことになる。

　ここでも，すべての要素整備度について行うことは，さらに時間がかかるので，重要と思われる要素のみの掘り下げを推奨する。しかし，このプロジェクトで重要と判断した要素については，このレベルまで掘り下げて，徹底的に追求することがIT構築成功率と，IT投資効果を高めることになる。

(5) 階層レベル4：実現（解決）ツールの活用

　階層レベル4は，要素別とは別に，それぞれの階層で解決するためのツールとして使ってもらうものである。階層レベル1で使うか，階層レベル2（または3）で使うかは，その状況に応じて使い分けてほしい。それぞれの階層における「要素整備度評価表Ver8」には評価とともに，使えるツールも記述してあるので参考にしてほしい。

　特に反対派に対しては，このツールによって，より具体的に，たとえ話を用いるなどして，説得していくことが重要となる。

(6) 階層レベル5：用語定義

　階層レベル5は，用語の意味合いを示すとともに，定義を行っている。この定義を履き違えていると，最後までユーザー・ベンダー・コンサルタント間のギャップが生じて成功率は低くなってしまう。

　したがって，紛らわしい用語については，用語集を作ってお互いの共通認識を確認しておくことが大切である。

階層レベル 1〜2 IT構築総合診断で企業の整備度を正しく認識せよ

図表10-1-1　IT構築総合診断（階層レベル1〜2）

要素整備度評価表Ver 8.1

機能番号3　：　企業ドック/機能別診断　/　IT構築要素別診断　/　IT構築要素別　　総合診断

記述日：
評価者：

要素整備度レベル	要素整備度評価の内容	評価スコア
レベル1	IT構築等成功のための諸条件が、殆どできていない。又は殆どできない。	1
レベル2	〃	あまりできていない。又はあまりできない	2
レベル3	〃	なんとかできている。又はなんとかできる。	3
レベル4	〃	ほぼできている。又はほぼできる。	4
レベル5	〃	完全にできている。又は完全にできる。	5

NO	評価項目	評価項目の補足説明	要素整備度 現状 / 1年後 / 2年後 / 3年後
2 マインドウェア	経営戦略（ビジョン）	成功要因・ドメイン・コアコンピタンス・マネジメント要件・期待効果が算出等は適正か。（ツール19・35・36・82・134・39参照）	
	経営者（人的能力）	経営者の成功への情熱と人間性、企業倫理・リーダーシップ・マネジメント力、顧客・従業員満足度、人材育成、等は適正か。（ツール148・263参照）	
	組織能力	組織デザイン、組織構造、組織マネジメント、企業文化、価値観の共有、等は適正か。（ツール6・121・122・204・23・24参照）	
	社会的責任	経営の透明性、環境対応、社会的要請への対応、雇用・安心・安全整備は適正か。	
	人事・労務	組織体の業績評価、能力給への移行、キャリアパス、退職金、HRM（人的資源管理）整備は適正か。（ツール169参照）	
3 ヒューマンウェア	経営戦略・IT戦略策定スキル	KGI（最終到達目標）・SWOT分析・企業ドメイン・コアコンピタンス・マネジメント要件、期待効果等スキルは充分か。（ツール35・36・39・40・41参照）	
	経営改革・情報化企画策定スキル	ビジネスモデル、BIIモデル（As-Isモデル）、BIIモデル（To-Beモデル）、下位情報モデル、出力帳票等のスキルは充分か。（ツール248・249・93・219・220参照）	
	情報資源調達スキル	選定スケジュール・提案依頼書（RFP）・開発体制・契約・保証要件等の遂行スキル。（ツール45・6・14・48・49・50・218参照）	
	開発・移行スキル	To-Beモデル・下位情報モデル・データモデル・プログラム開発、プログラム検収・テスト・本番移行等のスキルは充分か。（ツール253・93・26・264参照）	
	運用・保守スキル	SLA、IT・ベンダー・運用・サービス・サポートサービス・インフラのマネジメント等の各スキル整備は充分か。（ツール20・52・264参照）	
4 コミュニケーションウェア	法律・政令・省令の遵守	商法・新会社法・労働法・中小企業基本法・税法等を理解し、遵守までの時間は算出され、それは適正か。	
	企業内の約束事	従業員サー（ANAの例）、従業員行動規範、分業規定、就業規則・附則・その他今は理解され順守され、それは適正か。	
	コミュニケーションルール	メラビアンの法則・コミュニケーションの基本原則・人的ビジネスプロトコル・ネットワーク・情報共有等は適正か。（ツール120・193参照）	
	ビジネスプロトコル	商慣行、取引基本規約・取引運用規約・取引表現規約、取引通信規約整備等は適正か。（ツール246・259参照）	
	ネットワーク、情報共有、情報公開	ネットワーク形態・通信サービス・情報公開・社内の情報共有・ビジネスパートナーとの共有等の整備は適正か。	
5 ソフトウェア	特許権	発明の定義、特許の要件、特許出願手続き、特許請求の範囲、通常実施権、を保持し、維持管理等の整備は適正か。	
	実用新案	保護の対象、権利存続期間、実審査の有無（審査の手順）、費用等を理解し、権利を取得し、維持管理等の整備は適正か。	
	意匠権・商標権	新規性、創作性、美観を起こさせる外観、デザインの創作（以上意匠権）、商標権を登録し、維持管理等の整備は適正か。	
	著作権	著作権の対象、著作権の保護、著作権者、著作権の特徴、権利が生じないもの、等を理解し、著作権の維持管理等の整備は適正か。	
	ソフトウェアプログラム	OS、業務系ソフトウェア、情報系ソフトウェア、コミュニケーションソフトウェア、セキュリティソフトウェア等の維持管理は適正か。（ツール50・272・264参照）	
6 ハードウェア	土地	社有地の有効活用度合、社有地の賃貸有効活用度合、社有地の価値、賃借地の用度合：賃借地の価値と地代等は適正か。	
	建物	社有建物の有効用度合い、賃貸建物の有効活用度合い、社有建物の価値と担保能力、賃借建物の有効活用度合い、賃借建物の価値等と地代との判断から適正か。	
	設備・車輌	社有設備・車両の活用度合い、社有設備・車両の活用能力、賃借設備・車両の活用度合い、賃借設備・車両の価値から見て賃借料等は適正か。	
	セキュリティ機器	オートロック、生体認証、防犯カメラ、他の防犯機器、UTM（総合脅威管理機器）の整備は適正か。	
	情報機器	端末システム機器、クライアント・サーバー関連機器・生産・製造関連機器・物流関連機器・通信関連機器等の整備は適正か。（ツール182・184・207・260・227参照）	

※上表においては、MMMの1〜8のうち、7. 品質、7. コスト、8. 時間は定型的なので記載しない。2〜6の部分のみ評価を行う。

第10章　MMMメソッド・階層レベルの掘り下げで開発の一貫性を保て　183

図表10-1-1に示すIT構築総合診断（階層レベル1～2）が，5つの構成要素についての全容であるが，この図表に添って説明してみたい。

(1) 階層レベル1～2　におけるマインドウェア（考え方・在り方）評価
繰り返しになるが，第9章第1節と関連づけて理解してほしい。
① 階層レベル2：経営戦略（戦略ビジョン）（**図表8-4-1参照**）
② 階層レベル2：ドメインの決定（**図表9-1-2参照**）
③ 階層レベル2：コアコンピタンスの決定（ツール82，**図表9-1-2参照**）
④ 階層レベル2：マネジメント要件（ツール134参照）
⑤ 階層レベル2：IT構築期待効果（**図表7-3-1**，ツール40・41参照）

(2) 階層レベル1～2　におけるヒューマンウェア（やり方・技術）評価
第9章第2節で説明済みであるが，要素別体系とあわせて理解してほしい。
① 階層レベル2：経営戦略・IT戦略策定スキル（**図表9-1-2，9-1-3，7-3-1，7-3-2**，ツール40参照）
② 階層レベル2：経営改革・情報化企画策定スキル（**図表12-5-1，12-5-2参照**）
③ 階層レベル2：情報資源調達スキル（**図表9-2-4，6-1-1**，ツール45，14，49，50，218参照）
④ 階層レベル2：システム開発・移行スキル（**図表5-5-1，12-4-1**，ツール253，93参照）
⑤ 階層レベル2：システム運用・保守スキル（ツール20，52，**図表12-4-1参照**）

(3) 階層レベル1～2　におけるコミュニケーションウェア（約束事・EDI）評価
第9章第3節と関連づけて理解してほしい。
① 階層レベル2：法律・政令・省令等の順守：商法，会社法，労働法，中小企業基本法，税法等を理解し，順守までの時間は充分あり，

　　　　　それは適正なものか。
② 階層レベル2：企業内の約束事：従業員マナー，従業員行動規範，分掌規定，就業規則，附則，その他の約束事等は理解され，順守されているか。
③ 階層レベル2：コミュニケーションルール：メラビアンの法則（**図表9-3-2参照**），コミュニケーションの基本原則，ネットワーク，情報共有等は順守されているか。
④ 階層レベル2：ビジネスプロトコル：商慣行，取引基本規約，取引運用規約，取引表現規約，取引通信規約等は適正か。
⑤ 階層レベル2：ネットワーク，情報公開，情報共有：ネットワーク形態，通信サービス，情報公開，社内の情報共有，ビジネスパートナーとの情報共有等の整備は適正か。

(4) 階層レベル1～2　におけるソフトウェア（知的財産権）評価

第9章第4節と関連づけて理解してほしい。
① 階層レベル2：特許権：発明の定義，特許の要件，特許出願手続，特許請求の範囲，通常実施権等を保持し，維持管理等の整備は適正か。
② 階層レベル2：実用新案：保護の対象，権利存続期間，実審査の有無（審査の手続），費用等を理解し，権利を取得し，維持管理等の整備は十分か。
③ 階層レベル2：意匠権・商標権：新規性，創作性，美観を起こさせる外観，デザインの創作（以上意匠権），商標権を登録し，維持管理等は適正に行われているか。
④ 階層レベル2：著作権：著作権の対象，著作権の保護，著作権者，権利の特徴，権利が生じないもの，等を理解し，著作権の維持管理は適正に行われているか。
⑤ 階層レベル2：ソフトウェアプログラム：OS（**図表9-4-2参照**），業務系

ソフトウェア（**図表9-4-3**参照），コミュニケーションソフトウェア（**図表9-4-4**参照），セキュリティソフトウェア（**図表9-4-5**参照）等の維持管理は適正か。（ツール50，**図表4-5-1，12-4-1**参照）

(5) 階層レベル1～2　におけるハードウェア（有形資産）評価

第9章第5節と関連づけて理解してほしい。

① 階層レベル2：土地：社有地の有効活用度合い，社有地の賃貸有効活用度合い，社有地の価値，賃借地の賃借地の活用度合い，賃借地の価値と地代等は適正か。

② 階層レベル2：建物：社有建物の有効利用度合い，賃貸建物の有効活用度合い，社有建物の価値と担保能力，賃借建物の有効活用度合い，賃借建物の価値から賃料は適正か。

③ 階層レベル2：設備・車輛：社有設備・車輛の活用度合い，社有設備・車輛の担保能力，賃借設備・車輛の活用度合い，賃借設備・車輛の価値と賃借料は適正か。

④ 階層レベル2：セキュリティ機器：オートロック，生体認証，防犯カメラ，他の防犯機器，UTM（総合脅威管理機器）の整備は適正か。

⑤ 階層レベル2：情報機器：端末システム機器，クライアント・サーバー関連機器，生産・製造関連機器，物流関連機器，等の整備は適正か。（ツール182，184，260，**図表9-4-2，2-5-1**参照）

という具合に，レベル1のIT総合診断が行われるが，**図表7-3-1**の右上のようにチャートや要素整備度を上げることによって，どの程度の利益が向上するかを示してやると，現場に張り合いが出てくる。

詳しくはhttp://www.e-mc.jp/のサイトで入力していただければ期待効果まで出るようになっている。

階層レベル 2〜3
ITの専門科目別診断で課題の深掘りと解決案を見つけよ

　階層レベル1〜2でもまだ課題が見えない場合または解決案が見つからない場合は，階層レベル2〜3まで下げて専門科目別診断を行う必要がある。階層レベル2〜3階層の診断は，次の5つの構成要素から成り立っている。

(1) 階層レベル2-1：マインドウェアの2〜3階層への掘り下げ
　「図表10-2-1マインドウェア診断」に沿って解説する。

(2) 階層レベル2-2：ヒューマンウェアの2〜3階層への掘り下げ
　「図表10-2-2ヒューマンウェア診断」に沿って解説する。

(3) 階層レベル2-3：コミュニケーションウェアの2〜3階層への掘り下げ
　「図表10-2-3コミュニケーションウェア診断」に沿って解説する。

(4) 階層レベル2-4：ソフトウェア2〜3階層への掘り下げ
　「図表10-2-4ソフトウェア診断」に沿って解説する。

(5) 階層レベル2-5：ハードウェア2〜3階層への掘り下げ
　「図表10-2-5ハードウェア診断」に沿って解説する。

　以下の手順でブレイクダウンしながら，特に問題点・課題があると思われるところを重点的に掘り下げて活用すればよい。
　また問題・課題解決案を見つけるためにも，この要素整備度を活用してほしいと思う。

2-1 マインドウェア（機能番号3-2）評価の例

図表10-2-1　IT構築マインドウェア診断（階層レベル2～3）

要素整備度評価表Ver 8.1

機能番号3-2 ： 企業ドック/機能別 / IT構築診断 / Ｉ　Ｔ　構　築　・マインドウェア

記述日：
評価者：

要素整備度レベル		要素整備度評価の内容	評価スコア
要素整備度評価表	レベル1	IT構築等成功のための諸条件が、殆どできていない。又は殆どできない。	1
	レベル2	〃 あまりできていない。又はあまりできない。	2
	レベル3	〃 なんとかできている。又はなんとかできる。	3
	レベル4	〃 ほぼできている。又はほぼできる。	4
	レベル5	〃 完全にできている。又は完全にできる。	5

NO		評価項目	評価項目の補足説明	要素整備度 現状	1年後	2年後	3年後
2	（戦略経営ビジョン）	成功要因	経営改革や戦略の実現のために、必要不可欠な要因（重要成功要因 CSF：Critical Success Factor）を明らかにする。（ツール19・35・98参照）				
		ドメイン	顧客、技術軸、機能軸をもとに、現在のポジショニング確認、将来のポジショニング戦略を明確にする。（ツール36参照）				
		コアコンピタンス	機能可能性、異動可能性、代替え可能性、希少性、耐久性等競合他社に真似のできない核となる能力があるか。（ツール82参照）				
		マネジメント要件	マインドウェア・ヒューマンウェア・コミュニケーションウェア等成功要因を実現するために、組織内の各部署で達成すべき要件は十分か。（ツール134参照）				
		IT構築期待効果	KPI手法、ABC手法、ベンチマーキング手法、BSC手法、KGI手法等ITの活用による経営革新の推進とその期待効果が明確にされているか。（ツール40・41参照）				
3	（経営者への人的能力）	経営者の成功への情熱と人間性	高い願望と情熱、誠実さ、創意工夫能力、積極思考、決してあきらめない強い情熱を持っているか。（ツール83・85・86・117・263参照）				
		企業理念・ミッション・企業倫理	経営理念、経営指針、存在意義、将来像、倫理観、等を確立して、従業員に十分浸透しているか。（ツール19・141参照）				
		リーダシップ・マネジメント力	原体験を持つ、コンセプト化ができる、場慣れをする、反省しているか、人的ネットワークを持っているか、等の資質は十分か。（ツール144参照）				
		顧客、従業員の満足度	リピーター・離脱率、既存顧客からの収入、シェアの動向、顧客満足度調査、従業員満足度調査等は行われているか。（ツール148・85・86・159～162・169参照）				
		人事制度・人材育成	意識改革、行動改革、習慣改革、風土改革、基準改革（将来予見評価）が行われる教育は行われているか。（ツール263参照）				
4	組織能力	組織デザイン	機能別組織、事業部別組織、グローバル組織、カンパニー制、ホールディング会社制等に適応した組織デザインが行われているか（ツール121・122参照）				
		組織構造	ライン組織、ラインアンドスタッフ組織、機能別組織、プロダクトマネージャー組織、マトリックス組織等適合した組織構造を選択しているか。（ツール121・122）				
		組織マネジメント	分業と調整の仕組み、インセンティブシステム設計能力、計画とコントロール能力、人の配置と育成、組織のリーダーシップが適切に行われているか。				
		企業文化	経営理念、思い入れ、行動様式、規範、仕事のやり方文化、等の組織文化が適切に醸成されているか。				
		価値観の共有（京都府の例）	立場を離れて自らの思いを語る、相手のみになってよく聞く、日頃のレッテルを貼らない、「べき論」で相手を攻撃しない、弱みを素直に見せて一緒に困る、				
5	社会的責任	経営の透明性	顧客への情報公開、社会への情報提供、株主への情報提供、地域社会への情報提供、従業員への情報提供は適切に行われているか。				
		環境への対応	環境保護、環境監査、資源、エネルギー消費、環境の安全対策は適切に行われているか。				
		社会的要請への対応	社会からの要請に対する取組方針の明確化、対応組織の構築、予防的・治療的コンプライアンス等が整備されているか。				
		雇用への対応	雇用の延長、低い離職率、適切な労働時間、福利厚生制度の充実、障害者雇用等に対応しているか。				
		安心・安全対策	安全である権利、知らされる権利、選択できる権利、意見を反映させる権利、消費者教育を受ける権利等について対応しているか。				
6	人事・労務	組織体の業績評価	企業全体業績、主要事業の業績、所属部門、本人の査定、出欠勤計数等の組織体の業績評価が適切に行われているか。（ツール159・160・161・162・169参照）				
		業績給への移行	粗利益額、回収率、労働分配率、売上達成度、上司による査定等、業績、職種に適切な査定方法を適切に組み合わせて導入されているか。（ツール169参照）				
		キャリアパス	安定志向型、意欲型、独立型（コンセショナリー、テナント型、契約型）等の業態にふさわしい従業員のキャリアパスが適切に行われているか。（ツール263参照）				
		退職金制度の廃止	従業員や組合との就業規則変更の合意がとれるような合理的理由と変更内容が適切に行われているか。				
		HRM(人的資源管理)の導入	従業員の採用、人材開発、人材評価と報酬といった人的資源管理システムが適切に導入されているか。				

※上表においては、MMMの1～8のうち、6. 品質、7. コスト、8. 時間は定型的なので記載しない。2～6の部分のみ評価を行う。

第9章の機能構成図（**図表9-1-1**）のマインドウェアを評価表にまとめると，**図表10-2-1**のようになる。階層レベル1で，まだ問題点・課題が見えない場合は，マインドウェア階層レベル2まで掘り下げて専門科目診断を行う必要がある。

(1) 階層レベル2～3　経営戦略ビジョンの確認（第9章第1節参照）
① 階層レベル3：成功要因（**図表8-4-1，9-1-2参照**）
② 階層レベル3：ドメイン（**図表9-1-3参照**）
③ 階層レベル3：コアコンピタンス（ツール82参照）
④ 階層レベル3：マネジメント要件（ツール134参照）
⑤ 階層レベル3：IT投資期待効果（**図表7-3-1，7-3-2参照**）の算出
　　等は適正に行われているかの要素整備度を評価する。
(注)「ツール」は，巻末の付属資料にまとめて掲載。

(2) 階層レベル2～3　経営者の人的能力は充分か（第9章第1節参照）
① 階層レベル3：経営者の成功への情熱と人間性
② 階層レベル3：企業理念・ミッション（ツール141参照）
③ 階層レベル3：リーダーシップ・マネジメント力（ツール144参照）
④ 階層レベル3：顧客・従業員満足度（ツール148参照）
⑤ 階層レベル5：人事制度・人材育成（ツール263参照）
等は適正に行われているかの要素整備度を評価する。

(3) 階層レベル2～3　組織能力はあるか（第9章第1節参照）
① 階層レベル3：組織デザイン（**図表9-1-6参照**）
② 階層レベル3：組織構造（**図表9-1-7参照**）
③ 階層レベル3：組織マネジメントスキル（ツール144参照）
④ 階層レベル3：企業文化
⑤ 階層レベル3：価値観の共有

等の要素整備度は適正かを評価する。

（4）階層レベル2〜3　社会的責任は充分か（第9章第1節参照）
① 階層レベル3：経営の透明性
② 階層レベル3：環境への対応
③ 階層レベル3：社会的要請への対応
④ 階層レベル3：雇用への対応
⑤ 階層レベル3：安心・安全対策

に関する要素整備は充分か評価する。

（5）階層レベル2〜3　人事・労務管理は適正か（第9章第1節参照）
① 階層レベル3：組織体の業績評価（ツール204・263・169参照）
② 階層レベル3：業績給（ツール169参照）への移行
③ 階層レベル3：キャリアパス（ツール263参照）
④ 階層レベル3：退職金制度の廃止
⑤ 階層レベル3：HRM（人的資源管理）の導入（ツール169参照）

は適正かを評価する。

2-2 ヒューマンウェア（機能番号3-3）評価の例

図表10-2-2　IT構築ヒューマンウェア診断（階層レベル2～3）

要素整備度評価表Ver 8.0
機能番号3-3　：　企業ドック/機能別/IT構築診断／IT構築・ヒューマンウェア

記述日	年	月	日
評価者			

要素整備度評価表	要素整備度レベル	要素整備度の内容	評価スコア
	レベル1	IT構築等成功のための諸条件が、殆どできていない。又は殆どできない。	1
	レベル2	〃　あまりできていない。又はあまりできない。	2
	レベル3	〃　なんとかできている。又はなんとかできる。	3
	レベル4	〃　ほぼできている。又はほぼできる。	4
	レベル5	〃　完全にできている。又は完全にできる。	5

NO	評価項目	評価項目の補足説明	要素整備度
			現状 / 1年後 / 2年後 / 3年後
2 経営戦略策定スキル・IT戦略	KGI社長の思い入れ	IT構築最終到達目標（KGI）・理想の姿・使命感、会社のミッション、オブジェクティブを表現するスキル（ツール141参照）	
	SWOT分析・成功要因	機会・脅威・強み・弱み、事業機会を自社の強みにする。脅威を自社の事業機会に変える。機会を自社の弱みで取りこぼさない等スキル（ツール35参照）	
	事業ドメイン・コアコンピタンス	顧客（市場）軸（WHO）、技術軸（HOW）、機能軸（コアコンピタンス：WHAT）、差別的技術スキル、差別的ノウハウ（ツール187・36参照）	
	マネジメント要件	マインドウェアマネジメント要件、ヒューマンウェアマネジメント要件、コミュニケーションウェアマネジメント要件、ソフトウェアマネジメント要件、ハードウェアマネジメント要件の形式化スキル（ツール134参照）	
	IT経営革新期待効果	KPI（経過目標）・ABC（活動基準原価計算）・ベンチマーキング・バランススコアカード・ROI（投下資本収益率）手法等スキル（ツール41・39・40参照）	
3 経営策定企画スキル・IT企画	ビジネスモデル	ビジネス領域（ドメイン）資源展開、競争優位、相乗効果、思考プロセス等を駆使したビジネスモデル策定スキル（ツール36・247参照）	
	BIIモデル（As-Is）	製造・加工業務、販売業務、物流業務、経営資源調達活動業務等の現状業務をBII（ビジネス・情報統合モデル）モデル化スキル。（ツール254・256参照）	
	BIIモデル（To-Be）	製造・加工業務、販売業務、物流業務、経営資源調達活動業務等の革新業務をBII（ビジネス・情報統合モデル）モデル化スキル。（ツール242・249・253参照）	
	下位情報モデル（モデリング）	ビジネスプロセスモデル（DFD）、上位情報モデル（ERD）、ジェネリック情報モデル参照、DFD・ERDジェネリックの突き合わせスキル。（ツール21・26・91・93・179参照）	
	出力（帳票・画面）	購買業務出力、製造・加工業務出力、販売業務出力、物流業務出力、経営資源調達活動業務出力、帳票・画面の企画策定スキル	
4 情報資源調達スキル	システムの概要	マインドウェアの概要、ヒューマンウェアの概要、コミュニケーションウェアの概要、ソフトウェアの概要、ハードウェアの概要等資源調達のためのシステム概要を形式化するスキル。（ツール219・221参照）	
	起案・選定スケジュール	調達企業の課題点の抽出、課題点の分析課題解決方策、要求仕様化、妥当性の確認等の起案やスケジュール化するスキルは十分に。（ツール278・46参照）	
	提案依頼（RFP）内容	企業概要、提供資料、要求仕様化、性能仕様、データボリューム、納入物・見積書等の提案依頼書の策定スキル。（ツール49・50・45参照）	
	開発体制・開発頻度	プロジェクトの全体体制、ユーザー・ベンダーの開発体制・開発環境、コンサルタントの関与の仕方等に対するスキル（ツール6・14参照）	
	契約・保証要件	契約形態・納期、検収要件、支払、瑕疵担保責任・品質保証、機密保持、成果物の権利関係、（ツール214・215/216・218参照）	
5 システム開発スキル・移行スキル	BIIモデル（To-Be）のすり合わせ	製造・加工業務、販売業務、物流業務等のBII（ビジネス・情報統合モデル）モデル化スキル（ツール17・248・249・252・253・254・255・256・257参照）	
	下位情報モデル・データモデルのすり合わせ	製造・加工業務、販売業務、物流業務、経営資源調達活動業務等の下位情報モデルとデータモデルのスキル（ツール21・26・91参照）	
	プログラム開発	製造・加工業務、販売業務、物流業務、経営資源調達活動業務等のプログラム開発又は、外部委託開発スキル（ツール50・49参照）	
	プログラムの検収・テスト	購買業務、製造・加工業務、販売業務、物流業務、経営資源調達活動業務等のプログラム検収・テストスキル又は、外部委託スキル	
	本番移行	購買業務、製造・加工業務、販売業務、物流業務、経営資源調達活動業務等のプログラム本番移行スキル又は、外部委託スキル（ツール93参照）	
6 運用・保守スキル	サービスレベルマネジメント	サービス品質の定量化、サービスのユーザーへの掲示、サービスの効果的な目標設定、運用管理改善手法等の化スキル（ツール20参照）	
	ベンダーのマネジメントスキル	定期的なモニタリングの実施スキル、ITベンダー評価スキル、費用対効果評価スキル、効率化努力スキル、インセンティブ等スキル	
	運用サービスのマネジメントスキル	コストマネジメント・サービスの継続評価・性能マネジメント・運用作業工程の見直審査・ネットワークの監視等スキル	
	サポートサービスのマネジメントスキル	教育・トレーニング、ヘルプディスク運用、トラブル管理、トラブルのモニタリング、システム改善要件モニタリング等のスキル	
	IT経営革新期効果インフラストラクチャーマネジメントスキル	データマネジメント・設備マネジメント・システム変更マネジメント・システム構成マネジメント、方針と標準化スキル（ツール39・40・41参照）	

※ 上表においては、MMMの1～8のうち、1. 品質、7. コスト、8. 時間が定型的なので記載しない。2～6の部分のみ評価を行う。BII（ビジネス情報統合モデル）、SLA：Service Level Agrement（サービス品質保証）

第10章　MMMメソッド・階層レベルの掘り下げで開発の一貫性を保て　191

ヒューマンウェア階層レベル1で、まだ課題が見えない場合または解決案が見つからない場合は、ヒューマンウェア階層レベル2まで下げて専門科目別診断を行う必要がある。

　したがって、ここで示しているのは、階層レベル2のヒューマンウェア内のものである。

(1) 階層レベル2～3　経営戦略・IT戦略策定スキル（第9章第2節参照）
- ① 階層レベル3：KGI・社長の思い入れ（ツール141参照）
- ② 階層レベル3：SWOT分析・成功要因（図表9-1-2参照）
- ③ 階層レベル3：事業ドメイン・コアコンピタンス（ツール187，図表9-1-3参照）
- ④ 階層レベル3：マネジメント要件（ツール134参照）
- ⑤ 階層レベル3：IT経営革新期待効果（図表7-3-1，7-3-2，ツール40参照）

(2) 階層レベル2～3　経営企画・IT企画策定スキル（第9章第2節参照）
- ① 階層レベル3：ビジネスモデル策定スキル（図表9-3-1，ツール247参照）
- ② 階層レベル3：BIIモデル（As-Isモデル・To-Beモデル）策定スキル（図表8-1-1，3-3-1，ツール222参照）
- ③ 階層レベル3：下位情報モデル策定スキル：（図表5-5-1，ツール91，93，179参照）
- ④ 階層レベル3：データモデル策定スキル（ツール91参照）
- ⑤ 階層レベル3：出力帳票策定スキル（図表9-4-3，9-1-4参照）

(3) 階層レベル2～3　情報資源調達スキル（第9章第2節参照）
- ① 階層レベル3：システムの概要策定スキル（図表9-4-3，ツール221参照）
- ② 階層レベル3：起案・選定スケジュール策定スキル（図表9-2-3，ツール46参照）
- ③ 階層レベル3：提案依頼書（RFP）策定スキル（ツール49，50，45参照）

④　階層レベル3：開発体制・開発頻度策定スキル（**図表9-2-4**，ツール14参照）
　⑤　階層レベル3：契約・保証要件策定スキル

（4）階層レベル2～3　システム開発・移行スキル（第9章第2節参照）
　①　階層レベル3：BIIモデルのすり合わせスキル
　②　階層レベル3：下位情報モデル・データモデルのすり合わせスキル
　③　階層レベル3：プログラム開発スキル（ツール50参照）
　④　階層レベル3：プログラムの検収・テストスキル
　⑤　階層レベル3：本番移行スキル

（5）階層レベル2～3　運用・保守スキル（第9章第2節参照）
　①　階層レベル3：サービスレベルマネジメントスキル（ツール20参照）
　②　階層レベル3：ITベンダーのマネジメントスキル
　③　階層レベル3：運用サービスのマネジメントスキル
　④　階層レベル3：サポートサービスのマネジメントスキル
　⑤　階層レベル3：IT経営革新期待効果・インフラストラクチャーマネジメントスキル

（注）「ツール」は，巻末の付属資料にまとめて掲載。

階層レベル 2-3 コミュニケーションウェア（機能番号2-3）評価の例

図表10-2-3　IT構築コミュニケーションウェア診断（階層レベル2～3）

要素整備度評価表Ver 8.0

機能番号3-4　：　企業ドッグ/機能別 / IT構築診断 / IT構築/コミュニケーションウェア

記述日　年　月　日
評価者

要素整備度レベル	要素整備度評価の内容	評価スコア
レベル1	IT構築等成功のための諸条件が、殆どできていない。又は殆どできない。	1
レベル2	〃　あまりできていない。又はあまりできない。	2
レベル3	〃　なんとかできている。又はなんとかできる。	3
レベル4	〃　ほぼできている。又はほぼできる。	4
レベル5	〃　完全にできている。又は完全にできる。	5

NO	評価項目	評価項目の補足説明	要素整備度 現状 / 1年後 / 2年後 / 3年後
2 法律・政令・省令等	商法等	会社法・商法総則・商行為法・保護法・海商法・金融商品取引法等が順守されているか	
	新会社法	条文が仮名になった、起業が簡単になった、M&Aが柔軟になった、合同会社LLP、会計参与の新設等は実施されているか。	
	労働法	ろう働契約法・労働安全衛生法、労働基準法、労働組合法、労働関係調整法、男女雇用機会均等法、労働者の福祉、労働者派遣法、パートタイム労働法、等の順守	
	中小企業基本法	経営の革新・創業の促進、経営基盤の強化、環境変化への適応の円滑化、資金の円滑化、自己資本の充実等は適切に行われているか。	
	税法等	地方税法、所得税法、法人税法、印紙税法、消費税法、相続税法等の順守がなされているか。	
3 企業内の約束事	従業員のマナー(ANAの例)	Smaile(笑顔)、Smart(しゃれた)、Speedy(迅速)、Sincerity(誠実)、Study(学習)、Speciality(専門性)が実施されているか。	
	従業員の行動規範	法令・道徳・倫理・宗教的規範・慣行等の行動規範は適切に運用されているか。	
	分掌規定	組織において、責任(職責)、権限、役割の整理、役割の配分が適切に行われているか。	
	就業規則	労働条件の画一化・明確化、就業時間、賃金、退職、職場規律等は条文化され、適切な運用がなされているか。	
	附則・その他	内容(本則及び附則)、形式(本則と附則で構成)、配置(施行期日・有効期限・廃止・法令適用関係・経過措置)等は適切に行われているか。	
4 コミュニケーションルール	メラビアンの法則(7・38・55のルール)	言語情報7%(Verbal)、聴覚情報38%(Vocal)、視覚状55%(Visual)、7・38・55のルール、3Vの法則を理解してコミュニケーションをしているか。(ツール120参照)	
	セリングルール	関心を引く技術、質問する技術、反対に答える技術、同意を得る技術、契約する技術を用いてコミュニケーションをしているか。(ツール281参照)	
	コミュニケーションの基本原則	相手の立場になって考える、IT構築の動機づけ、経営者の動き、経営者のタイプ、予期される問題と対処等が適切か。	
	コーチングルール	モチベーション、観察、適切な課題、コミュニケーション、考える力が適切に発揮されているか。(ツール193参照)	
	ファシリテーションルール	巻き込み、ぶつかり、意味づけ、抽出、結び(確認)等が適切に行われているか。(ツール115参照)	
5 ビジネスプロトコル	商慣行	電子商談の取り決め、面談商談の取り決め、販売促進費の取り決め、リベートの取り決め、協力金の取り決め等が明確になっているか。(ツール59参照)	
	取引基本契約	取引基本契約書、実行内容、取り組み範囲、欠品ペナルティ、物流センターフィー、等は明確になっているか。(ツール212・213・214・215・216・218参照)	
	取引運用規約	仕入先との業務運用・社内の業務運用・販売先との業務運用・ネットワークの運用・コンピュータの運用ルールは適切か。(ツール59・246・259・272参照)	
	取引表現規約	データ売縦の取り決め、データ表現、コード統一、各種データフォーマットの統一、各種伝票の統一等は適切か。(ツール61・68・232参照)	
	取引通信規約	TCP/IP、通信XML、流通BMS、JX手順、Wi-FiZIGBEE等の通信規約は送信物を選択して推進しているか。(ツール259・277参照)	
6 ネットワーク・情報公開	ネットワーク形態	LAN、WAN、衛星通信、CATV、インターネット等の通信形態は適切なものを選択しているか。(ツール272参照)	
	通信サービス	IP-VON、広域LANサービス、プロバイダーサービス、VAN、インターネットVPM等の選択は適切に行われているか。(ツール272参照)	
	情報公開	企業の情報公開、調達情報の公開、ミッション情報の公開、インタラクティブ情報交換、ネットコミュニティ等は適正に行われているか。(ツール272参照)	
	社内の情報共有	事業成果情報、業務情報、ナレッジ、データベース、グループウェア、等は適切に情報共有されているか。(ツール243・256・272参照)	
	ビジネスパートナーとの情報共有	戦略的提携ルール、販売・在庫情報の共有、販売予測情報の共有、技術・開発情報の共有、等は適切に行われているか。(ツール272参照)	

※上表においては、MMMの1～8のうち、1. 品質、7. コスト、8. 時間は定型的なので記載しない。2～6の部分のみ評価を行う。

図表10-2-3に沿ってレベル別に説明すると以下のようになる。

（1）階層レベル2～3　法律・政令・省令等の順守（第9章第3節参照）
① 階層レベル3：商法　　② 階層レベル3：新会社法
③ 階層レベル3：労働法　④ 階層レベル3：中小企業基本法
⑤ 階層レベル3：税法
　等を理解し，順守までの時間は充分あり，それは適正なものか。

（2）階層レベル2～3　企業内の約束事（第9章第3節参照）
① 階層レベル3：従業員のマナー　　② 階層レベル3：従業員の行動規範
③ 階層レベル3：分掌規定　　　　　④ 階層レベル3：就業規則
⑤ 階層レベル3：附則・その他，の約束事等は理解され，順守されているか。

（3）階層レベル2～3　コミュニケーションルール（第9章第3節参照）
① 階層レベル3：メラビアンの法則　　② 階層レベル3：セリングルール
③ 階層レベル3：コミュニケーションの基本原則
④ 階層レベル3：コーチングルール（ツール193参照）
⑤ 階層レベル3：ファシリテーションルール，等が適切に行われているか。

（4）階層レベル2～3　ビジネスプロトコル（第9章第3節参照）
① 階層レベル3：商慣行　　② 階層レベル3：取引基本規約
③ 階層レベル3：取引運用規約　　④ 階層レベル3：取引表現規約
⑤ 階層レベル3：取引通信規約，等は適正に行われているか。

（5）階層レベル2～3　ネットワーク，情報公開，情報共有（第9章第3節参照）
① 階層レベル3：ネットワーク形態　　② 階層レベル3：通信サービス
③ 階層レベル3：情報公開　　　　　　④ 階層レベル3：社内の情報共有
⑤ ビジネスパートナーとの情報共有，等の整備はなされているか。

2-4 ソフトウェア（機能番号2-4）評価の例

図表10-2-4　IT構築ソフトウェア診断（階層レベル2～3）

要素整備度評価表Ver 8.0

機能番号3－5　：　企業ドック/機能別　／　IT構築診断　／　ソフトウェア（知的財産権）

記述日：
評価者：

要素整備度レベル	要素整備度評価の内容	評価スコア
レベル1	IT構築等成功のための諸条件が、殆どできていない。又は殆どできない。	1
レベル2	〃　あまりできていない。又はあまりできない。	2
レベル3	〃　なんとかできている。又はなんとかできる。	3
レベル4	〃　ほぼできている。又はほぼできる。	4
レベル5	〃　完全にできている。又は完全にできる。	5

NO	評価項目	評価項目の補足説明	要素整備度 現状	1年後	2年後	3年後
2 特許権	発明の定義	「特許」として認められる特許権法による「発明の定義」（自然法則の利用、技術的思想、創作等）を理解し、自社における特許となり得る発明を認識しているか。				
	登録要件	特許法で定める、「特許」の登録要件（産業利用、新規性、進歩性、先願等）を理解しているか。				
	特許出願手続	特許として認められるには、特許庁へ特許出願が必要である。これらの手続を理解し、弁理士の協力を得て、特許出願手続を行っている（行える）ことができる）か。				
	特許請求の範囲	「特許請求の範囲」は発明の概念を文章化したものであり、特許出願に添付する必須書類である。自社において、「特許請求の範囲」が明文化されているか。				
	通常実施権	特許の通常実施権とは、業として特許を利用する権利のことで、許諾によるライセンスなどがある。特許の有効活用策として特許の通常実施権を活用しているか。				
3 実用新案権	保護の対象	実用新案制度の「保護の対象」（物品の形状、構造又は組合せに係るもの）を理解し、自社において同種の保護の対象となり得るものを把握しているか。				
	権利存続期間	実用新案の「権利存続期間」（出願から10年）を理解し、期間中実用新案権を有効活用しているか。				
	審査の有無	実用新案は実体審査がなく基礎的要件を満たしていれば出願に登録されるというメリットを理解し、発明の対象・内容によっては実用新案権を選択して出願することができるか。				
	費用	実用新案権を出願・登録するための費用を理解し、実用新案権を有効活用しているか。				
	権利行使	"技術の新規性や進歩性"などの評価（「実用新案技術評価書」による）が必要であることを理解し、実用新案権を有効活用しているか。				
4 意匠権・商標権	新規性（意匠権）	意匠権の保護の対象となるデザイン等は、新規性が求められることを理解し、自社において意匠権を有効活用しているか。				
	創作性（意匠権）	意匠権の保護の対象となるデザイン等は、創作性が求められることを理解し、自社において意匠権を有効活用しているか。				
	美観・外観（意匠権）	意匠権の保護の対象となるデザイン等は、美観・外観求められることを理解し、自社において意匠権を有効活用しているか。				
	デザインの創作（意匠権）	洋服のデザインや自動車のモデルデザインなども対象になることを理解し、意匠権には、3年以内に限り登録意匠を秘密にする制度があることを理解しているか。				
	商標登録	商標の登録のメリット、活用方法等を理解し、他社の商標侵害に対する警告や他社へのライセンスなど、商標の有効活用を実践しているか。				
5 著作権	著作権の対象	著作権の対象を理解し、自社の著作物を著作権として明確に定め、有効活用しているか。				
	著作権の保護	著作権の保護の対象について理解しているか。				
	著作権者	著作権は著作者に対して付与される財産権であり、著作者には、著作権の対象である著作物を排他的に利用する権利が認められることを理解しているか。				
	権利の特徴	著作権の特徴（日本以無方式主義を採るため著作物を創作した時点で著作権が発生する、著作物に特定の表示（コピーライトマーク等）を行う義務は課されていないなど）を理解しているか。				
	権利が生じないもの	著作権の権利が生じないものを理解しているか。				
6 ソフトウェアプログラム	オペレーティングシステム	コンピュータ機器等がオペレーティングシステム（OS）により制御されていることを理解し、自社の用途に合ったOSの機器が導入できていること。				
	業務系ソフトウェア	導入した業務系ソフトウェアが、自社の業務処理・内容に適合し、効率的に利用されていること。				
	情報系ソフトウェア	情報系ソフトウェアや情報通信端末、その他通信ネットワーク、WEBに関わるサービス・ツールを積極的に活用できていること。				
	コミュニケーションソフトウェア	社内部門間、管理職と一般職員、企業間など、自組織と他の組織との情報交換などが効果的に行えていること。				
	セキュリティソフトウェア	会社の機密情報の漏洩等を防ぐために、セキュリティソフトウェアの導入など、具体的に対策を実施しているか。				

※上表においては、MMMの1～8のうち、1．PLAN、7．CHECK、8．ACTIONは定型的なので記載しない。2～6の部分のみ評価を行う。

(1) **階層レベル2〜3　特許権**（第9章第4節参照）
　① 階層レベル3：発明の定義　　② 階層レベル3：登録要件
　③ 階層レベル3：特許出願手続　④ 階層レベル3：特許請求の範囲
　⑤ 階層レベル3：通常実施権等を保持し，維持管理等の整備は適正か。

(2) **階層レベル2〜3　実用新案権**（第9章第4節参照）
　① 階層レベル3：保護の対象　　② 階層レベル3：権利存続期間
　③ 階層レベル3：実審査の有無（審査の手続）
　④ 階層レベル3：費用等を理解し
　⑤ 階層レベル3：権利を行使し，維持管理等の整備は十分か。

(3) **階層レベル2〜3　意匠権・商標権**（第9章第4節参照）
　① 階層レベル3：新規性　　② 階層レベル3：創作性
　③ 階層レベル3：美観を起こさせる外観
　④ 階層レベル3：デザインの創作（以上意匠権）
　⑤ 階層レベル3：商標を登録し，維持管理等は適正に行われているか。

(4) **階層レベル2〜3　著作権**（第9章第4節参照）
　① 階層レベル3：著作権の対象　　② 階層レベル3：著作権の保護
　③ 階層レベル3：著作権者　　　　④ 階層レベル3：権利の特徴
　⑤ 階層レベル3：権利が生じないもの
　　等を理解し，著作権の維持管理は適正に行われているか。

(5) **階層レベル2〜3　ソフトウェアプログラム**（第9章第4節参照）
　① 階層レベル3：OS（基本ソフト）　②階層レベル3：業務系ソフトウェア
　③ 階層レベル3：情報系ソフトウェア
　④ 階層レベル3：コミュニケーションソフトウェア（**図表9-4-4参照**）
　⑤ 階層レベル3：セキュリティソフトウェア等（**図表9-4-5参照**）

2-5 ハードウェア（機能番号2-3）評価の例

図表10-2-5　IT構築ハードウェア診断（階層レベル2～3）

要素整備度評価表Ver 8.1

機能番号3-6 ： 企業ドック/機能別 / IT構築 / ハードウェア　　（有形資産）

記述日	
評価者	

要素整備度評価表	要素整備度レベル	要素整備度評価の内容	評価スコア
	レベル1	IT・経営革新等成功のための諸条件が、殆どできていない。又は殆どできない。	1
	レベル2	〃	あまりできていない。又はあまりできない。	2
	レベル3	〃	なんとかできている。又はなんとかできる。	3
	レベル4	〃	ほぼできている。又はほぼできる。	4
	レベル5	〃	完全にできている。又は完全にできる。	5

NO		評価項目	評価項目の補足説明	要素整備度 現状	1年後	2年後	3年後
2 土地		社有地の有効活用度合い	社有土地の課題対応性・先導性・独創性・汎用性・経済性・社会貢献等の観点から活用度合いを評価しているか。				
		社有地の賃貸有効活用度合い	賃貸土地の課題対応性・先導性・独創性・汎用性・経済性・社会貢献等の観点から活用度合いを評価しているか。				
		社有地の価値と担保能力	社有土地の課題対応性・先導性・独創性・汎用性・経済性・社会貢献等の観点からの価値と担保能力を評価しているか。				
		賃借地の有効活用度合い	賃借土地の課題対応性・先導性・独創性・汎用性・経済性・社会貢献等の観点から活用度合いを評価しているか。				
		賃借地の価値と地代	賃借地の課題対応性・先導性・独創性・汎用性・経済性・社会貢献等の観点からの価値と地代を評価しているか。				
3 建物		社有建物の有効活用度合い	社有建物の課題対応性・先導性・独創性・汎用性・経済性・社会貢献等の観点から活用度合いを評価しているか。				
		社有建物の賃貸有効活用度合い	社有建物の賃貸課題対応性・先導性・独創性・汎用性・経済性・社会貢献等の観点からの活用度合いを評価しているか。				
		社有の価値と担保能力	社有建物の課題対応性・先導性・独創性・汎用性・経済性・社会貢献等の観点からの価値と担保能力を評価しているか。				
		賃借建物の有効活用度合	賃借建物の課題対応性・先導性・独創性・汎用性・経済性・社会貢献等の観点から活用度合いを評価しているか。				
		賃借建物の価値と家賃	賃借車輌の課題対応性・先導性・独創性・汎用性・経済性・社会貢献等の観点からの価値と家賃を評価しているか。				
4 設備・車輌		社有設備・車両の有効活用度合い	社有設備・車両の課題対応性・先導性・独創性・汎用性・経済性・社会貢献等の観点から活用度合いを評価しているか。				
		設備・車輌	社有設備・建物の賃貸課題対応性・先導性・独創性・汎用性・経済性・社会貢献等の観点からの活用度合いを評価しているか。				
		社有設備・車両の価値と担保能力	社有設備・車両の課題対応性・先導性・独創性・汎用性・経済性・社会貢献等の観点からの価値と担保能力を評価しているか。				
		賃借設備・車両の有効活用度合い	賃借設備・車両の課題対応性・先導性・独創性・汎用性・経済性・社会貢献等の観点から活用度合いを評価しているか。				
		賃借設備・車輌の価値と賃借料	賃借設備・車両の課題対応性・先導性・独創性・汎用性・経済性・社会貢献等の観点からの価値とリース料・レンタル料等を評価しているか。				
5 セキュリティ機器		オートロック	オートロックの課題対応性・安全性・信頼性・経済性等の観点からセキュリティ度合いを評価しているか。				
		生体認証	生体認証の課題対応性・先導性・独創性・汎用性・経済性・信頼性等の観点からセキュリティ度合いを評価しているか。				
		防犯カメラ	防犯カメラの課題対応性・独創性・安全性・信頼性・経済性等の観点からセキュリティ度合いを評価しているか。				
		他の防犯機器	他の防犯機器の課題対応性・独創性・安全性・信頼性・経済性・社会貢献等の観点からセキュリティ度合いを評価しているか。				
		UTM(総合脅威管理)機器	UTM(総合脅威管理)機器の課題対応性・独創性・安全性・信頼性・経済性等の観点からセキュリティ度合いを評価しているか。				
6 情報機器		端末システム関連機器	店頭端末(POS・ATM等)、EOS(電子的発注システム)、GOT、ハンディターミナル・モバイル、パソコン、スマートフォン・タブレット端末等は効率性・安全性・信頼性等適正に選択されているか。				
		クライアント／サーバー関連機器	サーバー、クライアント、プリンター、ハブ、バックアップ装置、等は効率性、安全性、信頼性等の観点から適正に選択されているか。				
		生産・製造関連機器	CAD(コンピュータ支援設計)、CAM(コンピュータ支援製造)、NC(数値制御)、FMS/FA、CIM(コンピュータ統合生産)等は効率性、安全性、信頼性等の観点から適正な選択か。				
		物流関連機器	フォークリフト端末、デジタルピッキング、ピッキングカート、コンベア／ソーター、物流コントローラー等効率性、安全性、信頼性の観点から適正に選択されているか。				
		通信関連機器	通信回線、ネットワーク接続機器、セキュリティ部品、通信交換機、CTI/電話機等の効率性、安全性、信頼性等の観点から適正に選択されているか。				

※上表においては、MMMの1～8のうち、1．品質、7．コスト、8．時間は定型的なので記載しない。2～6の部分のみ評価を行う。

階層レベル1のハードウェアで，まだ問題点・課題が見つからない場合に，その掘り下げを行ったり，それらの解決のための掘り下げが行われる。
　図表10-2-5に沿って説明すると次のようになる。

(1) 階層レベル2～3　土地（第9章第5節参照）
　① 階層レベル3：社有地の有効活用度合い
　② 階層レベル3：社有地の賃貸有効活用度合い
　③ 階層レベル3：社有地の価値と担保能力
　④ 階層レベル3：賃借地の有効活用度合い
　⑤ 階層レベル3：賃借地の価値と地代等は適正か。

(2) 階層レベル2～3　建物（第9章第5節参照）
　① 階層レベル3：社有建物の有効活用度合い
　② 階層レベル3：社有建物の賃貸有効活用度合い
　③ 階層レベル3：社有建物の価値と担保能力
　④ 階層レベル3：賃借建物の有効活用度合い
　⑤ 階層レベル3：賃借建物の価値から賃料は適正か。

(3) 階層レベル2～3　設備・車輌（第9章第5節参照）
　① 階層レベル3：社有設備・車輌の有効活用度合い
　② 階層レベル3：社有設備・車輌の価値と担保能力
　③ 階層レベル3：賃借設備・車輌の有効活用度合い
　④ 階層レベル3：賃借設備・車輌の価値と
　⑤ 階層レベル3：賃借料は適正か。

(4) 階層レベル2～3　セキュリティ機器（第9章第5節参照）
　① 階層レベル3：オートロック
　② 階層レベル3：生体認証

③ 階層レベル3：防犯カメラ
④ 階層レベル3：他の防犯機器
⑤ 階層レベル3：UTM（総合脅威管理）機器

（5）階層レベル2　情報機器（第9章第5節参照）
① 階層レベル3：端末システム機器（**図表9-5-1参照**）
② 階層レベル3：クライアント・サーバー関連機器（**図表9-5-5参照**）
③ 階層レベル3：生産・製造関連機器
④ 階層レベル3：物流関連機器（**図表9-5-6参照**）
⑤ 階層レベル3：通信関連機器等の整備は適正か。（ツール182，184，**図表9-4-2参照**）

　という具合に，階層レベル2専門科目診断および階層レベル3の精密検査診断が行われるが，**図表7-3-1**の右上のようにチャートや要素整備度を上げることによって，どの程度の利益が向上するかを示してやると，現場に張り合いが出てくる。
　詳しくはhttp://www.e-mc.jp/のサイトで入力していただけば期待効果まで出るようになっている。

階層レベル 4　IT革新に対する反対意見には各種のツールで対処せよ

図表10-4-1　習慣づくと「見えない壁」になる

カマスを入れた水槽の中央をガラス板で仕切っておくと，カマスは，小魚をとろうと突っ込むがガラスの壁に当たって痛い思いをする。繰り返しているうちに習慣づいて，中央の壁ガラスを取り外しても，カマスは小魚のいるほうに行こうとしない。これが「習慣の壁」に相当する。

　問題点・課題を解決するための補助的ツールとして，階層レベル4に各種のツール（巻末付属資料①ツール集参照）を用意して反対意見に対する十分な説明と，合意形成が求められる。これをないがしろにするとテスト段階でのトラブルや「使い物にならない」などと，後になって反対される要因を作ることになるので留意する必要がある。

(1) 経営戦略・IT戦略策定時点の反対意見

　経営戦略時点では比較的反対する人は少ない。総論は賛成するのである。しかし，たとえば，経営革新に反対する人が出てきた時には，反対者を排除する

のではなく，説得する必要がある。「改革はとてもできない」というような意見の人には，**図表10-4-1**等を用いて，カマスの例で説明すると「反対できなくなる」のである。

それでも反対するなら，次は2匹の蛙の例（**図表3-1-2参照**）を挙げて説明するなど，次から次へと事例を挙げて説得することが大切である。

(2) 情報化企画段階での反対意見

この段階での反対意見が一番厳しいものになる。しかし，反対派の意見を論破するツールを用意しておく必要がある。

現状業務フローに固執しているような場合，たとえば**図表12-5-1**のような現状（As-Is）モデルで問題点・課題を指摘したなら，**図表12-5-2**のように解決案を示して反対派を説得する必要がある。これをやらなければビジネスモデルの革新は到底できないし，結果として何のIT投資効果も見えてこないことになる。

(3) 製造部と物流部のように部門間の齟齬が発生する場合

現場の人は，自己または自分の所属する部門の最適化を考えがちで，全体最適まで考えが及ばない場合もある。そのような時にはツール24（付属資料参照）を見せ，部門のサイロ化現象を話し，その問題点を指摘して理解を求める必要がある。

これも革新のためには必要なツールで，反対派を論破する重要な要素となる。このようにして，力によって説き伏せるのではなく，あくまでも反対意見の人たちを納得させておく必要がある。

(4) 職位階層間の齟齬が発生した場合

現場を担当している人は，一般的に自己または共同で作業している人のことを中心に考える傾向が強い。それによって中間管理職やトップとの齟齬の要因になる場合は，**図表8-3-1**，ツール23を見せてその課題を指摘し，階層間の全

体最適のためにいかにあるべきかを討議する必要がある。

　この場合，上位の職位の人が，下位の職位の人を権力で押し付けたり，抑え込むようなことがあってはならない。あくまでも本人が納得するまで話し合う必要がある。

(5) 経営系 (BI) と情報系 (SI) 間で論争になった場合

　これも (1) (2) で述べたことと共通するものがあるが，経営系の要求に対して，情報系は「できない」「無理だ」と反発するケースがよくある。

　現場は必要があって要求するのであるが，SI系の人は，存外保守的である場合もある。しかし，システムの新しいものについては，飛びつく人もいたりする。情報技術に対する個人的な興味から新しいシステムを欲しがったりするケースがある。

　これも，BI系，SI系ともに，情報システムの導入目的が明確であれば，共通認識（**図表8-4-1参照**）をもって進むことができるし，妥協しやすいものである。しかし，目的が曖昧のままITの導入に踏み込んだ場合は，お互いの意見の一致を見るのは容易でないことが多い。

階層レベル 5 用語の定義は正確にせよ

　用語の定義はプロジェクトチームに共通認識させる必要がある。たとえば，次のような言葉は混同して用いやすい。

(1)「出荷」と「出庫」は同じ意味なのか
　通常同じ意味に使われることも多いが，筆者は情報システムの業務では明確に分けている。
　「出荷」は，企業内から第三者に渡される物理的移動を指す場合に使っており，「出庫」は，企業内の製造部門から自社倉庫に移動する場合等に使う。
　このように区分しておけば，債権管理上も明確になるし，論理的齟齬も発生しなくなる。

(2)「輸入」と「移入」はどこが違うのか
　「輸入」「輸出」と「移入」「移出」は明らかに異なる。「輸入」または「輸出」は，国と国の国境を越えた物理的移動である。「輸出」は，自社から見て，相手国に出荷することであり，「輸入」は相手国から自国に移動されるものである。これによって関税手続等が伴ってくることになる。
　「移入」または「移出」の場合は，国内の物理的移動を指す。「移入」は，取引先企業から商品・製品等が自社に物理的に移動することを表す。「移出」は，自社から取引相手に「商品」「製品」等が移動することを意味する。

(3)「SCM」「QR」「ECR」はどこが違うのか
　SCM（Supply Chain Management）は，製造から販売までのモノの流れを一貫して把握し，部門間あるいは企業間で情報を共有して経営効率を向上させる手法である。

図表10-5-1　粗利益・営業利益・管理原価の考え方

札入価格	70,000
売価変更額	-2,000
売価変更（上代変更）セット割引	
値引ロス	-1,000
廃棄ロス	-500
減耗ロス（棚卸時点で発生）	-300
仕入価格	40,000
仕入値引	-3,000
仕入原価	37,800
粗利額	29,200
販管費	-25,000
営業利益	4,200
管理原価	41,000

札入価額 70000
値入額 67000
粗利額 29200

粗利益 ＝ （札入価格）－（仕入価格）－（売価変更）－（値引ロス）－（廃棄ロス）
　　　　　 70,000　－40,000　　－2,000　　　－1,000　　　－500
　　　　－（減耗ロス）＋（仕入値引）
　　　　　－300　　　－3,000　　＝29,200

営業利益 ＝（粗利益）－（販管費）
　　　　　 29,200　－25,000　＝4,200

管理原価 ＝ 仕入原価 ± 政策的判断

計 算 式 の 説 明

項　目	計　算　式
在庫数量	月初在庫数量＋月間総仕入数量－月間仕入返品数量＋月間振替数量－月間総売上数量＋月間売上返品数量－月間減耗数量
原価在庫高	売価還元法…（当回末在庫売価＋月間減耗売価）×期間原価率イ式－月間減耗原価）
売価在庫高	売価還元法…月初在庫売価＋月間総仕入売価－月間仕入返品売価＋月間振替売価－月間売上売価＋月間売上返品売価－月間売上値引＋月間売価変更－月間減耗売価
月間推定荒利益	月間売上売価－月間売上返品売価－月間売上値引－月間純売上原価＋月間売上返品原価
在庫原単価	当回末在庫原価÷当回末在庫数量
在庫売単価	当回末在庫売価÷当回末在庫数量
在庫日数	売価還元法‥‥$\dfrac{当回末在庫売価}{月間純売上売価}$ × 月間営業日数

またECR（Efficient Consumer Response）は効率的な消費者対応を意味する。よってSCMは製造から小売までの管理を行い，ECRは製造から消費者までの管理を行うことの違いがわかる。

ECRは食品や雑貨の業界で考えられ，用いられた概念であるのに対して，QR（Quick Response：市場対応型生産・流通システム）はECRとほぼ同じ概念であるが，衣料品業界に用いられた概念であるという違いがある。

（4）利益とは粗利益のこと？　それとも営業利益？

「利益」といっても，お互いが違った概念に捉える場合が少なくない。「粗利益」なら売上から売上原価を差し引いたものをいう。しかし，実務で用いる場合，「利益」は粗利益から営業経費を差し引いた「営業利益」を表す場合もあるし，さらに営業外収益や費用を加減して「経常利益」を表す場合もある。

お互いが誤解のないように概念を明確にしておく必要がある。

（5）札入率と値入率・粗利率はどこが違うの？

ファッション小売の利益概念を情報システムにプログラム化する場合に困るのが「値入」という概念である。この値入がシステムでトラブルになるケースが少なくない（**図表10-5-1参照**）。

「当初値入」と「実現値入」の2つの概念が混同して用いられていてSEを混乱させていないだろうか。筆者はその混同を防ぐために，「当初値入」は「札入額（率）」として明確に区分している。「実現値入額（率）」は，当初値入額（札入額）から売価変更金額（値引額）を差し引いたものである。

このように，言葉の概念を明確にしておかないとシステムの不具合の要因になることに留意しておく必要があろう。

用語定義に関しては付属資料②用語の定義を参照してほしい。

第11章 MMMメソッド・IT構築プロセスで成功率を高めよ

図表11-0-1　IT構築プロセス診断（階層レベル1～2）

〔ミーコッシュ方式〕

| 経営戦略及び情報戦略同時策定 | 経営改革・経営改革企画・情報化企画同時策定 | 各種資源調達及びシステム開発同時実行 | 経営改革・テスト導入同時実行 | 経営改革の運用及びデリバリーを同時実行 |

〔ツール〕

〔経営・情報戦略フェーズ〕
① PEST分析
② 業界関係分析
③ ファイブフォース分析
④ アンゾフのマトリックスツール
⑤ PPM分析ツール
⑥ 戦略ビジョンツール
⑦ クロスSWOT分析
⑧ CFT編成ツール
⑨ MMMメソッドツール
⑩ CFTとMMMの併用落込

〔経営改革・情報化企画フェーズ〕
① 三次元ドメイン分析
② コアコンピタンス
③ ビジネスモデルツール
④ バリューチェーン分析ツール
⑤ システムアーキテクチャ
⑥ BIIモデルツール
⑦ データモデル
⑧ 期待効果予測ツール
⑨ MMMメソッドツール
⑩ WBSツール

〔資源調達・開発フェーズ〕
① RFP要求内容表
② ベンダー比較検討表
③ 契約形態とリスク関係ツール
④ モデル契約書作成ツール
⑤ 追加費用防止ツール
⑥ ファーストトラッキングツール
⑦ クリティカルパス法
⑧ モデリングツール
⑨ ミーコッシュ掘削方式ツール
⑩ ミーコッシュリファレンス

〔経営改革・テスト導入フェーズ〕
① SLA
② CFTツール
③ MMMツール
④ アンドバリューマネジメント
⑤ ソースマーキング
⑥ インストアマーキング
⑦ 集合包装における「不一致型」対応ツール
⑧ 統一伝票ツール
⑨ RFIDICタグの特徴
⑩ 通信規格適用ツール

〔経営・情報システム運用・デリバリーフェーズ〕
① ABCDZ分析ツール
② 障害報告書作成ツール
③ 購入ネックツール
④ Zチャート
⑤ CMフロア別ABCDZ分析
⑥ CM大・中・小分析ツール
⑦ リピート販促金体系モデル
⑧ 取引条件オープン化事例
⑨ ブレーンストーミング
⑩ SECIモデル

図表11-0-2　IT構築ヒューマンウェア（構築プロセス）（階層レベル2～3）

機能構成図MMM　機能番号3－3　：　企業ドック/機能別 / IT構築診断 / Ｉ Ｔ 構 築 ・ヒューマンウェア

（図表：MMM構成の9マトリックス配置。中央に「IT構築・ヒューマンウェア」、周囲に品質・時間（納期）・コスト、経営戦略・IT戦略策定スキル、経営企画・IT企画策定スキル、情報資源調達スキル、システム開発・移行スキル、運用・保守スキル等の各PLAN/ACTION/CHECK項目が配置されている）

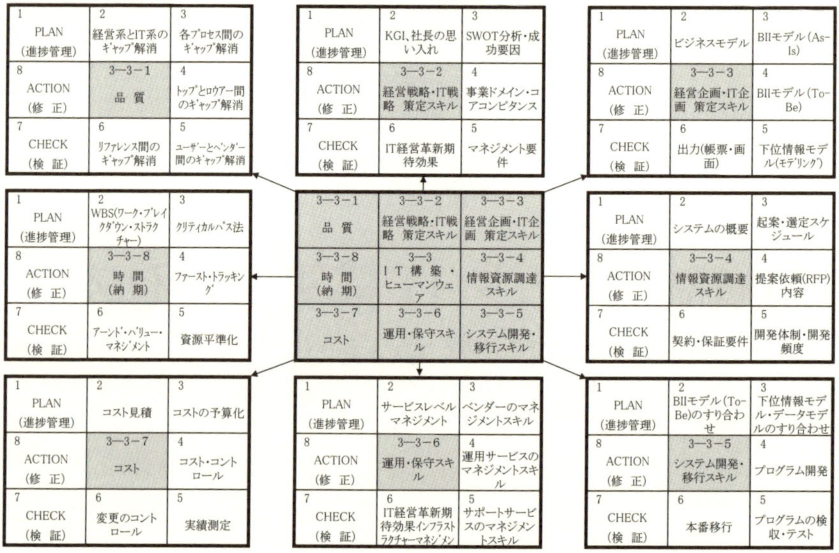

　図表11-0-2は，図表9-2-1と同じものであるが，体系の理解を深めるためにあえて再び掲載した．IT構築プロセスをMMM上に表したものである．中心部にはヒューマンウェア（階層レベル2）があり，左側のマトリックス3つは，品質，時間（納期），コストを表し，機能番号3-3-2がIT構築プロセス1に相当する「経営戦略・IT戦略策定スキル」を表している．

　機能番号3-3-3は，IT構築プロセス2に相当し，「経営企画・IT企画策定スキル」を表している．

　機能番号3-3-4は，IT構築プロセス3「情報資源調達スキル」に相当している．

　機能番号3-3-5は，IT構築プロセス4「システム開発・移行スキル」を表している．また機能番号3-3-6は，IT構築プロセス5「運用・保守スキル」を表している．

プロセス1 経営戦略・情報戦略はこのように進めよ

図表11-1-1 プロセス1　経営戦略・IT戦略策定スキル（階層レベル3～4）

要素整備度評価表Ver 8.0

機能番号3－3－2 : 企業ドック/機能別"／IT構築診断／ヒューマンウェア・IT戦略策定スキル

記述日　　年　　月　　日
評価者

要素整備度評価表	要素整備度レベル	要素整備度評価の内容	評価スコア
	レベル1	IT構築等成功のための諸条件が、殆どできていない。又は殆どできない。	1
	レベル2	〃　あまりできていない。又はあまりできない。	2
	レベル3	〃　なんとかできている。又はなんとかできる。	3
	レベル4	〃　ほぼできている。又はほぼできる。	4
	レベル5	〃　完全にできている。又は完全にできる。	5

NO	評価項目	評価項目の補足説明	要素整備度 現状 / 1年後 / 2年後 / 3年後
2 KGI、社長の思い入れ	経営目標（KGI）	経営目標（KGI）の設定には社長の思い入れが反映している。これらの経営目標策定のためのスキルが明確であり、必要な人材が確保できている。（ツール19参照）	
	社長の理想の姿	理想の姿を具体化し、書類等で表現され、経営目標に反映されている。具体化するためのスキルが明確であり、必要な人材が確保できている。（ツール141参照）	
	社長の使命感	社長の使命感を具体化し、書類等で表現され、経営目標に反映されている。具体化するためのスキルが明確であり、必要な人材が確保できている。（ツール141参照）	
	会社のミッション	ミッションを具体化し、書類等で表現され、経営目標に反映されている。具体化するためのスキルが明確であり、必要な人材が確保できている。（ツール141参照）	
	オブジェクティブ（やるべきこと）	会社のオブジェクティブが具体化・明確であり、経営目標に反映されている。具体化するためのスキルが明確であり、必要な人材が確保できている。（ツール141参照）	
3 SWOT分析・成功要因	クロスSWOT分析	経営環境の分析のためクロスSWOT分析を行っている。これら分析のためのスキルが明確であり、必要な人材が確保できている。（ツール35参照）	
	事業機会を自社の強みにする	クロスSWOT分析を実行し、事業機会を自社の強みにする課題（戦略オプション）の抽出とその課題ごとのスキルが明確であり、必要な人材が確保できている。	
	脅威を自社の機会に変える	クロスSWOT分析を実行し、脅威を自社の機会に変える課題（戦略オプション）の抽出とその課題ごとのスキルが明確であり、必要な人材が確保できている。	
	機会を自社の弱みで取りこぼさない	クロスSWOT分析を実行し、機会を目的の弱みで取りこぼさない課題（戦略オプション）の抽出とその課題ごとのスキルが明確であり、必要な人材が確保できている。	
	脅威と弱みを補正する	クロスSWOT分析を実行し、脅威と弱みを補正する課題（戦略オプション）の抽出とその課題ごとのスキルが明確であり、必要な人材が確保できている。	
4 事業ドメイン・コアコンピタンス	顧客（市場）軸（WHO）	会社の事業ドメインが策定されており、事業ドメインの顧客（市場）軸、つまり『誰（どの市場）に対して事業を行うのか』が具体化されている。（ツール36参照）	
	技術軸（HOW）	会社の事業ドメインが策定されており、事業ドメインの技術軸、つまり『どのような技術・ノウハウを活用して事業を行うのか』が具体化されている。（ツール6参照）	
	機能軸（コアコンピタンス（WHAT））	会社の事業ドメインが策定されており、事業ドメインの機能軸、つまり『どのような機能（価値）を顧客に提供する事業なのか』が具体化されている。	
	差別的技術スキル	会社の事業ドメインが策定されており、その技術軸のうち、特に他社との差別化を実現するためのスキルが明確であり、必要な人材が確保できている。	
	差別的ノウハウ	会社の事業ドメインが策定されており、特に他社との差別化を実現するためのノウハウ習得・蓄積のためのスキルが明確であり、必要な人材が確保できている。	
5 マネジメント要件	マインドウェアマネジメント要件	会社のマインドウェア/マネジメント要件策定のためのスキルが明確であり、必要なスキル・人材が確保できているか。（ツール134参照）	
	ヒューマンウェアマネジメント要件	会社のヒューマンウェア/マネジメント要件を実現するためのスキルが明確であり、必要なスキル・人材が確保できているか。（ツール134参照）	
	コミュニケーションウェアマネジメント要件	会社のコミュニケーション/マネジメント要件を実現するためのスキルが明確であり、必要なスキル・人材が確保できているか。（ツール134参照）	
	ソフトウェアマネジメント要件	会社のソフトウェア/マネジメント要件を実現するためのスキルが明確であり、必要なスキル・人材が確保できているか。（ツール134参照）	
	ハードウェアマネジメント要件	会社のハードウェア/マネジメント要件を実現するためのスキルが明確であり、必要なスキル・人材が確保できているか。（ツール134参照）	
6 IT経営革新期待効果	KPIによる期待効果算出	IT経営革新に取り組み、KPIによる期待効果を定量的に設定・算出するためのスキルが明確であり、必要な人材が確保できているか。（ツール41参照）	
	ABC手法による算出	IT経営革新に取り組み、ABC手法による期待効果を定量的に設定・算出するためのスキルが明確であり、必要な人材が確保できているか。（ツール41参照）	
	ベンチマーキング手法による算出	IT経営革新に取り組み、ベンチマーキング手法による期待効果を算出するためのスキルが明確であり、必要なスキル・人材が確保できているか。（ツール41参照）	
	バランススコアカード手法による算出	バランススコアカード手法による期待効果を定量的に設定・算出するためのスキルが明確であり、必要なスキル・人材が確保できているか。	
	ROI手法による算出	IT経営革新に取り組み、ROI手法による期待効果を定量的に設定・算出するためのスキルが明確であり、必要なスキル・人材が確保できているか。（ツール41参照）	

※上表においては、MMMの1～8のうち、1.品質、7.コスト、8.時間は定型的なので記載しない。2～6の部分のみ評価を行う。

(1) KGI・社長の思い入れ（第9章第1節参照）

① 経営目標（KGI）の設定には，社長の思い入れが反映され，経営目標策定のためのスキル・人材が確保できているか。（**図表8-4-1参照**）

② 社長の理想の姿を具体化し，書類等で表現され，経営目標に反映し，具体化するためのスキル・人材が確保できているか。（ツール141参照）

③ 社長の使命感を具体化し，書類等で表現され，経営目標に反映するスキル・人材が確保できているか。（**図表8-4-1参照**）

④ ミッションを具体化し，書類等で表現され，経営目標に反映するためのスキル・人材が確保できているか。（**図表8-4-1参照**）

⑤ 会社のオブジェクティブが具体化・明確化され，経営目標に反映するためのスキル・人材が確保できているか。（ツール141参照）

（注）「ツール」は，巻末の付属資料にまとめて掲載。

(2) SWOT分析・成功要因（第9章第1節参照）

① 経営環境の分析のためクロスSWOT分析を行い，分析のためのスキルが明確であり，必要な人材が確保できているか。（**図表9-1-2参照**）

② クロスSWOT分析を実行し，事業機会を自社の強みにする課題の抽出とそのスキルが明確であり，必要な人材が確保できているか。

③ クロスSWOT分析で，脅威を自社の機会に変える課題の抽出とそのスキルがあり，必要な人材が確保できているか。

④ クロスSWOT分析で，機会を自社の弱みで取りこぼさない課題の抽出とその課題解決のスキルがあり，必要な人材が確保できているか。

⑤ クロスSWOT分析で，脅威・弱みを補正する課題・成功要因の抽出のスキルがあり，必要な人材が確保できているか。

(3) 事業ドメイン・コアコンピタンス（第9章第1節参照）

① 会社の事業ドメインが策定され，顧客（市場）軸，つまり『誰（どの市場）に対して事業を行うのか』が具体化されているか。（**図表9-1-3参照**）

② ドメインが策定され技術軸，つまり『どのような技術・ノウハウを活用して事業を行うのか』が具体化されているか。(**図表9-1-3**参照)
③ ドメインが策定され，機能軸，つまり『どのような機能（価値）を顧客に提供する事業なのか』が具体化されているか。(**図表9-1-3**，ツール82参照)
④ ドメインが策定され，その技術軸のうち，特に他社との差別化を実現するためのスキル・人材が確保できているか。
⑤ ドメインが策定され，特に他社との差別化を実現するためのノウハウ習得・蓄積のためのスキル・人材が確保できているか。

(4) マネジメント要件 (第9章第1節参照)
① 会社のマインドウェア革新に取り組み，実現するためのマネジメント要件のスキル・人材が確保できているか。(ツール134参照)
② 会社のヒューマンウェア革新に取り組み，実現するためのスキル・人材が確保できているか。(ツール134参照)
③ 会社のコミュニケーションウェア革新に取り組み，実現するためのスキル・人材が確保できているか。(ツール134・246，**図表3-4-1**参照)
④ 会社のソフトウェア/マネジメント要件を実現するためのスキルが明確であり，必要なスキル・人材が確保できているか。(ツール134参照)
⑤ 会社のハードウェア/マネジメント要件を実現するためのスキルが明確であり，必要なスキル・人材が確保できているか。(ツール134・221参照)

(5) IT経営革新期待効果 (第9章第1節参照)
① KPI（経過目標）による期待効果を定量的に設定・算出するスキルが明確であり，必要なスキル・人材が確保できているか。(**図表7-3-1，7-3-2**参照)
② ABC手法による期待効果を定量的に設定・算出するスキルが明確であり，必要なスキル・人材が確保できているか。(**図表7-3-1，7-3-2**，ツー

ル40参照）
③ ベンチマーキング手法による期待効果を定量的に設定・算出するスキルが明確で，必要なスキル・人材が確保できているか。（**図表7-3-1，7-3-2**参照）
④ ROI手法による期待効果を定量的に設定・算出するためのスキルが明確で，必要なスキル・人材が確保できているか。（**図表7-3-1，7-3-2**参照）
⑤ 構成要素整備度手法による期待効果を定量的に設定・算出するスキルが明確で，必要なスキル・人材が確保できているか。（**図表7-3-1，7-3-2**参照）

プロセス2 経営改革企画・情報化企画はこのようにやれ

図表11-2-1 プロセス2 経営改革・情報化企画スキル（階層レベル3～4）

要素整備度評価表Ver 7.3.3

記述日 14年 7月 5日　評価者

機能番号3－3－3 ： 企業ドック/機能別 ／ IT構築診断 ／ ヒューマンウェア・IT企画スキル

要素整備度レベル		要素整備度評価の内容	評価スコア
要素整備度評価表	レベル1	IT構築等成功のための諸条件が、殆どできていない。又は殆どできない。	1
	レベル2	〃 あまりできていない。又はあまりできない。	2
	レベル3	〃 なんとかできている。又はなんとかできる。	3
	レベル4	〃 ほぼできている。又はほぼできる。	4
	レベル5	〃 完全にできている。又は完全にできる。	5

NO		評価項目	評価項目の補足説明	要素整備度 現状 / 1年後 / 2年後 / 3年後
2	ビジネスモデル分析	領域（ドメイン）	会社において、ビジネスモデルの分析・革新への取組みを行っている。ビジネスモデルの領域（ドメイン）の設定・把握スキルを有している。（ツール36参照）	
		資源展開	効率的な経営資源の投入・展開を実現するため、ビジネスモデル革新への取組み・経営資源の投入・展開が適正に行うスキルを有している。（ツール243参照）	
		競争優位	会社において、競争優位を高めるために、ビジネスモデル革新への取組みが適正に行われているようにするスキルを有している。（ツール180参照）	
		相乗効果	会社において、相乗効果を高める視点から、ビジネスモデル革新への取組みが適正に行われるスキルを有している。（ツール247参照）	
		思考プロセス	会社において、思考プロセスの変革を実現するため、ビジネスモデル革新への取組みが適正に行われている。	
3	BIIモデルAs-Isモデル	購買業務BIIモデル	会社の購買業務について、現状のBIIモデル（経営・情報統合モデル）が具体化できている。（ツール248・249参照）	
		製造・加工業務BIIモデル	会社の製造・加工業務について、現状のBIIモデル（経営・情報統合モデル）が具体化できている。	
		販売業務BIIモデル	会社の販売業務について、現状のBIIモデル（経営・情報統合モデル）が具体化できているスキルを有している。（ツール252・253参照）	
		物流業務BIIモデル	会社の物流業務について、現状のBIIモデル（経営・情報統合モデル）が具体化できているスキルを有している。（ツール254参照）	
		経営資源調達活動BIIモデル	会社の経営資源調達活動について、現状のBIIモデル（経営・情報統合モデル）が具体化できているスキルを有している。（ツール256・257参照）	
4	BIIモデルTo-Beモデル	購買業務BIIモデル	会社の購買業務について、経営革新後のあるべき姿（BIIモデル、To-Beモデル）が具体化できるスキルを有している。（ツール249参照）	
		製造・加工業務BIIモデル	会社の製造・加工業務について、経営革新後のあるべき姿（BIIモデル、To-Beモデル）が具体化できている。	
		販売業務BIIモデル	会社の販売業務について、経営革新後のあるべき姿（BIIモデル、To-Beモデル）が具体化できている。（ツール253参照）	
		物流業務BIIモデル	会社の物流業務について、経営革新後のあるべき姿（BIIモデル、To-Beモデル）が具体化できているスキルを有している。（ツール242参照）	
		経営資源調達活動BIIモデル	会社の経営資源調達活動について、経営革新後のあるべき姿（BIIモデル、To-Beモデル）が具体化できている。（ツール257参照）	
5	下位情報モデル・データモデル	ビジネスプロセスモデル（DFD）	ビジネスプロセスモデル（DFD）として使われている場合も多いが、DFDはSIの範囲を決めているだけみる。ミーコッシュ式では使わない。（ツール91参照）	
		上位情報モデル（ERD）	上位情報モデル（ERD）はSIからみた業務フロー図で、SIとBIが理解できる表現にはなっていないのでミーコッシュ式では使用しない。（ツール91参照）	
		DFD・ERDの突合せ	一般的に、ビジネスプロセスモデル（DFD）と上位情報モデル（ERD）の突合わせの合致製が高いと言われているが、ミーコッシュ式では使わない。（ツール91参照）	
		下位情報モデルの完成	会社のビジネスモデルについて、全ての下位情報モデルが具体化され完成しているたほうがよい。（ツール21・91参照）	
		データモデルの作成	業務アプリケーションとデータ項目を統合化したデータモデルを作成することにより、手戻りをなくすことができる。（ツール26・91参照）	
6	出力帳票	購買業務 出力帳票	ビジネスモデルとして、会社の購買業務について、出力帳票が具体化されている。	
		製造・加工業務 出力帳票	ビジネスモデルとして、会社の製造・加工業務について、出力帳票が具体化されている。	
		販売業務 出力帳票	ビジネスモデルとして、会社の販売業務について、出力帳票が具体化するスキルを有している。	
		物流業務 出力帳票	ビジネスモデルとして、会社の物流業務について、出力帳票が具体化されている。	
		経営資源調達活動・出力帳票	ビジネスモデルとして、会社の経営資源調達活動について、出力帳票が具体化するスキルを有している。	

※上表においては、MMMの1～8のうち、1.品質、7.コスト、8.時間は定型的なので記載しない。2～6の部分のみ評価を行う。

第11章 MMMメソッド・IT構築プロセスで成功率を高めよ

(1) ビジネスモデル分析・革新ビジネスモデル（第9章第2節参照）
① 領域（ドメイン）：会社において、ビジネスモデルの分析・革新への取組みを行っているか。ビジネスモデルの領域（ドメイン）の設定・把握。（**図表9-1-2**，ツール247参照）
② 資源展開：効率的な経営資源の投入・展開を実現するため、ビジネスモデル革新への取組みが適正に行われているか。（**図表9-3-8**，ツール247参照）
③ 競争優位：会社において、競争優位を高めるために、ビジネスモデル革新への取組みが適正に行われているか。（**図表9-2-2**参照）
④ 相乗効果：会社において、相乗効果を高める視点から、ビジネスモデル革新への取組みが適正に行われているか。（ツール247参照）
⑤ 思考プロセス：会社において、思考プロセスの変革を実現するため、ビジネスモデル革新への取組みが適正に行われているか。（ツール266参照）

(2) BIIモデル（As-Isモデル）の策定スキル（第9章第2節参照）
① 購買業務BIIモデル：会社の購買業務について、現状のBIIモデル（経営・情報統合モデル）が具体化できているか。（**図表12-5-1，12-5-2**参照）
② 製造・加工業務BIIモデル：会社の製造・加工業務について、現状のBIIモデル（経営・情報統合モデル）が具体化できているか。
③ 販売業務BIIモデル：会社の販売業務について、現状のBIIモデル（経営・情報統合モデル）が具体化できているか。（ツール252、253参照）
④ 物流業務BIIモデル：会社の物流業務について、現状のBIIモデル（経営・情報統合モデル）が具体化できているか。（ツール254，**図表3-3-1**参照）
⑤ 経営資源調達活動BIIモデル：会社の経営資源調達活動について、現状のBIIモデル（経営・情報統合モデル）が具体化できているか。（ツール256・257参照）
このBIIモデルを全業務について策定しておく必要がある。

(3) BIIモデル（To-Beモデル）の策定スキル（第9章第2節参照）

① 購買業務BIIモデル：会社の購買業務について，経営革新後のあるべき姿（BIIモデル，To-Beモデル）が具体化できているか。（**図表12-5-2参照**）

② 製造・加工業務BIIモデル：会社の製造・加工業務について，経営革新後のあるべき姿（BIIモデル，To-Beモデル）が具体化できているか。

③ 販売業務BIIモデル：会社の販売業務について，経営革新後のあるべき姿（BIIモデル，To-Beモデル）が具体化できているか。（ツール253参照）

④ 物流業務BIIモデル：会社の物流業務について，経営革新後のあるべき姿（BIIモデル，To-Beモデル）が具体化できているか。（**図表3-3-1参照**）

⑤ 経営資源調達活動BIIモデル：会社の経営資源調達活動について，経営革新後のあるべき姿（BIIモデル，To-Beモデル）が具体化できているか。（ツール257参照）

(4) 下位情報モデル・データモデルの策定スキル（第9章第2節参照）

① ビジネスプロセスモデル（DFD）：会社のビジネスモデルで，ビジネスプロセスモデルが具体化されるといわれるが，ミーコッシュ式では使わない（**図表5-5-1**，ツール91参照：範囲を決めているだけ）

② 上位情報モデル（ERD）：会社のビジネスモデルについてSI側から見た業務フロー図であるが，SIとBIが理解できる表現にはなっていないのでミーコッシュ式では使用しない。（**図表5-5-1**，ツール91参照）

③ DFD・ERDの突合せ：一般的に，ビジネスプロセスモデル（DFD）と上位情報モデル（ERD）の突合せで，合致性が高いといわれているが，ミーコッシュ式では使用しない。（**図表5-5-1**，ツール91参照）

④ 下位情報モデルの完成：会社のビジネスモデルについて，すべての下位情報モデルが具体化され完成している。できたら作成したほうがよい。（**図表5-5-1**，ツール91参照）

⑤ データモデルの作成：業務アプリケーションとデータ項目を統合化したデータモデルを作成することにより，手戻りをなくすことができる。（図

表5-5-1,ツール91参照)

(5) 出力帳票・画面策定スキル(第9章第2節参照)
① 購買業務 出力帳票：ビジネスモデルとして，会社の購買業務について，出力帳票が具体化されているか。(**図表9-4-3**，**9-1-4**参照)
② 製造・加工業務 出力帳票：ビジネスモデルとして，会社の製造・加工業務について，出力帳票が具体化されているか。(**図表9-4-3**，**9-1-4**参照)
③ 販売業務 出力帳票：ビジネスモデルとして，会社の販売業務について，出力帳票が具体化されているか。(**図表9-4-3**，**9-1-4**参照)
④ 物流業務 出力帳票：ビジネスモデルとして，会社の物流業務について，出力帳票が具体化されているか。(**図表9-4-3**，**9-1-4**参照)
⑤ 経営資源調達活動 出力帳票：ビジネスモデルとして，会社の経営資源調達活動について，出力帳票が具体化されているか。(**図表9-4-3**，**9-1-4**参照)

プロセス3 情報資源調達はこのようにやれ

図表11-3-1　プロセス3　情報資源調達スキル（階層レベル3～4）

要素整備度評価表Ver 8.0

記述日
評価者

機能番号３－３－４　：　企業ドック/機能別 / IT構築診断 / ヒューマンウェア/資源調達スキル

要素整備度レベル	要素整備度評価の内容	評価スコア
レベル1	IT構築等成功のための諸条件が、殆どできていない。又は殆どできない。	1
レベル2	〃 あまりできていない。又はあまりできない。	2
レベル3	〃 なんとかできている。又はなんとかできる。	3
レベル4	〃 ほぼできている。又はほぼできる。	4
レベル5	〃 完全にできている。又は完全にできる。	5

NO	評価項目	評価項目の補足説明	要素整備度 現状 / 1年後 / 2年後 / 3年後
2 システムの概要	マインドウェアの概要	会社のシステムの概要を、マインドウェアの視点から具体的に明文化（書面）し、説明するスキルがある。（ツール274・19参照）	
	ヒューマンウェアの概要	会社のシステムの概要を、ヒューマンウェアの視点から具体的に明文化（書面）し、説明するスキルがある。（ツール275・254・257参照）	
	コミュニケーションウェアの概要	会社のシステムの概要を、コミュニケーションウェアの視点から具体的に明文化（書面）し、説明するスキルがある。（ツール277参照）	
	ソフトウェアの概要	会社のシステムの概要を、ソフトウェアの視点から具体的に明文化（書面）し、説明するスキルがある。（ツール219参照）	
	ハードウェアの概要	会社のシステムの概要を、ハードウェアの視点から具体的に明文化（書面）し、説明するスキルがある。（ツール21参照）	
3 構築・選定スケジュール	課題の抽出	会社の情報システムの課題点（運用・利用・効率化・費用対効果・企業間取引等）を抽出し、具体的に明文化（書面）するスキルがある。（ツール252・254参照）	
	課題の分析	課題点（運用、利用、効率化、費用対効果、企業間取引等）の内容を分析し、重要度・緊急性等の観点から優先順位付けを行うスキルがある。	
	課題解決案	課題点を分析し、外部の専門家やシステム会社の情報提供等の協力を得て、具体的な課題の解決案を作成することができる。（ツール255・257参照）	
	要素別仕様化	システム構築要件を具体的に明文化（書面）し、会社の業務や用途・目的別に、これらを整理し、仕様化するスキルがある。（ツール255参照）	
	妥当性の確認	システム要件について、機能等が過剰か欠落か、その妥当性について、外部の専門家等の意見・評価等の協力を得て、確認を行うスキルがある。	
4 提案依頼内容（RFP）	企業概要	システム会社に依頼するために提案依頼書（RFP）を作成しての企業概要や会社が目指す姿等を作成するスキルがある。	
	システム化方針・システム化範囲	提案依頼書（RFP）を作成してシステム化の方針・範囲（業務・用途等）、委託先選定方法・スケジュール、データ移行等の記載スキルがあるか。（ツール278参照）	
	提供資料／要求機能仕様	提案依頼書（RFP）において、会社から提供する資料の内容や要求するシステム機能の具体的な内容を、わかりやすく文書化するスキルがあるか。（ツール45参照）	
	性能仕様／データボリューム	提案依頼書（RFP）において、構築するシステムの具体的な性能・利用者数・利用頻度・データ件数見込み等の作成スキルがあるか。	
	納入物・見積書	提案依頼書（RFP）において、構築するシステムに関する納入物（システム設計書、操作マニュアル等）等が具体的に記載するスキルがあるか。	
5 開発体制・開発環境	プロジェクトの全体体制	プロジェクト全体の体制を整備して、当該会社、システム開発会社、コンサルタントの役割・責任が明確にするスキルを持っているか。（ツール6・14・278参照）	
	ユーザーの開発体制	会社（ユーザー）側の開発体制整備・メンバーの役割・開発体制に参加するメンバーの選任のノウハウやスキルをもっているか（ツール6・14参照）	
	ITベンダーの開発体制	ITベンダーの開発体制整備・役割の明確化、ITベンダー・ユーザーメンバー間の円滑なコミュニケーションが実行できるスキルを持っているか。	
	ITベンダーの開発環境	ITベンダーの開発環境が適切で、現行システムの運用等に影響を与えず、ユーザー側に提供するデータの管理、セキュリティ対策等のスキルを有しているか。	
	コンサルの関与の仕方	コンサルタントの役割・関与の度合いが適切であり、契約上不利な条件になりがちな会社側の立場を高めるような支援を行うスキルを持っているか。（ツール6・14参照）	
6 契約・保証要件	契約形態・納期	システム構築に関して、契約形態、契約内容、納期等について具体化され、明文化（書面）するスキルを有しているか。（ツール48・215・216・218参照）	
	検収要件・支払	開発したシステム等について、検収方法・要件等のスキルを有しているか。	
	瑕疵担保責任・品質保証	開発したシステム等について、瑕疵担保責任、品質について、具体化・明文化（書面）し、契約書等のスキルを有しているか。（ツール48参照）	
	機密保持	プロジェクト参加メンバーに、会社の機密保持の漏洩等が起こらないよう、契約書等に機密保持の義務とその実行を求めるスキルを有している。（ツール49参照）	
	成果物の権利関係	システム構築による成果物について、知的財産権の所属や利用許諾等について、システム会社との契約書等の作成スキルを有しているか。（ツール48参照）	

※上表においては、MMMの1〜8のうち、1．品質、7．コスト、8．時間は定型的なので記載しない。2〜6の部分のみ評価を行う。

(1) システムの概要（第9章第3節参照）
① マインドウェアの概要：会社のシステムの概要を，マインドウェアの視点から具体的に明文化（書面）し，説明することができるか。（ツール274・19参照）
② ヒューマンウェアの概要：会社のシステムの概要を，ヒューマンウェアの視点から具体的に明文化し，説明することができるか。（ツール275・256・257参照）
③ コミュニケーションウェアの概要：会社のシステムの概要を，コミュニケーションウェアの視点から具体的に明文化し，説明することができるか。（**図表3-4-1参照**）
④ ソフトウェアの概要：会社のシステムの概要を，ソフトウェアの視点から具体的に明文化し，説明することができるか。（**図表9-4-3参照**）
⑤ ハードウェアの概要：会社のシステムの概要を，ハードウェアの視点から具体的に明文化し，説明することができるか。（ツール221参照）

(2) IT構築・選定スケジュール（第9章第3節参照）
① 課題の抽出：会社の情報システムの課題（運用，利用，効率化，費用対効果，企業間取引等）を抽出し，具体的に明文化することができるか。
② 課題の分析：会社の課題（運用，利用，効率化，費用対効果等）の内容を分析し，重要度・緊急性等の観点から優先順位付けを行うことができるか。
③ 課題解決案：会社の課題を分析し，外部の専門家やシステム会社からの情報提供等の協力を得て，具体的な課題の解決案を作成することができるか。（ツール255・257参照）
④ 要素別仕様化：システム構築要件を具体的に明文化できるか。会社の業務や用途・目的別に，これらのシステム要件等を整理し，仕様化することができるか。（ツール255・257参照）
⑤ 妥当性の確認：システム要件について，機能等が過剰か欠落か，その妥

当性について，外部の専門家等の意見・評価等の協力を得て，確認を行えるか。

(3) 提案依頼（RFP）内容（第9章第3節参照）
① 企業概要：会社の情報システム構築のため，システム会社に依頼するために提案（見積）依頼書を作成しているか。そのなかで企業概要や会社が目指す姿等が記載されているか。
② システム化方針・システム化範囲：提案依頼書（RFP）を作成してシステム化の方針・範囲（業務・用途等），委託先選定方法・スケジュール，データ移行等が明確に記載されているか。（**図表9-2-3**参照）
③ 提供資料／要求機能仕様：提案依頼書において，会社から提供する資料の内容や要求するシステム機能の具体的な内容が，わかりやすく文書で記載されているか。（ツール45参照）
④ 性能仕様／データボリューム：提案依頼書において，構築するシステムの具体的な性能，システムの利用者数，利用頻度・データ件数見込み等について，具体的に記述されているか。
⑤ 納入物・見積書：システム会社に依頼する提案（見積）依頼書において，構築するシステムに関する納入物（システム設計書，操作マニュアル等）等が具体的に記載されているか。

(4) 開発体制・開発環境（第9章第3節参照）
① プロジェクトの全体体制：プロジェクト全体の体制を整備して，当該会社，システム開発会社，コンサルタントの役割・責任が明確になっているか。（**図表9-2-4**，ツール14参照）
② ユーザーの開発体制：会社（ユーザー）側の開発体制が整備され，メンバーの役割等が明確になっているか。開発体制に参加するメンバーの選任が適切であるか。（**図表9-2-4**，ツール14参照）
③ ITベンダーの開発体制：ITベンダー側の開発体制が整備され，会社側開

発メンバーとの円滑なコミュニケーションが実行できているか。
④ ITベンダーの開発環境：ITベンダーの開発環境が適切で，現行システムの運用等に影響を与えていないか。会社から提供するデータの管理等，セキュリティ対策が行われているか。
⑤ コンサルの関与の仕方：コンサルタントの役割・関与の度合いが適切であり，契約上不利な条件になりがちな会社側の立場を高めるよう支援を行っているか。（ツール14，**図表9-2-4**参照）

(5) 契約・保証要件（第9章第3節参照）
① 契約形態・納期：システム構築に関して，契約形態，契約内容，納期等について具体化され，明文化されているか。（**図表6-1-1，6-4-1，12-3-1，**ツール218参照）
② 検収要件支払：開発したシステム等について，検収方法・要件等が明示されているか。
③ 瑕疵担保責任・品質保証：開発したシステム等について，瑕疵担保責任，品質が具体化・明文化され，契約書等に明示されているか。（**図表6-1-1**参照）
④ 機密保持：会社の機密保持の契約書等においてシステム会社に機密保持の義務とその実行を求める内容を明記しているか。（ツール49参照）
⑤ 成果物の権利関係：知的財産権の所属や利用許諾等について，システム会社との契約書等において具体的に定め明記しているか。（**図表6-1-1**参照）

プロセス 4 システム開発・テスト・移行はこのようにやれ

図表11-4-1　プロセス4　システム開発・移行スキル（階層レベル3～4）

要素整備度評価表Ver 8.0

機能番号3－3－5　：　企業ドック/機能別／IT構築診断／ヒューマンウェア・システム開発・移行スキル

記述日　　年　月　日
評価者

要素整備度評価表	要素整備度レベル		要素整備度評価の内容	評価スコア
	レベル1		IT構築等成功のための諸条件が、殆どできていない。又は殆どできない。	1
	レベル2	〃	あまりできていない。又はあまりできない。	2
	レベル3	〃	なんとかできている。又はなんとかできる。	3
	レベル4	〃	ほぼできている。又はほぼできる。	4
	レベル5	〃	完全にできている。又は完全にできる。	5

NO	評価項目	評価項目の補足説明	要素整備度 現状/1年後/2年後/3年後
2 To-Beモデル策定スキル	購買業務モデル策定スキル	会社の情報システムのあるべき姿（To-Beモデル）・購買業務に関連した部分について、具体的に明文化（文章）できるスキルがあるか。（ツール249参照）	
	製造・加工業務モデル策定スキル	会社の情報システムのあるべき姿（To-Beモデル）、製造・加工業務に関連した部分について、具体的に明文化（文章）できるスキルがあるか。	
	販売業務モデル策定スキル	会社の情報システムのあるべき姿（To-Beモデル）、販売業務に関連した部分について、具体的に明文化（文章）できるスキルがあるか。（ツール253参照）	
	物流業務モデル策定スキル	会社の情報システムのあるべき姿（To-Beモデル）、物流業務に関連した部分について、具体的に明文化（文章）できるスキルがあるか。（ツール256参照）	
	経営資源調達活動モデル策定スキル	会社の情報システムのあるべき姿（To-Beモデル）、経営資源調達に関連した部分について、具体的に明文化（文章）できるスキルがあるか。（ツール257参照）	
3 下位情報モデル	購買業務モデル すり合わせスキル	購買業務に関する情報システムのあるべき姿（To-Beモデル）、上位ビジネスプロセスと下位情報モデル等とのすり合せスキルがあるか。（ツール21参照）	
	製造・加工業務モデル すり合せスキル	製造・加工業務に関する情報システムのあるべき姿（To-Beモデル）について、上位ビジネスプロセスと下位情報モデル等とのすり合せができる。（ツール21参照）	
	販売業務モデル すり合せスキル	販売業務に関する情報システムのあるべき姿（To-Beモデル）について、上位ビジネスプロセスと下位情報モデル等とのすり合わせスキルがあるか。（ツール21参照）	
	物流業務モデル すり合せスキル	物流業務に関する情報システムのあるべき姿（To-Beモデル）について、上位ビジネスプロセスと下位情報モデル等とのすり合わせスキルがあるか。（ツール21参照）	
	経営資源調達活動モデル すり合せスキル	経営資源活動・情報システムのあるべき姿（To-Beモデル）について、上位ビジネスプロセスと下位情報モデルとのすり合わせスキルを有しているか。（ツール21参照）	
4 プログラム開発スキル	購買業務 プログラム開発スキル	情報システム構築で、外部の専門家やシステム会社などの協力を得て、購買・加工業務のプログラム開発・移行のスキルを有しているか。（ツール91・95・273参照）	
	製造・加工業務 プログラム開発スキル	情報システム構築で、外部の専門家やシステム会社などの協力を得て、製造・加工業務のプログラム開発・移行のスキルを有しているか。（ツール91参照）	
	販売業務モデル プログラム開発スキル	情報システム構築で、外部の専門家やシステム会社などの協力を得て、販売業務のプログラム開発・移行のスキルを有しているか。（ツール91参照）	
	物流業務モデル プログラム開発スキル	情報システム構築で、外部の専門家やシステム会社などの協力を得て、物流業務のプログラム開発・移行のスキル・人材が確保できているか。（ツール91参照）	
	経営資源活動モデル プログラム開発スキル	情報システム構築で、外部の専門家やシステム会社などの協力を得て、経営資源調達活動のプログラム開発・移行のスキルを有しているか。（ツール91参照）	
5 プログラムの検収・テストスキル	購買業務 プログラム検収スキル	開発された購買業務のプログラムについて、操作・動作の確認・処理結果の正確性等、プログラム検収・テスト等を実施するスキルを有しているか。	
	製造・加工業務 プログラム検収スキル	開発された製造・加工業務のプログラムについて、操作・動作の確認・処理結果の正確性等、プログラム検収・テスト等を実施するスキルを有しているか。	
	販売業務モデル プログラム検収スキル	開発された販売業務のプログラムについて、操作・動作の確認・処理結果の正確性等、プログラム検収・テスト等を実施するスキルを有しているか。	
	物流業務モデル プログラム検収スキル	開発された物流業務のプログラムについて、操作・動作の確認・処理結果の正確性等、プログラム検収・テスト等を実施するスキルを有しているか。	
	経営資源調達活動モデルプログラム検収スキル	開発された経営資源調達活動のプログラムについて、操作・動作の確認・処理結果の正確性等、プログラム検収・テスト等を実施するスキルを有しているか。	
6 本番移行スキル	購買業務 本番移行スキル	開発された購買業務システムについて、円滑な本番移行を実現するスキルを有しているか。	
	製造・加工業務 本番移行スキル	開発された製造・加工業務システムについて、円滑な本番移行を実現するスキルを有しているか。	
	販売業務モデル 本番移行スキル	開発された販売業務システムについて、円滑な本番移行を実現するスキルを有しているか。	
	物流業務モデル 本番移行スキル	開発された物流業務システムについて、円滑な本番移行を実現するスキルを有しているか。	
	経営資源調達活動モデル 本番移行スキル	開発された経営資源調達活動に関するシステムについて、円滑な本番移行を実現するスキルを有しているか。	

※上表においては、MMMの1～8のうち、1. 品質、7. コスト、8. 時間は定型的なので記載しない。2～6の部分のみ評価を行う。

第11章　MMMメソッド・IT構築プロセスで成功率を高めよ

(1) To-Beモデルの策定スキル（第9章第4節参照）
① 購買業務モデル策定スキル：会社の情報システムのあるべき姿（To-Beモデル）の，購買業務に関連した部分について，具体的に明文化できるスキルがあるか。（**図表12-5-2参照**）
② 製造・加工業務モデル策定スキル：会社の情報システムのあるべき姿（To-Beモデル）の，製造・加工業務に関連した部分について，具体的に明文化できるスキルがあるか。
③ 販売業務モデル策定スキル：会社の情報システムのあるべき姿（To-Beモデル）について，販売業務に関連した部分について，具体的に明文化できるスキルがあるか。（ツール253参照）
④ 物流業務モデル策定スキル：会社の情報システムのあるべき姿（To-Beモデル）について，物流業務に関連した部分について，具体的に明文化できるスキルがあるか。（**図表3-3-1参照**）
⑤ 経営資源調達活動モデル策定スキル：会社の情報システムのあるべき姿（To-Beモデル）について，経営資源調達活動に関連した部分について，具体的に明文化できるスキルがあるか。（ツール257参照）

(2) 下位情報モデル／データモデル（第9章第4節参照）
① 購買業務モデル すり合わせスキル：購買業務に関する情報システムのあるべき姿（To-Beモデル）について，上位ビジネスプロセスと下位情報モデル等とのすり合わせができるか。（**図表5-5-1**，ツール91参照）
② 製造・加工業務モデル すり合わせスキル：製造・加工業務に関する情報システムのあるべき姿（To-Beモデル）について，上位ビジネスプロセスと下位情報モデル等とのすり合せができるか。（**図表5-5-1**，ツール91参照）
③ 販売業務モデル すり合わせスキル：販売業務に関する情報システムのあるべき姿（To-Beモデル）について，上位ビジネスプロセスと下位情報モデル等とのすり合わせができるか。（**図表5-5-1**，ツール91参照）

④ 物流業務モデル すり合わせスキル：物流業務に関する情報システムのあるべき姿（To-Beモデル）について，上位ビジネスプロセスと下位情報モデル等とのすり合わせができるか。(**図表5-5-1**，ツール91参照)
⑤ 経営資源調達活動モデル すり合わせスキル：経営資源調達活動に関する情報システムのあるべき姿（To-Beモデル）について，上位ビジネスプロセスと下位情報モデル等とのすり合わせができるか。(**図表5-5-1**，ツール91参照)

(3) プログラム開発スキル（第9章第4節参照）
① 購買業務 プログラム開発スキル：情報システム構築において，外部の専門家やシステム会社などの協力を得て，購買業務のプログラム開発・移行のスキル・人材が確保できるか。(ツール91，272参照)
② 製造・加工業務 プログラム開発スキル：情報システム構築で，外部の専門家やシステム会社などの協力を得て，製造・加工業務のプログラム開発・移行のスキル・人材が確保できるか。(ツール91，272参照)
③ 販売業務モデル プログラム開発スキル：情報システム構築において，外部の専門家やシステム会社などの協力を得て，販売業務のプログラム開発・移行のスキル・人材が確保できるか。(ツール91，272参照)
④ 物流業務モデル プログラム開発スキル：情報システム構築において，外部の専門家やシステム会社などの協力を得て，物流業務のプログラム開発・移行のスキル・人材が確保できるか。(ツール91，272参照)
⑤ 経営資源調達活動モデル プログラム開発スキル：情報システム構築で，外部の専門家やシステム会社などの協力を得て，経営資源調達活動のプログラム開発・移行のスキル・人材が確保できるか。(ツール91，272参照)

(4) プログラムの検収・テスト（第9章第4節参照）
① 購買業務 プログラム検収スキル：開発された購買業務のプログラムにつ

いて，操作・動作の確認・処理結果の正確性等，プログラム検収・テスト等を実施するスキル・人材が確保できるか。

② 製造・加工業務 プログラム検収スキル：開発された製造・加工業務のプログラムについて，操作・動作の確認・処理結果の正確性等，プログラム検収・テスト等を実施するスキル・人材が確保できるか。

③ 販売業務モデル プログラム検収スキル：開発された販売業務のプログラムについて，操作・動作の確認・処理結果の正確性等，プログラム検収・テスト等を実施するスキル・人材が確保できるか。

④ 物流業務モデル プログラム検収スキル：開発された物流業務のプログラムについて，操作・動作の確認・処理結果の正確性等，プログラム検収・テスト等を実施するスキル・人材が確保できるか。

⑤ 経営資源調達活動モデル プログラム検収スキル：開発された経営資源調達活動のプログラムについて，操作・動作の確認・処理結果の正確性等，プログラム検収・テスト等を実施するスキル・人材が確保できるか。

(5) **本番移行スキル**（第9章第4節参照）

① 購買業務 本番移行スキル：開発された購買業務システムについて，円滑な本番移行を実現するスキル・人材が確保できるか。

② 製造・加工業務 本番移行スキル：開発された製造・加工業務システムについて，円滑な本番移行を実現するスキル・人材が確保できるか。

③ 販売業務モデル 本番移行スキル：開発された販売業務システムについて，円滑な本番移行を実現するスキル・人材が確保できるか。

④ 物流業務モデル 本番移行スキル：開発された物流業務システムについて，円滑な本番移行を実現するスキル・人材が確保できるか。

⑤ 経営資源調達活動モデル 本番移行スキル：開発された経営資源調達活動に関するシステムについて，円滑な本番移行を実現するスキル・人材が確保できるか。

プロセス 5 運用・保守サービスはこのようにやれ

図表11-5-1　プロセス5　運用・保守スキル（階層レベル3～4）

要素整備度評価表Ver 8.0

機能番号３－３－６　：　企業ドック／機能別／IT構築診断／ヒューマンウェア・運用・保守スキル

記述日　　年　　月　　日
評価者

要素整備度評価表	要素整備度レベル	要素整備度評価の内容	評価スコア
	レベル1	IT構築等成功のための諸条件が、殆どできていない。又は殆どできない。	1
	レベル2	〃 あまりできていない。又はあまりできない。	2
	レベル3	〃 なんとかできている。又はなんとかできる。	3
	レベル4	〃 ほぼできている。又はほぼできる。	4
	レベル5	〃 完全にできている。又は完全にできる。	5

NO	評価項目	評価項目の補足説明	要素整備度 現状 / 1年後 / 2年後 / 3年後
2 サービスレベルマネジメント	サービス品質の定量化	構築する情報システムが利用者に提供するサービスの品質が定量化できるスキルを有しているか。（ツール20参照）	
	成果のユーザーへの提示	構築する情報システムについて、それを利用するユーザーに対して具体的なメリットや期待できる成果等を提示できるスキルを有するか。（ツール41参照）	
	サービスの効果的な目標設定	構築する情報システムが利用者等に提供するサービスについて、具体的な目標を設定し、その結果を評価できるスキルを有するか。（ツール20・41参照）	
	運用管理改善手法	構築する情報システムの運用管理について、従来のシステムに比べ、効率的・効果的な改善が期待できるスキルを有しているか。（ツール41・45参照）	
	システム構成・改善手法	構築する情報システムの構成について、省力化（電力、設置スペース）、コスト削減等の改善が期待できるスキルを有している。	
3 ITベンダーのマネジメントスキル	定期的なモニタリングの実施スキル	運用・保守で障害等の発生・対応結果、問合せ、情報資源の活用状況確認など、定期的なモニタリングを実施するスキルを有している。（ツール52参照）	
	ITベンダー評価スキル	構築する情報システムについて、期待効果の実現度合いやサービスレベルなど、ITベンダーを評価するスキルを有するか。（ツール46参照）	
	費用対効果スキル	構築する情報システムについて、期待効果に対して、実際の費用対効果を評価することができる。	
	効率化努力スキル	情報システムについて、効果的な利用・効率的な運用への努力・取組みを継続して行うことができる。	
	インセンティブスキル	構築する情報システムについて、ITベンダーの協力関係を強化・動機付けをするためのスキルがある。（ツール169参照）	
4 運用サービスのマネジメント	コストマネジメントスキル	構築する情報システムの運用について、費用対効果を高めるためのスキル・人材を有しているか。	
	サービスの継続スキル	構築する情報システムの運用について、継続して安定した運用を可能とする運用サービスを実現するスキル・人材を有しているか。（ツール20参照）	
	性能マネジメント	構築する情報システムの運用について、情報資源の稼働率、余剰資源・能力等の状況を整理・分析するためのスキル・人材を有しているか。	
	運用作業工程の見積審査スキル	運用サービスの内容・工程の詳細の妥当性や保守対象内・外の基準・範囲など、妥当な運用費用を実現するためのスキル・人材を有しているか。	
	ネットワークの監視スキル	構築する情報システムの運用について、情報ネットワーク機器の監視・保守等が効果的・効率的に行えるスキル・人材を有しているか。	
5 サポートサービスのマネジメント	教育・トレーニングスキル	構築する情報システムの利用者に対する充実した教育・トレーニングサービスを提供できるスキル・人材を有しているか。	
	ヘルプデスク運用スキル	構築する情報システムの利用者に対して、適切なヘルプデスクサービス（円滑なコミュニケーション）が提供できるスキル・人材を有しているか。	
	トラブルの管理	構築する情報システムの利用者に対して、トラブルが発生した場合の対応の指示・連絡や業務への影響回避等が適切にできるスキル・人材を有しているか。	
	トラブルのモニタリングスキル	トラブルの原因区分・業務への影響度合・回復時間等、トラブルをモニタリングする指標を設定し管理できる。スキル・人材が確保できている。	
	システム改革要件モニタリングスキル	構築する情報システムのサポートサービスにより、利用者から要望があった内容を整理・分析できるスキル・人材を有しているか。	
6 ITインフラマネジメント	データマネジメントスキル	データの処理件数の把握、適切な保存期間の設定、バックアップの実施、バックアップ媒体の管理等、適切に実行できるスキル・人材を有しているか。	
	設備マネジメントスキル	サーバー機器・設置環境設備等について、設置の妥当性・耐久性・強度、地震等リスクに対する備えなど、適切なマネジメントができるスキル・人材を有するか。	
	システム変更マネジメントスキル	増設、ソフトバージョンアップ、新機能追加等が与える影響についてリスクを精査したうえで実施するスキル・人材を有しているか。	
	構成マネジメントスキル	機器・ソフトウェアの保守サービスの内容、購入形態、導入時期、保守停止期限の把握等の管理が実行できる必要なスキル・人材を有するか。	
	方針と標準化スキル	情報資源について、システム運用の方針を定め、メーカー・機種の統一等可能な範囲で標準化を推進できるスキル・人材を有しているか。	

※上表においては、MMMの1～8のうち、1.品質、7.コスト、8.時間は定型的なので記載しない。2～6の部分のみ評価を行う。

第11章　MMMメソッド・IT構築プロセスで成功率を高めよ

(1) サービスレベルマネジメントスキル（第9章第5節参照）

① サービス品質の定量化：構築する情報システムが利用者に提供するサービスの品質が定量化できるか。（ツール20参照）
② 成果のユーザーへの提示：構築する情報システムについて，それを利用するユーザーに対して具体的なメリットや期待できる成果等を提示できるか。（**図表7-3-2**参照）
③ サービスの効果的な目標設定：構築する情報システムが利用者等に提供するサービスについて，具体的な目標を設定し，その結果を評価できるか。（ツール20，**図表7-3-2**参照）
④ 運用管理改善手法：構築する情報システムの運用管理について，従来のシステムに比べ，効率的・効果的な改善が期待できるか。（**図表7-3-2**，ツール45参照）
⑤ システム構成・改善手法：構築する情報システムの構成について，省力化（電力，設置スペース），コスト削減等の改善が期待できるか。

(2) ITベンダーのマネジメントスキル（第9章第5節参照）

① 定期的なモニタリングの実施スキル：運用・保守で，障害等の不具合の発生・対応結果，利用方法に関する問合せ，情報資源の活用状況確認など，定期的なモニタリングを実施できるか。（ツール52参照）
② ITベンダー評価スキル：構築する情報システムについて，期待効果の実現度合いやサービスレベルなど，ITベンダーを評価することができるか。（ツール46参照）
③ 費用対効果スキル：構築する情報システムについて，期待効果に対して，実際の費用対効果を評価することができるか。
④ 効率化努力スキル：構築する情報システムについて，効果的な利用・効率的な運用への努力・取組みを継続して行うことができるか。
⑤ インセンティブスキル：構築する情報システムについて，ITベンダーの協力関係を強化・動機づけをするためのスキルがあるか。（ツール169参

照）

(3) 運用サービスのマネジメントスキル（第9章第5節参照）

① コストマネジメントスキル：構築する情報システムの運用について，費用対効果を高めるためのスキル・人材が確保できているか。

② サービスの継続スキル：構築する情報システムの運用について，継続して安定した運用を可能とする運用サービスを実現するスキル・人材が確保できているか。（ツール20参照）

③ 性能マネジメント：構築する情報システムの運用について，情報資源の稼働率，余剰資源・能力等の状況を整理・分析するためのスキル・人材が確保できているか。

④ 運用作業工程の見積審査スキル：運用サービスの内容・工程の詳細の妥当性や保守対象内・外の基準・範囲など，妥当な運用費用を実現するためのスキル・人材が確保できているか。

⑤ ネットワークの監視スキル：構築する情報システムの運用について，情報ネットワーク機器の監視・保守等が効果的・効率的に行うスキル・人材が確保できているか。

(4) サポートサービスのマネジメントスキル（第9章第5節参照）

① 教育・トレーニングスキル：構築する情報システムの利用者に対する充実した教育・トレーニングサービスを提供できるスキル・人材が確保できているか。

② ヘルプデスク運用スキル：構築する情報システムの利用者に対して，適切なヘルプデスクサービス（円滑なコミュニケーション）が提供できるスキル・人材が確保できているか。

③ トラブルの管理：構築する情報システムの利用者に対して，トラブルが発生した場合の対応の指示・連絡や業務への影響回避等が適切にできるスキル・人材が確保できているか。

④ トラブルのモニタリングスキル：トラブルの原因区分・業務への影響度合い・回復時間等，トラブルをモニタリングする指標を設定し管理できるスキル・人材が確保できているか。

⑤ システム改革要件モニタリングスキル：構築する情報システムのサポートサービスにより，利用者から要望があった内容等を整理・分析できるスキル・人材が確保できているか。

(5) ITインフラマネジメントスキル（第9章第5節参照）

① データマネジメントスキル：データの処理件数の把握，適切な保存期間の設定，バックアップの実施，バックアップ媒体の管理等，適切に実行できるスキル・人材が確保できているか。

② 設備マネジメントスキル：サーバー機器・設置環境設備等について，設備の妥当性・耐久性・強度，地震等リスクに対する備えなど適切なマネジメントができるスキル・人材が確保できているか。

③ システム変更マネジメントスキル：増設，ソフトバージョンアップ，新機能追加等が与える影響についてリスクを精査したうえで実施することができるスキル・人材が確保できているか。

④ 構成マネジメントスキル：機器・ソフトウェアの保守サービスの内容，購入形態，導入時期，保守停止期限の把握・管理が実行できるスキル・人材が確保できているか。

⑤ 方針と標準化スキル：情報資源について，システム運用の方針を定め，メーカー・機種の統一等可能な範囲で標準化を推進できるスキル・人材が確保できているか。

第12章

騙されないIT構築契約は
このようにせよ

騙されない契約 1

ユーザーは経産省モデル契約書B案を中心に進めよ

図表12-1-1 経産省モデル契約書のポイント

本モデル取引・契約書と、ソフトウェア開発モデル契約におけるフェーズの分け方と契約類型

共通フレーム（基本プロセス群）	取引・契約モデルにおけるフェーズ分け	経産省モデル契約書雛形における個別業務と契約類型		(JISA)ソフトウェア開発委託モデル契約（平成6年12月）	(JEITA)ソフトウェア開発モデル契約（平成6年12月）
1.4 企画プロセス	システム化の方向性／システム化計画	（対象外）		企画支援業務【準委任型】	（対象外）
1.5 要件定義プロセス	要件定義	要件定義作成支援業務【準委任型】	ソフトウェア開発委託基本モデル契約書	基本設計業務	要件定義・設計サービス【準委任型】
1.6 開発プロセス	システム設計（システム外部設計）／システム方式設計（システム内部設計）／ソフトウェア設計／プログラミング／ソフトウェアテスト／システム結合	外部設計書作成（支援）業務【準委任型】【請負型】の選択／ソフトウェア開発業務＊ハードウェア等の調達の留意点は別途整理【請負型】		ソフトウェア作成業務【請負型】	【請負型】の選択／構築サービス【請負型】
	導入・受入支援	【準委任型】【請負型】の選択			
1.7 運用プロセス	運用テスト	ソフトウェア運用準備・移行支援業務【準委任型】	情報システム保守運用委託基本モデル契約書	移行・運用準備支援業務【準委任型】	移行・運用準備支援業務【準委任型】
1.8 保守プロセス	運用／保守	システム運用業務／システム保守業務		（対象外）／（対象外）	（対象外）／（対象外）

出所：情報システムの信頼性向上のための取引慣行・契約に関する研究会

（1）経産省モデル契約書は完璧すぎて中小企業等では少し使いづらい

経産省の情報システムモデル契約書に関する落とし穴については第6章で説明した。ここでは，**図表12-1-1**に示したようなモデル契約書の全体について

知っておく必要がある。契約は分割契約を例にとって，①企画プロセス，②要件定義プロセス，③開発プロセス，④運用プロセス，⑤保守プロセスからなっている。この中で開発プロセスの基本モデル契約書の説明だけでも133ページに及び，システム保守運用委託基本モデル契約書は68ページにもなっている。これを中小企業の人が読んで自社の都合を考え，モデル契約書B案に準拠した簡易版にしたほうがよいと思われるが，中小企業にとっては専門の担当者がいない場合も少なくなく，荷が重いかもしれない。

(2) 現実的には，B案を踏まえた簡易な契約書にすべき

現実的には，ベンダー開発のパッケージを使用する契約の場合は，モデル契約書A案に準拠した契約書を中心に検討することになると思われる。一般的にはベンダーが用意するものの多くがこれに準拠している。

ユーザー開発の例では，B案に準拠したものにすべきである。しかし，簡単にベンダーが譲歩するとは限らないので，いかにユーザーの優位性を確保して，契約を有利に進めるかがポイントとなる。情報システムに明るい弁護士等に相談して作成した簡易版例を次ページ以降に示すので参考にしてほしい。

(3) B案に準拠したもので妥結できない場合は，モデル契約書C案を検討する

本来B案で契約したいとユーザーが思った場合でも，ベンダーが承諾しないと契約は成立しない。ベンダーの開発した部分や汎用的部分についてはベンダーの知的財産権が保持され，ユーザーの負担によって開発したものはユーザーの知的財産権を保持すべきである。しかし，両者の折り合いがつかない場合は，ユーザー負担で開発したものであっても，ベンダーの販売権を一部認めたり，知的財産権の共有をする等の妥協点を見出す必要が出てくる。

これらのことを実務的に進める場合は，第11章と並行して活用を考えてほしい。

業務委託基本契約書

○○○○（以下，甲という）と××××（以下，乙という）は，甲のシステム開発にかかわる業務（以下，委託業務という）を，乙に委託するに当たり業務委託基本契約（以下，本契約という）を締結する。

第1条（本契約の適用）
　本契約に定める事項は甲が委託業務を乙に委託し乙がこれを請け負う業務委託個別契約（以下，個別契約という）のすべてに適用されるものとする。
　但し，個別契約に別段の定めがあるときはこの限りではない。

第2条（個別契約の成立）
　個別契約は甲及び乙が，委託業務の内容，委託料金，実施方法，納入期限など必要な事項を明記した業務委託個別契約書を取り交わすことにより成立するものとする。

第3条（指揮命令者）
　乙は，委託業務の実施に関する作業遂行責任者（以下，指揮命令者という）を別途定め，甲に通知するものとする。
2. 指揮命令者は次の事項を行うものとする。
　（1）乙の技術者に対する指揮監督・勤怠管理・安全衛生管理及び企業秩序の維持確保を行うこと。
　（2）委託業務作業に関して甲の要望，依頼などを受けること。
　（3）委託業務作業に関して甲と進捗状況，仕様書等の打ち合わせ，会議等を行うこと。
　なお，指揮命令者は自己の判断により当該打ち合わせ，会議等に乙の技術者を出席させることができる。

第4条（再委託の禁止）
　乙は委託業務の全部又は一部を第三者に請け負わせることはできない。
　但し，予め甲の承諾を得たときはこの限りではない。
2. 前項但書により，乙が第三者への再委託を行う場合，乙は当該第三者の行為について全責任を負担する。

第5条（作業場所）
　乙は，原則として，乙の事業所内で委託業務を行うものとする。
2. 乙は必要のある場合，甲と協議の上，委託業務を甲の事業所内で行うことが出来るものとする。
3. 前項に関して，乙は甲から事業所管理，そのほか事情により，場所の変更，又は使用許可取消の通知があった場合は，異議なく承諾するものとする。
4. 乙は委託業務遂行上，甲の顧客の事業所内で作業する必要性が生じた場合，甲は乙にその便宜を図るものとする。

第6条（設備使用，貸与物件）
　乙は委託業務遂行のため甲のコンピュータそのほかの機械，設備，什器備品，技術資料，原票等を必要とする場合には予め甲の承諾を得て使用することができる。
　この場合使用方法，料金等の使用上の条件は，甲乙別途協議の上，覚書をもって定めるものとする。

第7条（貸与物件等の管理）
　乙は，前二条の規定により甲より使用を許可された作業場所，機械設備，そのほかの貸与物件等について，善良な管理者の注意義務をもってこれらを管理保管し，甲の指定する期限までに甲に返還するものとする。
2. 乙の技術者の故意過失により貸与物件等の修理・調整の必要が生じた場合，乙はその費用を賠償しなければならない。

第8条（成果物の納入）
　乙は個別契約で定められた納入期限，納入場所そのほかの条件に従い，成果物を納入しなければならない。

第9条（検査及び検収）
　甲は成果物納入後，個別契約所定の検査期間内に検査を行い，乙に対し書面をもって検査結果を通知する。
2. 前各項の規定による検査合格をもって検収とする。

第10条（修補，再検査）
　乙は前条第1項の規定による検査の結果，乙の責に帰すべき事由による瑕疵の存在又は委託業務が未完成であることが明らかとなった場合は，検査期間内又は別途甲乙協議の上定める期間内に瑕疵の修補又は委託業務を完成させた上，甲の再検査を受けるものとする。
2. 再検査の手続及び成果物の検収については前条の規定を準用するものとする。

第11条（請求と支払及び支払額の変更）
　乙は，前条の検収結果に基づき支払対象額を，書面によって請求する。
2. 甲は，乙からの前項の請求書受領後，指定銀行口座への送金により支払うこととする。
3. 乙の本件業務の実施結果について，その品質等が著しく低いと甲が認めた場合，甲は乙に対して請求金額の変更について協議を申し出ることができる。

第12条（保証等）
　乙は成果物の検査合格後といえども，発見された乙の責に帰すべき事由に基づく瑕疵に対して，甲から個別契約終了後1年以内（保証期間）に請求があったときは，無償で瑕疵を修補する責任を負うものとする。
2. 保証期間経過後の保守そのほか前項の規定による保証以外の技術サポートについては，甲及び乙は別途契約を締結することができる。

第13条（機密保持）
　甲及び乙は本契約及び個別契約に関して知り得た相手方及び相手方の顧客の機密を第三者に漏洩，開示してはならない。
2. 乙は乙の技術者に対し，前項の義務を遵守させるための機密保持契約を締結するなど必要な措置を講ずる。
3. 本条の義務は，本契約終了後も存続する。

第14条（権利の帰属）
　委託業務により作成された成果物（最終成果物ばかりでなく中間で作成される一切のものを含む）に関する無体財産と有体物に関する一切の権利は甲に帰属するものとする。この場合，乙は甲への権利移転手続が必要なときは成果物作成後直ちに甲に権利（著作権法27条，28条の権利を含む）を移転する。

第15条（権利義務譲渡等の禁止）
　甲及び乙は互いに，相手方の書面による事前の承諾を得ないで本契約から生ずる権利又は義務を第三者に譲渡または継承してはならない。

第16条（損害賠償）
　甲は，乙がその責に帰すべき事由により甲又は第三者に損害を与えた場合，乙に対し損害賠償の請求をなすことができる。
2. 損害賠償の方法そのほかの条件は甲乙協議のうえ定めることとする。

第17条（契約の解除）
　甲又は乙は相手方が次の各号に該当した場合，何等催告を要せず本契約，個別契約，覚書の全部又は一部を解除することができる。
　（1）重大な過失又は背任行為があったとき
　（2）支払の停止又は仮差押，差押，競売，破産，和議開始，会社更正手続開始，会社整理開始，特別清算開始の申立があったとき
　（3）手形交換所の取引停止処分を受けたとき
　（4）公租公課の滞納処分を受けたとき

(5) 故意又は過失により相手方に重大な損害を与えた場合
　(6) 甲乙いずれかの責に帰すべき事由により委託業務が著しく遅延し又は不能となった場合
2. 甲又は乙は，相手方の債務不履行が相当期間を定めてした催告後も是正されないときは本契約を解除することができる。

第18条（契約内容の変更）
　本契約及び個別契約の内容は甲乙双方記名捺印した書面によってのみ変更することができる。
　但し，個別契約に別段の定あるときはこの限りではない。

第19条（契約期間）
　本契約の有効期間は，契約締結の日より1年間とする。
　但し，期間満了の60日前までに甲乙いずれかから書面による本契約終了の意思表示がないかぎり期間満了の翌日から1年間延長されるものとし，その後も同様とする。

第20条（協議事項）
　本契約に記載のない事項又は解釈上の疑問点につき甲乙は信義誠実の原則に従い協議の上解決する。

　本契約の証として本契約書2通を作成し，甲乙記名捺印の上，各自1通を保有する。

　　平成　年　月　日

　　　　　　　　　　　　甲

　　　　　　　　　　　　乙

騙されない契約 2

完全固定料金（FFP）契約が
ユーザーを守る

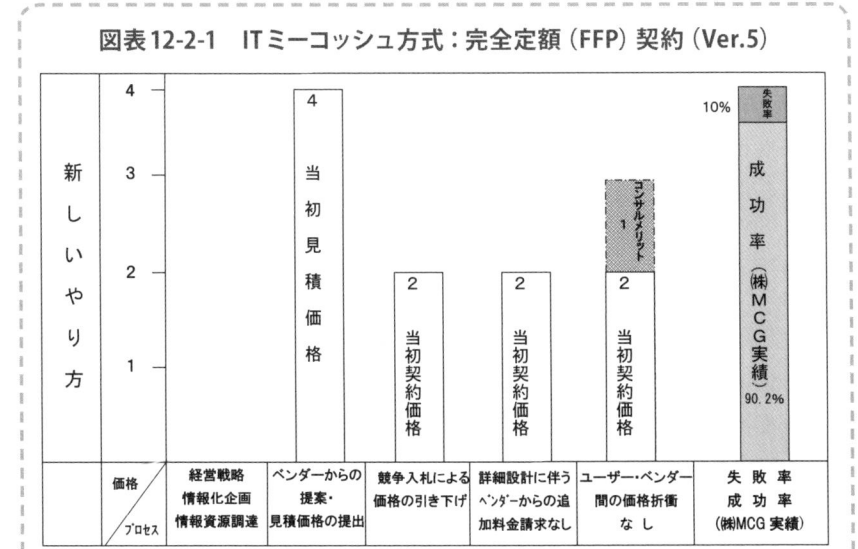

図表12-2-1 ITミーコッシュ方式：完全定額（FFP）契約（Ver.5）

新しいやり方	価格/プロセス	経営戦略 情報化企画 情報資源調達	ベンダーからの提案・見積価格の提出	競争入札による価格の引き下げ	詳細設計に伴うベンダーからの追加料金請求なし	ユーザー・ベンダー間の価格折衝なし	失敗率 成功率 (㈱MCG実績)
4			4 当初見積価格				失敗率 10%
3							成功率 ㈱MCG実績 90.2%
2				2 当初契約価格	2 当初契約価格	2 当初契約価格 コンサルメリット 1	
1							

〔附記〕4-2-2-2 のルール：当初見積4(千万円)が競争入札によって2(千万)に引き下げられるが、詳細設計・システム開発において「手戻り」を発生させない為、追加料金が発生しない。よって、ユーザーにとって、1(千万円)のコンサルメリットを発生させる小林勇治が提唱するルールのこと。

（注）ミーコッシュは小林勇治の登録商標。

　当初見積価格4,000万円であったものが，コンペにより競争入札をさせると2,000万円程度に下がるが，完全固定料金（FFP）契約方式の特徴は，完成まで追加料金が発生しない完全固定方式であることである。

　図表12-2-1はその例を示したものであるが，それを実現するために500万円をITコンサルタントに支払う場合であっても，500万円の利益が出る計算になる。さらに品質，納期が守られ，成功率を高めることができることが特徴といえよう。筆者はユーザーを守るために30年間，これを実現すべく精進してきた。

(1) 固定料金＋受注コスト契約（CPPF）はユーザーが損

　この話は既に第6章で説明したが，具体的にもう少しその理由を説明する（図表6-2-1参照）。すなわちCPPF方式の契約は，当初見積り4,000万円が，競争入札にすると，2,000万円に引き下げられた。そこで一般的には契約で手付金が支払われる。詳細設計の段階で追加料金が2,000万円請求され，合計で4,000万円になる。その価格にユーザーは不満を言って値切りにかかる。そうすると「お互いの言い分があるのだから真ん中を取って両者1,000万円ずつの負担で折り合いをつけましょう」ということになる。結果的に3,000万円の開発費ということになり，結果として当初見積りの1.5倍の料金を支払うことになる。

　これをIT業界では4-2-4-3のルールと言っており，最初から値切られるのを想定しているのである。

(2) 完全固定料金（FFP）契約がユーザーを守る

　図表12-2-1を見てほしい。当初見積価格が4,000万円であったものが，競争入札にすると同じ2,000万円に値引かれる。しかし，FFP方式（図表6-2-1参照）の契約は，その後の追加料金が発生しない。よって，最終完成料金が2,000万円で出来上がることになる。これを筆者は30年間実践してきた。

　FFP方式ではコンサルタントが入って追加料金が発生しないように，見積り前の企画段階に時間をかけ，正確なRFP（提案依頼書）を策定して，コンペを実施している。

　当然，社内をはじめ，ベンダーとユーザー間のギャップが生じないようにしているためである。

　このように，やり方によって追加料金は支払わなくても情報システムは完成できるのである。これは他の章で説明する要素整備や，開発プロセスの留意点，ギャップ克服等との組み合わせによって実現できることに留意が必要であるが，実現はできるし，実行してきたのは筆者そのものである。

3 一括請負契約でなければユーザーは損をする

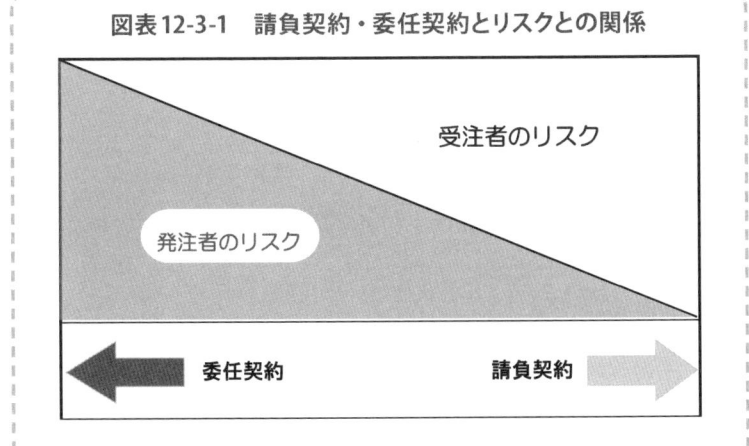

図表12-3-1　請負契約・委任契約とリスクとの関係

受注者のリスク

発注者のリスク

← 委任契約　　　請負契約 →

【付記説明】
請負契約と委任契約には次のような特徴がある。

請負契約
① 請負契約は成果物の完成の責任を負う。
② ベンダーに「善管注意義務」が発生する。

委任契約（準委任契約）
① 仕事を完成させる義務はない。
② ベンダーに「善管注意義務」はない。

（1）個別（多段階）契約はユーザーが損をする

　このことは第6章第3節と第4節で説明した。もう一度繰り返すと，契約を企画・要件定義・開発・運用保守などと分割して契約するとベンダーのリスクが少なくなるので，最近はこれが主流になってきた。そうなれば逆にユーザー

のリスクは高まることになる。最終投資金額が定まらないまま，企画・要件定義へとその都度支払いがなされ，途中で開発料金が高くなったために中止したら，すべてユーザーのリスクになってしまうのである。

(2) 一括請負契約でなければ損をする

大手企業の大型投資と違って，最大でも数億円以内のシステムであるなら，一括請負契約で依頼することが，ユーザーのホールドアップ状態を生じさせない唯一のやり方だ。一括請負契約であるから完成責任はベンダーにあることになる。

業務委託契約では，完成責任はベンダーにないのである。このことをユーザーの皆さんは肝に銘じておいてほしい。

(3) 成功率を高めるためにFFP（完全固定料金契約）方式・一括請負契約で進めよ

前節の記述と合わせて説明すれば，FFP方式で，一括請負契約で進め，ホールドアップ状態にしないユーザー優位の姿勢で最後まで進めていけば，図表7-4-1の下段で示したように，情報化企画段階で，一般的には0.1（100万円）程度しかかけないものを，5倍のコスト（500万円）をかけることによって，手戻りによるコストアップ（2,000万円）が抑えられ，差し引き1,500万円の得ということになる。

そのほか，一般的なCPPF（固定料金＋追加費用）方式では26.7％（『日経コンピュータ』03年調べ）の成功率がFFP方式では90％の成功率（筆者18社調べ）になっている。もっとも，これにはコンサルタントが入って，企画段階で細かい打ち合わせと情報の共有化を図り，ユーザー・ベンダー・コンサルタント間のギャップを生じさせないように進めているからである。

4 動かなければ代金を支払わないのが世間の常識

図表12-4-1　要求欠陥を修正するための工程別の相対的コスト

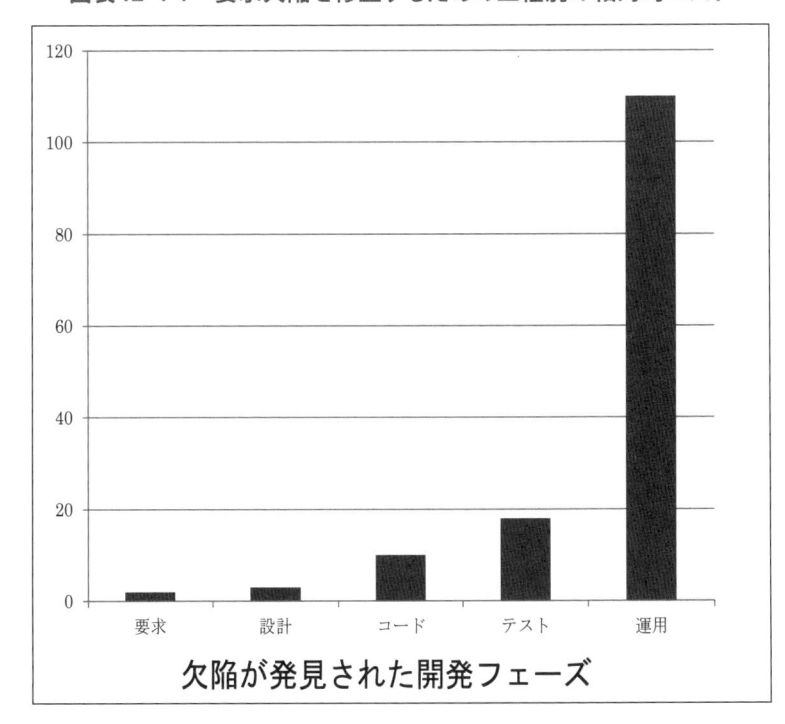

（欠陥が発見された開発フェーズ別の相対的コストを示す棒グラフ：要求≒2、設計≒3、コード≒10、テスト≒18、運用≒110）

出所：Gray Robertの研究（増山義三論文を参考に作成）

① 要求の欠陥が要求定義の段階で発見されればコストが少なくて済む
② 要求の欠陥が運用段階で発見されれば一番コストがかかる
③ よってRFPの要求欠陥がシステム開発の問題を招いているということができる

(1) 追加料金を支払わないと完成しない

　第6章で縷々説明したが，着手金という名の手付金が支払われると，ユーザー優位の立場からベンダー優位の立場に逆転される。その際，次の要件定義でもまた中間金が支払われ，開発段階では，ほとんどベンダーの言いなりになるホールドアップ状態になることが多い。これがすべての間違いの始まりである。

　したがって，開発段階でユーザーが投資額が許容範囲を超えたからといって中止した場合は，全額ユーザーのリスクとなるのである。これは不公平な契約と思えてならない。

(2) 世間の常識は，稼働して初めて代金が支払われる

　ではどのようにしたらよいのであろうか。そのためにはリスクはベンダーとユーザーが共にとる形を作る必要がある。前節で述べたFFP（完全固定料金）方式と一括請負契約で契約を進めることである。

　しかし，完全固定料金のつもりでスタートしても，現実には追加料金が発生しているのが実態である。それらを防ぐためには，決して手付金を支払ってはならないし，その段階で書面での契約書も交わしてはならないのである。

　図表12-4-1で示しているように，一般的にはテスト・運用段階に不具合が発生することが多く，そこでのリカバリーコストは要求段階よりも100倍のコストがかかることが証明されている。

(3) ユーザー優位の立場を崩してはならない

　いかにユーザーが優位に立てるか，ホールドアップ状態にしないかということがポイントになる。手付金，契約書，議事録，検収等，数多くのホールドアップ状態になる要因が潜んでいる。

　これらを1つ1つ潰して，常にユーザーが主導権を握っていくことによって，追加料金が発生しない安価で，かつ品質・納期の高い情報システムの完成が可能となるのである。

騙されない契約 5

契約書に記載できないトラブル防止は、このようにやれ

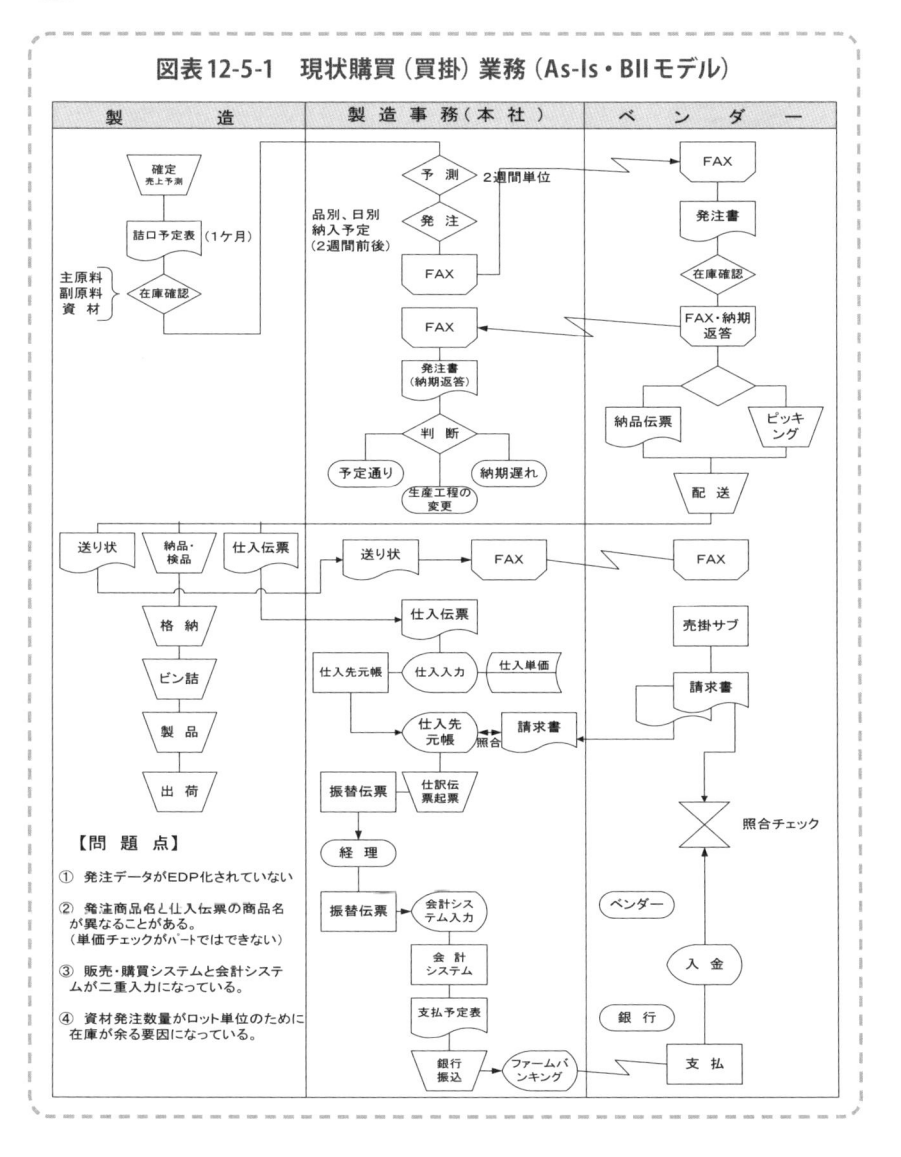

図表12-5-1 現状購買（買掛）業務（As-Is・BIIモデル）

製造 ／ **製造事務（本社）** ／ **ベンダー**

主原料・副原料・資材：確定売上予測 → 詰口予定表（1ヶ月）→ 在庫確認

製造事務：予測（2週間単位）、品別・日別納入予定（2週間前後）、発注 → FAX

ベンダー：FAX → 発注書 → 在庫確認 → FAX・納期返答 → 納品伝票 → ピッキング → 配送

発注書（納期返答）→ 判断：予定通り／納期遅れ → 生産工程の変更

製造：送り状、納品・検品、仕入伝票 → 格納 → ビン詰 → 製品 → 出荷

製造事務：送り状 → FAX、仕入伝票、仕入先元帳、仕入入力、仕入単価、仕入先元帳 照合 ← 請求書、振替伝票、仕訳伝票起票、経理、振替伝票、会計システム入力、会計システム、支払予定表、銀行振込 → ファームバンキング

ベンダー：FAX → 売掛サブ → 請求書 → 照合チェック → ベンダー → 入金 → 銀行 → 支払

【問題点】

① 発注データがEDP化されていない

② 発注商品名と仕入伝票の商品名が異なることがある。
（単価チェックがパートではできない）

③ 販売・購買システムと会計システムが二重入力になっている。

④ 資材発注数量がロット単位のために在庫が余る要因になっている。

図表12-5-2 革新購買（買掛）業務（To-Be・BIIモデル）

製　造	製造事務（本社）	ベ　ン　ダ　ー

（製造）
- 売上予測プログラム
- 売上予測確定 ← 商品在庫／売上予測／資材在庫
- 詰口予定表
- 資材発注 ← 商品マスタ JAN／メーカーコード
- 発注サブ → 発注ファイル

（製造事務・本社）
- EOS／PC
- 送り状
- 発注No.呼出し
- 入庫処理
- 仕入伝票（ターンアラウンド）
- バーコードスキャン
- 買掛サブ → 支払照合データ
- 支払案内書
- 仕入先元帳
- 買掛残高一覧表／支払予定一覧表／銀行別振込予定一覧表
- 振替伝票起票
- 振替伝票
- 全銀手順 → ファームバンキング → 振込支払
- 会計システム入力
- 貸借対照表 B／S／損益計算書 P／C／総勘定元帳

（ベンダー）
- EOS／FAX 又はEDP
- ターンアラウンド2型（発注書）①②③
- ピッキング
- 送り状 75% ／ 仕入伝票 25%
- 送り状①②③（発注No.を記入）／仕入伝票（ターンアラウンド）
- 発送／発送
- ターンアラウンド伝票
- 売掛入力
- 得意先元帳
- 照合チェック
- 支払案内
- 照合チェック
- ファームバンキング入金

（製造 検品欄）
- 送り状／仕入伝票
- 検品（サイン）
- 検印（タイムパンチャー）
- 照合ホチキス止め

【問題解決】

① 発注データが買掛データ、単価チェックになる。

② 発注データに発注先商品名（またはコード）を仕入伝票（発注書）にプリントしてわかるようにする。
（自社コードも当然プリント）

③ 販売・購買システムの中に買掛サブシステムを組み込む。

④ 資材取引契約をしてピース単位の発注ができる取り決めをする。よってロット単位の入荷のように余分な資材在庫が残る要因を排除できる。

（1） 契約書で防ぎきれないものは見える化で未然に防げ

　IT構築では契約書だけではトラブルの完全防止にはならないと見るべきあろう。それを防ぐには，たとえば**図表12-5-1**で示したように，現状の問題点，課題を互いに確認し，どこに問題点・課題があるかを共有するAs-Isモデルを作成する必要がある。

　それと同じように，To-Beモデルを作成し，**図表12-5-2**のように問題点・課題を解決する案をユーザー・ベンダーが共有しておく必要がある。

　これはほんの一例であるが，筆者が主張する要素別（私はソフトウェア・ハードウェアのほかにマインドウェア・ヒューマンウェア・コミュニケーションウェアが必要と考えている）にその整備度を高めることによって，トラブルは防げると考えている。

（2） ユーザーはシステムが完成するまで優位な立場を確保せよ

　このことは繰り返し指摘してきた。特に契約書では防ぎきれない問題が出てきた場合において，ユーザーが優位な立場でなければ，追加料金を要求される隙を与えてしまうからである。

　ベンダーとユーザー間で「言った」「聞いていない」の話が出てくる場合もあると思われるが，ベンダーが「下ろさせていただきます」と言えない状態にしておく必要があるということだ。そのためにはリスクはユーザーとベンダーが等分に負担し合う構造がなければ，アマがプロのボクサーに挑戦するがごとく，その試合はやる前から勝負あったも同然となるのである。

　最終的にベンダーから追加料金の請求が来た場合でも，**図表12-5-1，12-5-2**のような書面で残しておけば，決してベンダーに理屈負けすることはない。筆者は30年間この方式でやり，何十回と追加料金を要求されたが，1回も払ったことがない。こうした事実から有効な方式ではないかと思う。

　断っておくが，ベンダーをいじめるためにやっているのではない。ユーザーとベンダーが対等な立場で話し合ってほしいだけなのである。

〔付属資料①〕
ツール集

　第12章までに掲載できなかったコンサルティングツールを，付属資料として掲載する。紙幅の都合上，主要なもののみを選び，また筆者が使っている「ツール番号」を優先したため，番号が飛んでいることをお許し願いたい。
　また，第12章までに掲載した図表にも元々のツール番号があるので，対比表を掲載した。一部の図表の中では，ツール番号で記載されている箇所があるので，参考にしていただきたい。

本書掲載図表のツール番号対比表

ツールNo.	本書の図表No.	図表（ツール）タイトル
6	9-2-4	プロジェクト体制図
15	8-1-2	経営系とIT系と5つのウェア
16	2-1-2	ミーコッシュ式マネジメント
17	8-1-1	ビジネス・情報統合モデル（BIIモデル）
19	8-4-1	ギャップ解消のための戦略ビジョン
21	5-5-1	開発プロセスのモデリング（下位情報モデル）
22	8-3-1	ミーコッシュ掘削方式ツール
25	7-0-1	MMMメソッド全体構成
26	5-5-1	開発プロセスのモデリング（データモデル）
35	9-1-2	クロスSWOT分析ツール／成功要因
36	9-1-3	3次元ドメイン分析
39	7-3-1	IT構築期待効果予測ツール
41	7-3-2	期待効果算出の5つの手法
48	6-1-1	モデル契約書作成ツール
59	9-3-4	取引条件オープン化の例
120	9-3-2	メラビアンの法則
121	9-1-7	組織構造
122	9-1-6	組織デザイン
180	9-2-2	競争優位戦略
188	10-5-1	粗利益・営業利益・管理原価の考え方
195	3-1-2	楽観主義と悲観主義
203	3-1-1	習慣づくと見えない壁になる
203	10-4-1	習慣づくと見えない壁になる
207	9-4-2	モバイル端末・PCとOSとの関係
212	1-1-1	IT業界の旧常識 4-2-4-3 のルール
212	7-1-1	IT業界の新常識 4-2-2-2 のルール
213	7-4-1	ベンダーにおけるCPPF方式とFFP方式・ミーコッシュ方式の比較
214	6-3-1	一括契約と多段階契約のリスク比較
215	6-4-1	情報システム支払形態とリスクの関係
216	12-3-1	請負契約・委任契約とリスクとの関係
217	6-2-1	契約形態とリスクの関係
219	9-4-3	業務系ソフトウェアの事例
220	9-1-4	ソフトウェア例　顧客台帳
226	9-3-7	携帯電話の高速通信規格
227	2-5-1	5つのギャップ（リファレンス間のギャップ）

ツールNo.	本書の図表No.	図　表　(ツ　ー　ル) タ　イ　ト　ル
227	8-0-1	5つのギャップ (業務内容とギャップ、リファレンス)
232	9-0-1	IT構築要素別総合診断
242	3-3-1	革新県外販売・物流業務 (To-Be・BIIモデル) Ver.12
243	9-3-8	最も進んだ戦略システムはCPFR
248	12-5-1	現状購買 (買掛) 業務 (As-Is・BIIモデル)
249	12-5-2	革新購買 (買掛) 業務 (To-Be・BIIモデル)
255	3-3-1	革新県外販売・物流業務 (To-Be・BIIモデル) Ver.13
259	9-3-5	伝票区分・相殺区分・税区分と区分名称の定義
264	12-4-1	要求欠陥を修正するための工程別相対的なコスト
272	4-5-1	ウォーターフォール型開発とアジャイル型開発の比較
277	3-4-1	コミュニケーションウェアの全体構成
278	9-2-3	IT構築・選定スケジュール
281	9-3-3	セリングルール
295	9-5-2	POS端末の変遷
304	9-4-5	セキュリティソフトウェア
305	9-4-4	コミュニティソフトウェア例
318	7-0-2	MMMメソッドの進め方
327	9-3-6	RFIDの規格適用ルール

ツール14　CFT（クロスファンクションチーム）編成ツール

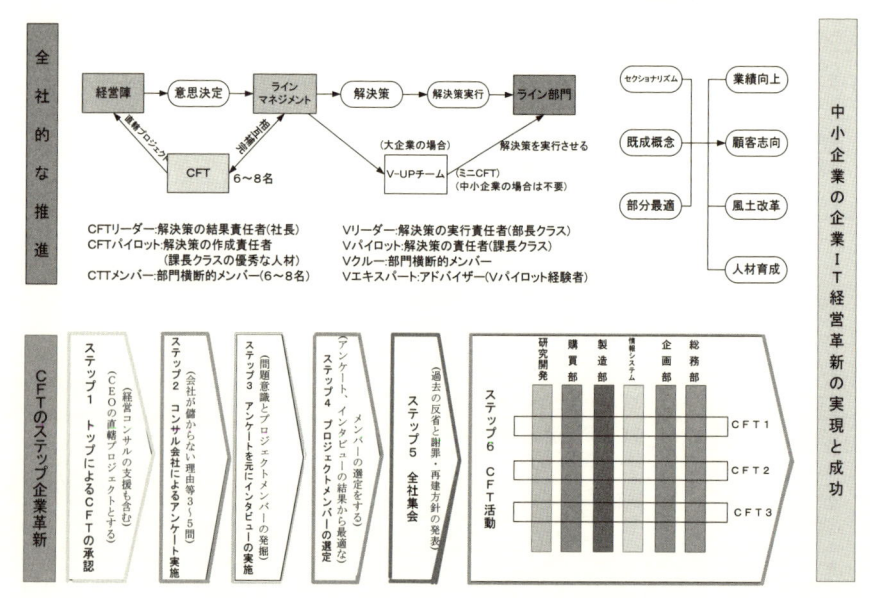

経営系とIT系のギャップを解消するためのCFT編成手法

① BI（経営系）とSI（IT系）の混成PJ（プロジェクト）で構成するCFT（クロスファンクションチーム）を編成しギャップが生じないようにする。
② 外部の支援を得る等，常に5つのウェア構成要素を同時並行的・統合的に進めることによって，ギャップを解消するようにする。
③ BIとSIの主従関係でも，外部の支援を得ながらBIで確定されたものを踏まえて，SIの構築を図ると効率的と思われる。
④ PJメンバーのバランスは，BIの構成7，SIの構成3の体制で編成し，図表のように，クロスファンクションチーム（CFT）を作って，経営系とIT系のギャップが生じないようにした。
⑤ BI・SIのマニュアルは外部の支援を得ても，統合化されたものを作成し，互いのギャップが生じないようにする。

ツール20　SLAツール

SLA（Service Level Agreement）：サービス・レベル・アグリメント

　SLAは，サービスの稼動保証や，データのバックアップ操作，障害時の損害賠償なども通信サービス事業者が，利用者にサービス品質を保証する制度

代表的な標準ＳＬＡの項目とレベル

サービス対象		サービスレベル値		
^^		上位レベル	中位レベル	下位レベル
サポートデスク	時間内回答率	90％以上	80％以上	70％以上
^^	電話解決率	90％以上	80％以上	70％以上
^^	応答時間順守率	30秒以内 90％以上	同 80％以上	同 70％以上
システム運用	障害復旧時間	1時間以内	3時間以内	6時間以内
^^	運用時間	365日 24時間	平日 8時～20時	特定時間帯のみ
^^	稼動率	99.5％以上	99％以上	95％以上

出所：電子情報技術産業協会「民間向けITシステムのSLAガイドライン」

ツール23　組織のスラブ化解消ツール

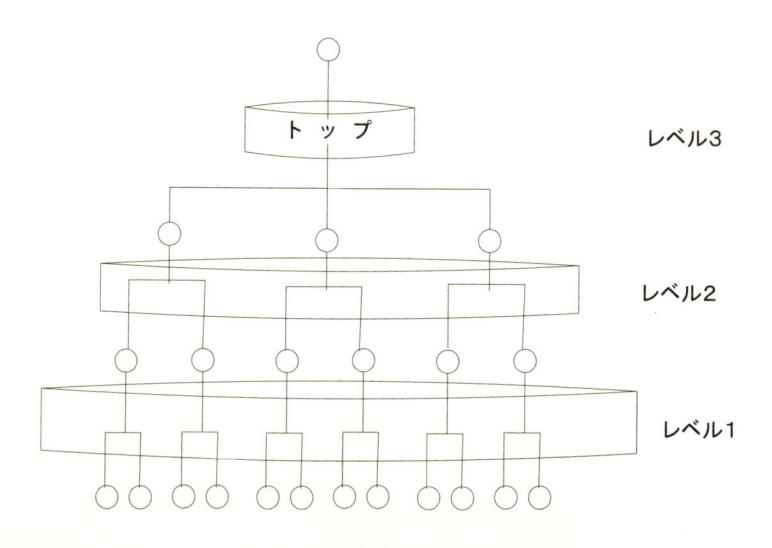

（図：レベル3「トップ」、レベル2、レベル1の階層構造）

レベル3
レベル2
レベル1

組織の階層化が進むと，組織の上下の意思疎通を阻害する要因になることをスラブ化現象という。

- 上層と下層の間がスラブ（床）となる現象のこと
- スラブは図のように階層レベル間の横割のことで
- ボトムアップにおいてレベル1ではレベル2を切り離し，レベル2はレベル3を切り離す現象のこと
- トップダウンの命令では存在しない
- よって，時としてボトムアップ企業であってもトップダウン方式でスラブ化を防ぐことが肝要となる。

ツール24　組織のサイロ化解消ツール

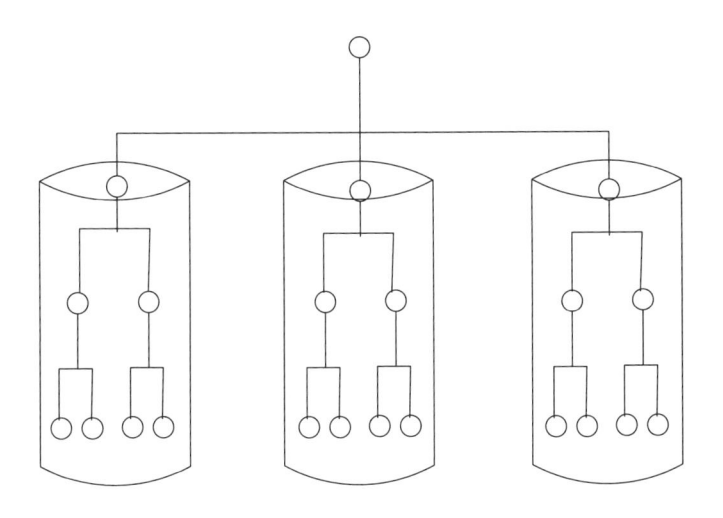

組織が縦割になっていて，他との連携を持たず，自己中心的で孤立していることをサイロ化現象という。

　サイロは通常調達・生産・技術・物流・販売などの機能別縦割になっている場合に生じる。ストリンガー氏がソニーのCEOに就任したときの会見で，「組織がサイロになっている」とコメントしたことでもよく知られている。これを防止するためには委員会組織，マトリックス組織，CFT（クロスファンクションチーム），プロジェクト組織等を活用することによって，サイロに風穴をあけることができる。

ツール30　ファイブフォース分析ツール

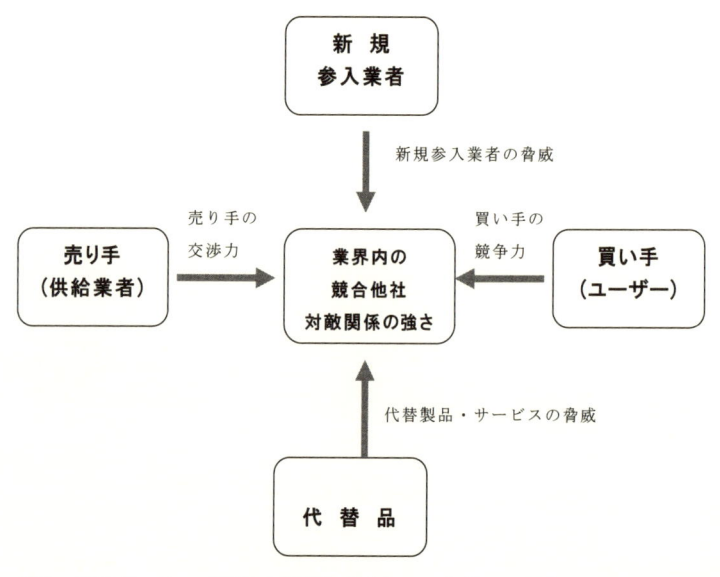

```
            ┌─────────┐
            │  新　規  │
            │ 参入業者 │
            └─────────┘
                 │ 新規参入業者の脅威
                 ↓
┌─────────┐ 売り手の  ┌─────────┐ 買い手の  ┌─────────┐
│  売り手  │ 交渉力    │ 業界内の │ 競争力    │  買い手  │
│（供給業者）│ ────→   │ 競合他社 │ ←────   │（ユーザー）│
│         │           │対敵関係の強さ│       │         │
└─────────┘           └─────────┘           └─────────┘
                         ↑
                         │ 代替製品・サービスの脅威
                    ┌─────────┐
                    │  代 替 品 │
                    └─────────┘
```

出所：M.E.ポーター『競争の戦略』ダイヤモンド社, 1982年

診断ポイント

イ．「供給企業の交渉力」と当該企業との力関係

ロ．「買い手の交渉力」と当該企業との力関係

ハ．「競争企業間の敵対関係」（3つの内的要因）

ニ．「新規参入業者の脅威」

ホ．「代替品の脅威」（2つの外的要因）
　① 代替製品としての脅威
　② 代替サービスとしての脅威

ツール31　アンゾフの市場/製品マトリックスツール

	製品	
	既存製品	新製品
既存市場	市場浸透	製品開発
新市場	市場開拓	多角化

イ. 市場浸透戦略
　既存のマーケットにおいて既存の製品の成長を維持する戦略である。

ロ. 市場開拓戦略
　新しいマーケットにおいて，既存製品を展開し，成長を図る戦略である。

ハ. 製品開発戦略
　既存の顧客に対して，新製品を開発し販売することにより成長を図る戦略である。

ニ. 多角化戦略
　新製品を新しいマーケットに導入し，事業領域の拡大を通じて成長を図る戦略である。

ツール33　バリューチェーン分析ツール

バリューチェーン分析

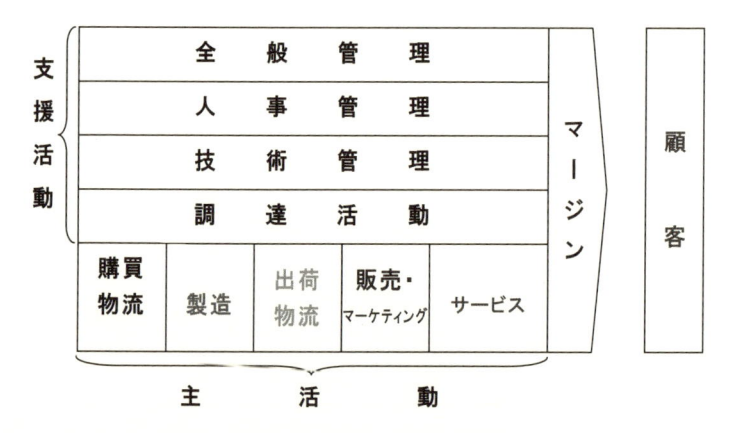

支援活動	全般管理				マージン	顧客
	人事管理					
	技術管理					
	調達活動					
	購買物流	製造	出荷物流	販売・マーケティング	サービス	

主活動

出所：M.E.ポーター『競争優位の戦略』ダイヤモンド社, 1985年

「価値連鎖」と訳され，企業活動において，製品もしくはサービスが消費者に届くまでの付加価値が，どこで発生しているかを分析するためのフレームワークである。

①主活動は購買物流（inbound logistics），オペレーション（製造），出荷物流（outbound logistics），販売・マーケティング，サービスからなり，②支援活動は企業インフラ，人材資源管理，技術開発，調達から構成される。
　（売上）－（主活動および支援活動のコスト）＝利益（マージン）であるため，図示した場合には，バリューチェーンの最下流にマージンと記載される。
　主活動の構成要素の効率を上げるか，競合他社との差別化を図ることで企業の競争優位は確立するとした。

ツール40 期待効果算出根拠用紙

物流業務革新によるIT投資期待効果(Ver.5.0)

14.8.17

		現状 コスト (月/年間)		革新 コスト (月/年間)	
1	倉 庫 保 管 料	900円/人庫 450×出庫 450×パレット 200P/T	180,000	倉庫保管の必要がなくなる。	0円
2	倉 庫 の 積 み 降 ろ し 費 用	県外 10,000c/s×80%×物流会社払い)@11	88,000	コンテナ毎で直接港に行く為バン出しない。	0円
3	荷物の積み降ろし中の破損(0.2%)	10,000c/s×0.2%×@1,000×12本	240,000	パレットによる移動の為破損しない。	0円
4	港におけるコンテナ積込作業コスト	10,000c/s×@10 (月平均)	100,000	コンテナ積込みになっている為に手作業が発生しない。	0円
		小 計 (月)	608,000	小 計 (月)	0円
		計 (年)	7,296,000	計 (年)	0円
		年間マテハンの革新期待効果	**7,296,000 円**		**54,132 円**
1	a.商品が不足(受注残有の時の問い合せ	アイパイ+エイキ=a	1,129,476		
	ア.各種問い合わせに対して明確な返答が即応できない。	91分×5件×16.6円(1分当り人件費)×25日=188,825			0円
	イ.工場での受注残が25分からない為に製造変更が発生	3,210分×3件(月間)×16.6円=159,858			
	ウ.工場での受注残が見えない為に、販売チャンスロスが発生	18億円×1%(想定)÷12×50%=750,000			3,161分×1分16.6円=52,472円
	エ.受注残管理が手集計(各部門)	1日57分×25日×16.6円=23,655円			0円
	オ.納期連れ等の問い合せに対する各種連動部門の事務作業の増大	43分×16.6円×10件×7,138円			20分×16.6円×5件=1,660円
	b.破損に対する問い合せ	1人×1日×1件×1,000円×25日	25,000		0円
	c.ゆうパック間い合せ	1H×1,000円×10件	10,000		0円
	d.納品指定日に到着しない場合の問い合せ	1,000×16分×60分=267円 267円×5個(月)+通話料 200	1,535	1,000円×16分×60分=267円 267円×5回(月)+通話料 200	1,535円
2	出荷指示書・受発注書納品日予告コスト (人件費・FAX費用)	人件費=20件/H×1,000円×3H×25日=1,505,000 通信費=20件×10円×25日=10,000	1,505,000	コンピュータによる自動伝送	0円
3	送り状の未回収による請求不能額	150,000/2年÷24ヶ月×3倍	9,375	送り状を回収したものに対して配送料を支払う仕組みに変更して解消	0円
4		(2年に1回)8,000,000×1/100×1/2年÷12ヶ月×3倍	10,000	コンピュータによる自動集計により、営業人件費は0になる。	0円
5	新瓶納入車輛の帰り便の利用による物流コストの削減	10,000ケース×360円=3,600,000	3,600,000	10,000ケース×190円=1,900,000	1,900,000 円
		小 計 (月)	6,290,386	小 計 (月)	1,955,667
		計 (年)	75,484,632	計 (年)	23,468,004
		年間物流業務・システム革新期待効果	**52,016,628 円**		

ツール45　RFP（提案依頼書）要求内容

	大分類	中分類	コメント
RFPとして提供するもの	1.企業概要	① 企業概要	会社案内
		② 現状組織図	
		③ 現状業務フロー	
		④ 現状システム	
	2.システム化方針	① 新システム開発の背景	なぜシステム開発を行うか
		② 新システム開発方針	改善テーマ概要を示す
		③ システム開発期間	開発スケジュール表を提出する
		④ システム開発形態	システム開発か
		⑤ 運用保守形態	ベンダーへのアウトソーシング
		⑥ 社内運用形態	商品メンテナンスについては社内で行う
		⑦ 教育・研修	操作指導
	3.システム化範囲	① 7ヶ月以内	第一ステップの完成
		② 12　 〃	第二ステップの完成
		③ 24　 〃	
		④ 運用要件	
		⑤ 人的要件	
	4.提供資料／要求機能仕様	① 新ビジネスモデル	ビジネスプロセスモデルを含む
		② 新 DFD	
		③ 新 ERD	
		④ コントロール目標	
		⑤ ネットワーク概念図	別紙
		⑥ ソフトウェア	出力帳票
		⑦ ハードウェア	別紙
		⑧ モニタリング項目	全てについて
		⑨ セキュリティ要件	①ファイアウォールによるセキュリティ ②なりすまし防止 ③ネットからの盗聴防止策
	5.性能仕様／データボリューム	項目　データボリューム	現状　要求性能／件数
		① トランザクション件数	
		② データ保有量／期間	60ヶ月　60ヶ月
		③ システム稼働時間	7時〜26時　7時〜26時
		④ レスポンスタイム	トランザクション処理5秒以内　トランザクション処理5秒以内
		⑤ 更新時間	2時間以内　1時間
		⑥ システム障害復旧時間	24時間以内　基幹1時間・WEB 24時間
	6.納入物／見積書	① ハードウェア	保守費用も提出する
		② ソフトウェア	ライセンス料も提出する
		③ ネットワーク関連	別紙参照
		④ セットアップ費用	〃
		⑤ コンバージョン費用	〃
		⑥ 教育費用	〃
		⑦ 各操作マニュアル	〃
	7.契約事項	RFPに関するNDA契約を最初にする	念書
		① 契約形態	CPPF方式、インセンティブ付与契約、FFP方式
		② 納 期	16年4月30日　納期遅れの場合のペナルティ（一日当たり2万円）
		③ 検収要件	モニタリングスケジュール
		④ 支 払	検収後翌々月末払
		⑤ 瑕疵担保責任	あり
		⑥ 機密保持	第三者に漏らしてはならない
		⑦ 成果物の権利関係	著作権、所有権、権利移転、人格権
		⑧ 品質保証	無償補償期間18ヶ月
	8.提案・採用の事務手続・その他	① プロポーザルの提出と説明	RFPに合せてもらう
		② 質疑・提案の手続・窓口	
		③ 提案から採用の日程	15年10月30（予定）
		④ 提案書評価方法	Q（品質）C（価格）T（納期）評価
		⑤ 役割分担	ベンダー／ユーザー／ITCの役割分担
提出提案書	1.提案書	① RFPに要求した内容のもの	見積書も含む
		② 要求以外の提案の場合のGAP分析	
		③ 開発体制／計画	
		④ 運用体制／計画	
		⑤ ユーザー事例	

NDA契約：ノンディスクロジャーアグリメント：外部に漏らさない契約　　CPPF方式：固定料金＋受注コスト　　FFP方式：完全定額契約

ツール46 ベンダー選定比較検討表(1次用)

	チェック項目	①ウェイト	評点	①×②	評点	①×③	評点	①×④	評点	①×⑤	評点	①×⑥
メディーカー	信頼できるセールスか	10										
	業界にくわしいか											
	SE支援体制は量質とも大丈夫か	10										
	TE体制は大丈夫か											
	納入実績は豊富か	10										
	ベンダーは安定しているか											
ソフト	利用できるパッケージが豊富か	15										
	プログラム開発が簡単か											
	開発手法は適切か											
	DBソフトは安定しているか											
コミュニケーション	ネットワークは適正か	10										
ハード	適正なシステム構成か	5										
	性能は十分か											
	拡張性は	5										
	記憶装置の容量は十分か											
	レスポンスタイムは適正か	5										
	通信機能は適正か											
費用面でのチェック項目	システム構成機器別のハードの価格	20										
	ソフトの価格											
	導入時の初期費用											
	月々の運営費用											
	保守料はいくらか											
その他	セキュリティは大丈夫か	10										
	保証期間は											
	教育指導体制は											
	社内研修用のツールが豊富か											
	設置スペースは											
	納期は											
	合計	100										

最終得点の評価

ツール49　秘密契約書作成ツール

秘密保持契約書

　　　　　（以下甲という）は　　　　　　　　　　のＲＦＰ（提案要求書）に参加するための資料情報を、ユーザーである株式会社　　　　（以下乙という）より受けるについて、秘密保持契約を締結する。
（目的）
1　本契約は、甲が乙より知りえた情報を守秘するために締結され、甲の機密保持義務の履行手続き等を定めることを目的とする。
（秘密の定義）
2　甲が秘密保持義務を負う情報とは、甲がＲＦＰについて乙から受けた口答および文書のすべての情報をいう。
（秘密情報の返還）
3　甲は乙の請求があったときは、乙より入手した資料（ただし、原本のほか、その複写物および複製物を含む。）を直ちに乙に返還する。
4　本契約の違反により、乙に有形無形の損害が生じた場合には、甲は乙に対し損害賠償の責を負うものとする。
（協議事項）
5　本契約に定めない事項又は解釈上の疑義については、甲乙双方とも審議誠実の原則により協議を行うものとする。

平成　　年　　月　　日

　　　　　　　　　　　　　　　　　　　甲

　　　　　　　　　　　　　　　　　　　乙

ツール50　追加費用防止ツール

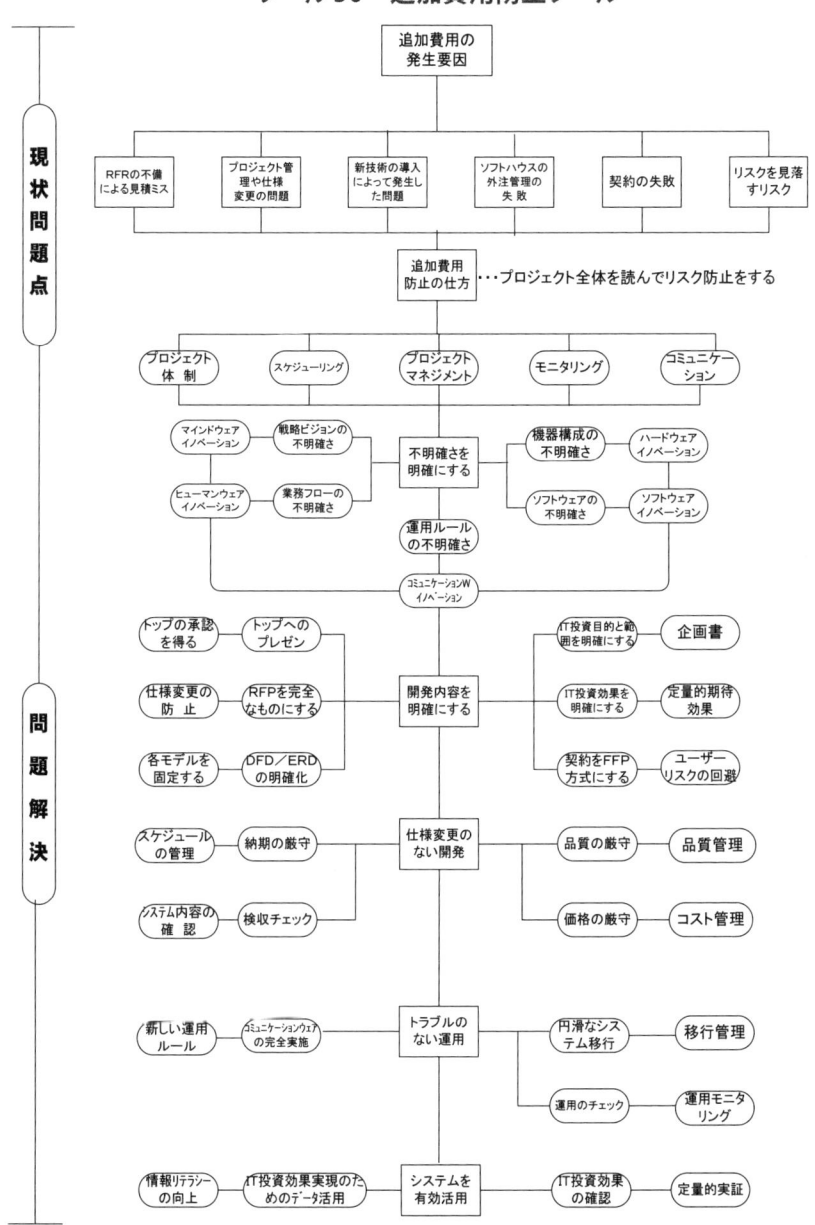

現状問題点

追加費用の発生要因
- RFRの不備による見積ミス
- プロジェクト管理や仕様変更の問題
- 新技術の導入によって発生した問題
- ソフトハウスの外注管理の失敗
- 契約の失敗
- リスクを見落すリスク

追加費用防止の仕方　…プロジェクト全体を読んでリスク防止をする

- プロジェクト体制
- スケジューリング
- プロジェクトマネジメント
- モニタリング
- コミュニケーション

- マインドウェアイノベーション
- 戦略ビジョンの不明確さ
- 不明確さを明確にする
- 機器構成の不明確さ
- ハードウェアイノベーション
- ヒューマンウェアイノベーション
- 業務フローの不明確さ
- ソフトウェアの不明確さ
- ソフトウェアイノベーション
- 運用ルールの不明確さ
- コミュニケーションWイノベーション

問題解決

- トップの承認を得る
- トップへのプレゼン
- IT投資目的と範囲を明確にする
- 企画書
- 開発内容を明確にする
- 仕様変更の防止
- RFPを完全なものにする
- IT投資効果を明確にする
- 定量的期待効果
- 各モデルを固定する
- DFD／ERDの明確化
- 契約をFFP方式にする
- ユーザーリスクの回避

- スケジュールの管理
- 納期の厳守
- 仕様変更のない開発
- 品質の厳守
- 品質管理
- システム内容の確認
- 検収チェック
- 価格の厳守
- コスト管理

- 新しい運用ルール
- コミュニケーションウェアの完全実施
- トラブルのない運用
- 円滑なシステム移行
- 移行管理
- 運用のチェック
- 運用モニタリング

- 情報リテラシーの向上
- IT投資効果実現のためのデータ活用
- システムを有効活用
- IT投資効果の確認
- 定量的実証

〔付属資料①〕ツール集

ツール52 障害報告作成ツール

責任者 / 担当

平成　年　月　日　曜

障　害　報　告

障害の種類	障害時間 発生～復旧	ロス時間	障害原因	処置	責任区分	影響範囲と対策
:	～					
:	～					
:	～					
:	～					
:	～					
:	～					
:	～					
:	～					
:	～					
:	～					

→ B,Tのときはジョブ・スタート時間
→ OL:オンライン　B:バッチ　T:テスト
→ S:システム停止　P:部分障害

262

ツール61　ソースマーキング／ソースダギングのコード体系

		コード名称	コード体系	運用分野
ソースダギング	1	EPCコード 標準14桁＋ シリアルナンバー	X XXXXXXX XXXXX XXXXXXXXXXXX EPCマネージャナンバー　　　　　シリアルナンバー 　　　　　　　オブジェクト・クラス・ナンバー	
ソース・マーキング	2	GTIN-13 (2000年12月まで JANコード) 標準（13桁）	F_1F_2　$M_1M_2M_3M_4M_5$　$I_1I_2I_3I_4I_5$　C/D フラッグ　　メーカーコード　　商品コード　　チェックデジット 　(5桁)　　　　(5桁)　　　　(1桁) → F_1F_2は国コードの「49」又は「45」	ソースマーキング商品 （主に日本産）
	3	GTIN-13 (2001年1月から JANコード) 標準（13桁）	45　$M_1M_2M_3M_4M_5M_6M_7$　$I_1I_2I_3$　C/D フラッグ　　メーカーコード　　商品コード　　チェックデジット (2桁)　　　　(7桁)　　　　(3桁)　　(1桁) 45　$M_1M_2M_3M_4M_5M_6M_7M_8M_9$　I_1　C/D フラッグ　　メーカーコード　　商品コード　チェックデジット (2桁)　　　　(9桁)　　　　(1桁)　(1桁)	ソースマーキング商品 小　物　商　品 （主に日本産）
	4	GTIN-13 (EANコード) (13桁)	F_1F_2　$M_1M_2M_3M_4M_5$　$I_1I_2I_3I_4I_5$　C/D フラッグ　　メーカーコード　　商品コード　　チェックデジット (2桁)　　　　(5桁)　　　　(5桁)　　(1桁)	ソースマーキングされた 輸　入　商　品 （主に欧州産）
	5	GTIN-14 (グローバル・トレード アイテム・ナンバー) (標準14桁)	X F_1F_2　$M_1M_2M_3M_4M_5$　$I_1I_2I_3I_4I_5$　C/D 　　　　メーカーコード　　商品コード　チェックデジット 　　　　　(5桁)　　　　(5桁)　　(1桁) → 国コードの「49」又は「45」 → 0:個装を表す。1〜8:集合包装を表す	EAN（JAN）13/8 UPC-12/8 ITFコードを統合した （世界共通）
	6	ITF-14 (物流識別コード) (標準14桁)	X F_1F_2　$M_1M_2M_3M_4M_5$　$I_1I_2I_3I_4I_5$　C/D 　　　　メーカーコード　　商品コード　チェックデジット → 国コード → 物流識別コード	物流コード
	7	UCC/EAN-128 (企業間取引データ) (コード128で表示)	X F_1F_2　$M_1M_2M_3M_4M_5$　$I_1I_2I_3I_4I_5$　C/D　$Y_1Y_2M_1M_2D_1D_2$　Q_1Q_2　$N_1N_2N_3$ 　　　　メーカーコード　　商品コード　　有効期限、使用期限　　$N_4N_5N_6N_7N_8$ → 国コード → 0:個装を表す。1〜8:集合包装を表す　　　　　　　数量　ロット/シリアルナンバー	
	8	SSCC-18 (Serial Shipping Container Cord) (物流コンテナコード)	N_1　$N_2N_3N_4N_5N_6N_7N_8$　$N_9N_{10}N_{11}N_{12}N_{13}N_{14}N_{15}N_{16}N_{17}$　N_{18} 　　　企業先コード 7桁　　　梱包番号（9桁）　　　　チェックデジット → 梱包タイプ（0:ケースまたはカートン　1:パレット、2:コンテナ、3:0〜2以外 　　　　4:社内用途、5:取引企業間規定、6〜9:リザーブ）	
	9	GLN (グローバルロケーションナンバー) 7桁JANメーカーコード	F_1F_2　$C_1C_2C_3C_4C_5$　$L_1L_2L_3L_4L_5$　C/D 　　　共通企業コード　　ロケーションNo.　チェックデジット → 国コード　　　　　　（事業所コード）	共通取引先コードと ロケーション管理
	10	GLN (グローバルロケーションナンバー) 9桁JANメーカーコード	F_1F_2　$C_1C_2C_3C_4C_5C_6C_7C_8C_9$　$L_1L_2L_3$　C/D 　　　共通企業コード　　　　（事業所コード） → 国コード	共通取引先コードと ロケーション管理
	11	GRAI (Global Returnable Asset Identifier) (資産管理ナンバー)	(8003) 0　$N_1N_2N_3N_4N_5N_6N_7$　$N_8N_9N_{10}N_{11}N_{12}N_{13}$ 　　　　　共通企業コード　　資産タイプ　　C/D → 固定 → GRAIを表わす	資産管理に使う
	12	RSS (リデュース スペース・シンボル) (省スペース型シンボル)	X　$M_1M_2M_3M_4M_5M_6M_7$　$I_1I_2I_3I_4I_5$　C/D 　　青果物共通のメーカーコード　　PEIB（パイプ）　チェックデジット → 包装形態（0は個装）　　　　品種・サイズ、栽培地 X F_1F_2　$M_1M_2M_3M_4M_5$　$I_1I_2I_3I_4I_5$　C/D 　　　国コード　メーカーコード　　商品コード　チェックデジット → 包装形態 この他商品明細情報 72桁 42漢字を表示 （正味重量価格・製造年月日・賞味期限、製造バッチNo.）	米国青果物業界の例 米国食肉業界の例

〔付属資料①〕ツール集　263

ツール65　アーンド・バリュー・マネジメント
(EVM, Earned Value Management)

EVMとは，予算および予定の観点からプロジェクトがどのように遂行されつつあるかを定量的に評価するプロジェクト管理の技法である。

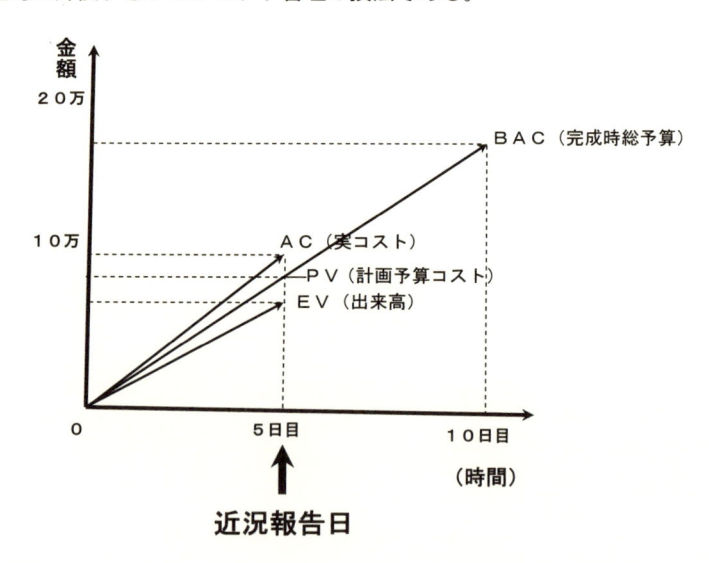

<!-- グラフ：縦軸 金額（10万，20万），横軸 時間（0，5日目，10日目）
BAC（完成時総予算）, AC（実コスト）, PV（計画予算コスト）, EV（出来高）
5日目↑近況報告日 -->

　アーンド・バリュー・マネジメントをプロジェクトに適用しようとするプロジェクト・マネジャーには以下に挙げる基本情報が必要である。

ワーク・ブレイクダウン・ストラクチャー（WBS, Work Breakdown Structure）
　　階層化され詳細化された，すべてのプロジェクト構成要素のリスト
プロジェクトのマスター・スケジュール（PMS, Project Master Schedule）
　　各タスクの納期と担当者が示されたガントチャート
プランド・バリュー（計画価値）（PV, Planned Value）
　　当該期間末までに完了しているものとして計画された作業の予算
アーンド・バリュー（出来高）（EV, Earned Value）
　　当該期間末までに進捗した作業を，その作業の計画価値に対する比から評価した価値
実コスト（AC, Actual Cost）
　　当該期間末までに実際に投入した総コスト
完成時総予算（BAC, Budget at Completion）
　　プロジェクトの完了時点におけるPV

ツール68　RFIDの規格適用ツール（ICタグの周波数帯別の特徴）

周波数	短波（HF）		極超短波（UHF）			マイクロ波
	135KHz未満	13.56MHz	303.8MHz	433.92MHz	860〜960MHz	86〜960MHz	2.45GHz
推進団体	ニビキタス	EPCグローバル ニビキタス		EPCグローバル	EPCグローバル ニビキタス	ISO／IECとEPCの統一規格	EPCグローバル ニビキタス
国際規格		ISO18000-3 モード1*又はISO15693		ISO18000-7	ISO18000-6 (タイプA, B)	ISO18000-6 (タイプC：Gen2)	ISO18000-4 モード1
アクティブ／パッシブ	パッシブ	パッシブ	アクティブ	アクティブ	パッシブ	パッシブ	パッシブ
通信距離	1m程度	70cm	15m	10m	2〜8m	2m	数センチ
リーダーからICタグへの通信速度		1.65kb/s 26.48kb/s			10k〜40kb/s	40k〜160kb/s	30k〜40kb/s
ICタグからリーダーへの通信速度		6.62kb/s〜 26.69kb/s			40kb/s 160kb/s	5k〜640kb/s	30k〜40kb/s
免許	不要	不要	必要	必要	必要	必要	不要
方式	電磁誘導	電磁誘導	電磁波による伝播	電磁波による伝播	電磁波による伝播	電磁波による伝播	電磁波による伝播
事例	ランドリータグ 回転寿司 自動精算等 自動倉庫 物品管理 スキーゲート 食堂精算	物流管理 交通系カードシステム 行政カードシステム ICカード公衆電話 入退室管理システム アパレル 書籍	位置管理 入出荷検品 JAL実証	米国防総省 港湾セキリティ アマチュア無線	入出荷管理 スマートシェルフ ウォルマート ジレット		物流管理 製造物履歴管理 物品管理 青果物流通管理 家電リサイクル アパレル カルテ管理

*最高速度が848kb/sと高速なモード2もある。　　　　　　　　　　　　　　　　日本高出力：952〜954MH₂　　日本ニュース㈱資料に小林勇治が加筆修正した。
　　　　　　　　　　　　　　　　　　　　　　　　　　　　　　　　　　　　　日本低出力：950〜956MH₂

〔付属資料①〕ツール集　265

ツール70　クリティカルパスツール

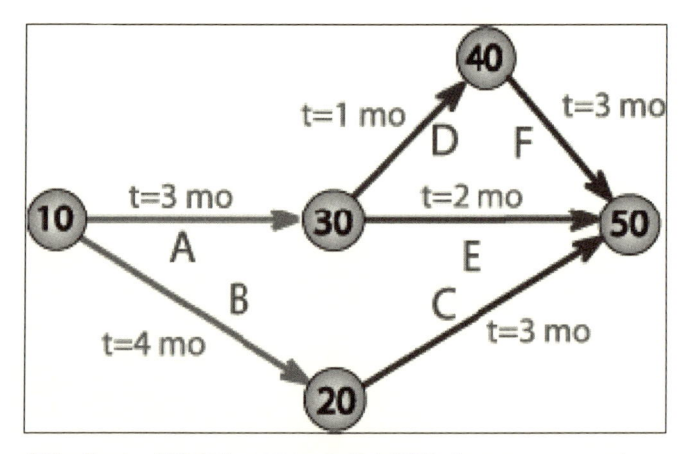

出所：『フリー百科事典：Wikipedia日本語版』（クリティカルパス）

　クリティカルパス法（CPM, Critical Path Method）またはクリティカルパス分析（Critical Path Analysis）は，プロジェクトの一連の活動（アクティビティ）をスケジューリングするための数学的アルゴリズムである。効率的プロジェクトマネジメントのための重要なツールである。

　図は，5つのマイルストーン（10から50）と6つの作業（AからF）がある7カ月間のプロジェクトのPERTネットワーク図。このプロジェクトには2つのクリティカルパスがある。BとC，AとDとFである。作業Eは2カ月のフロートがある。
　そして，活動群をさらに並行して実施できるようにしたり（ファーストトラッキング），クリティカルパスにさらにソリースを投入して，期間を短縮させたりすることで，プロジェクト全体をより早期に完了させることもできる。

ツール71　ファーストトラッキング技法

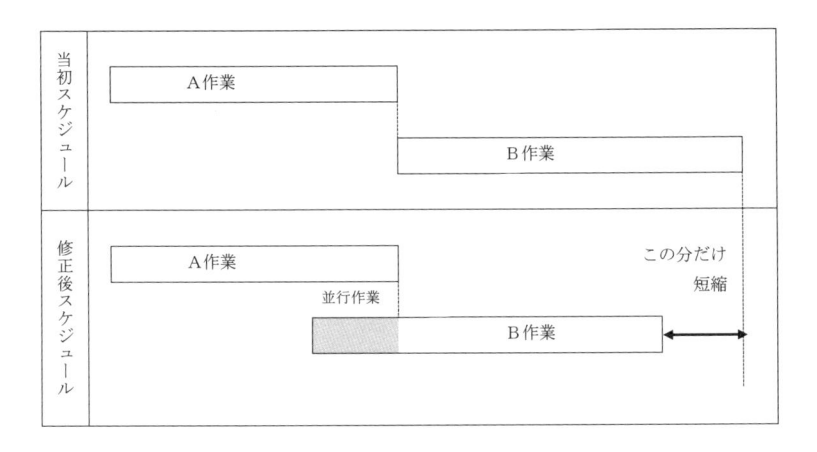

```
当初スケジュール
    [A作業]
           [B作業]

修正後スケジュール
    [A作業]
         並行作業
         [▓▓▓ B作業      ]    ←この分だけ短縮→
```

　成果物の品質を保持しながら，開発期間を短くする方法に，ファーストトラッキングがある。
　これは上図のように，当初スケジュールから作業を重ね合わせて，トータルの所要時間を圧縮する方法である。

ツール82　コアコンピタンス

コアコンピタンス（核となる能力）

競合他社に真似のできない核となる能力のことを指す。顧客に特定の利益をもたらす技術，スキル，ノウハウの集合体。

提唱：ゲイリー・ハメルとCKプラハラード（1990年）

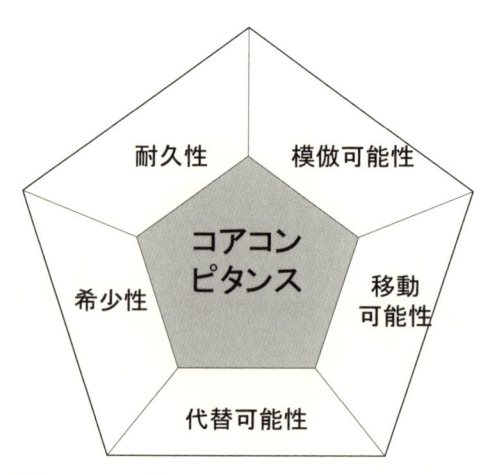

```
       耐久性      模倣可能性

  希少性    コアコン      移動
            ピタンス      可能性

         代替可能性
```

出典：MBA用語

コアコンピタンスの見極める場合

① 模倣可能生（Imitability）
② 移動可能性（Transferbility）
③ 代替可能性（Substitability）
④ 稀少性（Scarcity）
⑤ 耐久性（Durability）

の5つの点について考える必要がある。どの要素が有効かは，市場環境や競争環境によって異なり，また一旦築いた競争優位も，市場環境の変化とともに，陳腐化する恐れがあるため，継続的な投資やコア・コンピタンスの再定義，新たな能力などの努力が必要となる。

ツール83　経営革新のためのかえる（蛙）運動

① 自分をやる気に「変える」

② 初心原点に「返る」

③ 視点と立場を「換える」

④ 方法・手順を「改える」

⑤ 素材、部品を「代える」

⑥ 組み合わせを「替える」

出所：日本スピン㈱（横浜市）従業員100名，昭和35年設立「へら絞り」技術でトップ企業

ツール85　動機づけの如何が業務遂行に及ぼす影響

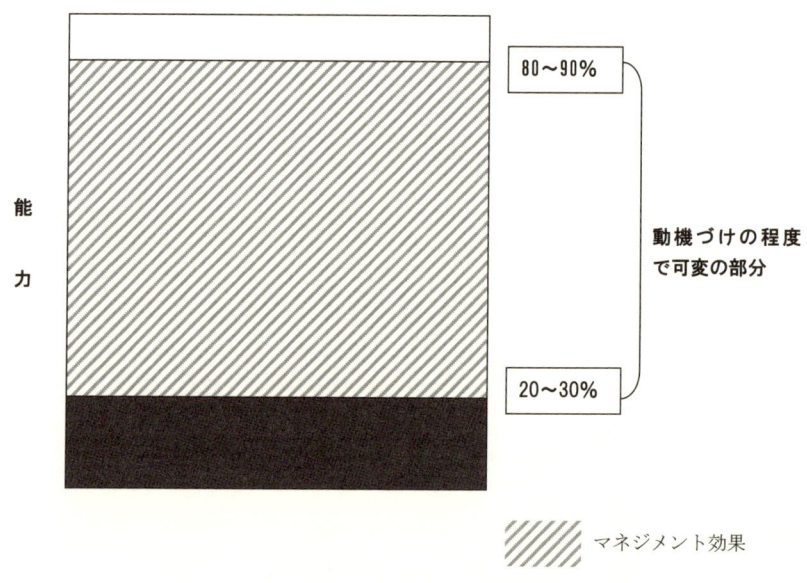

従　業　員

能力

80〜90%
20〜30%

動機づけの程度で可変の部分

////// マネジメント効果

『能力の2割〜3割程度を使うだけで労働者がクビにならないで仕事を維持することができる。』

（ウィリアム・ジェームズ博士）

ツール86 人間の欲求

人間の欲求（マズロー博士）

- 自己実現の欲求
- 独立の欲求
- 自尊心に関する欲求
- 自我の欲求
- 社会的欲求
- 安全・安定の欲求
- 生理的欲求

動因（欲求）

満足要因と不満要因（ハーズバーグ博士）

動機づけ要因／誘因（動機づけ要因）

要因	区分
達成	動機づけ要因
責任	動機づけ要因
仕事そのもの	動機づけ要因
承認	動機づけ要因
昇進	動機づけ要因
対人関係―上役	不満要因
監督技術	不満要因
会社政策と経営	不満要因
給与	不満要因
作業環境	不満要因

（横軸スケール：-40%〜40%）

〔付属資料①〕ツール集　271

ツール91-① 開発プロセスの新機軸の考察(Ver.3)

一般的な開発プロセス

ビジネスプロセスモデル : DFD(Data Flow Diagram)

ニーコッシュ式開発プロセス

BIIモデル
3-3-2 革新・製品計画・出口・原材料発注(SCM)BIIモデル

〔問題解決〕
① 在庫データに不良在庫・半製品・買入製品・納品等を時刻別に区分し、正しい在庫在庫データにする。
③ 主原料、製品原料、資材の部品開閉ができるようで、資材の自動発注に繋がる。

上位情報モデル ERD

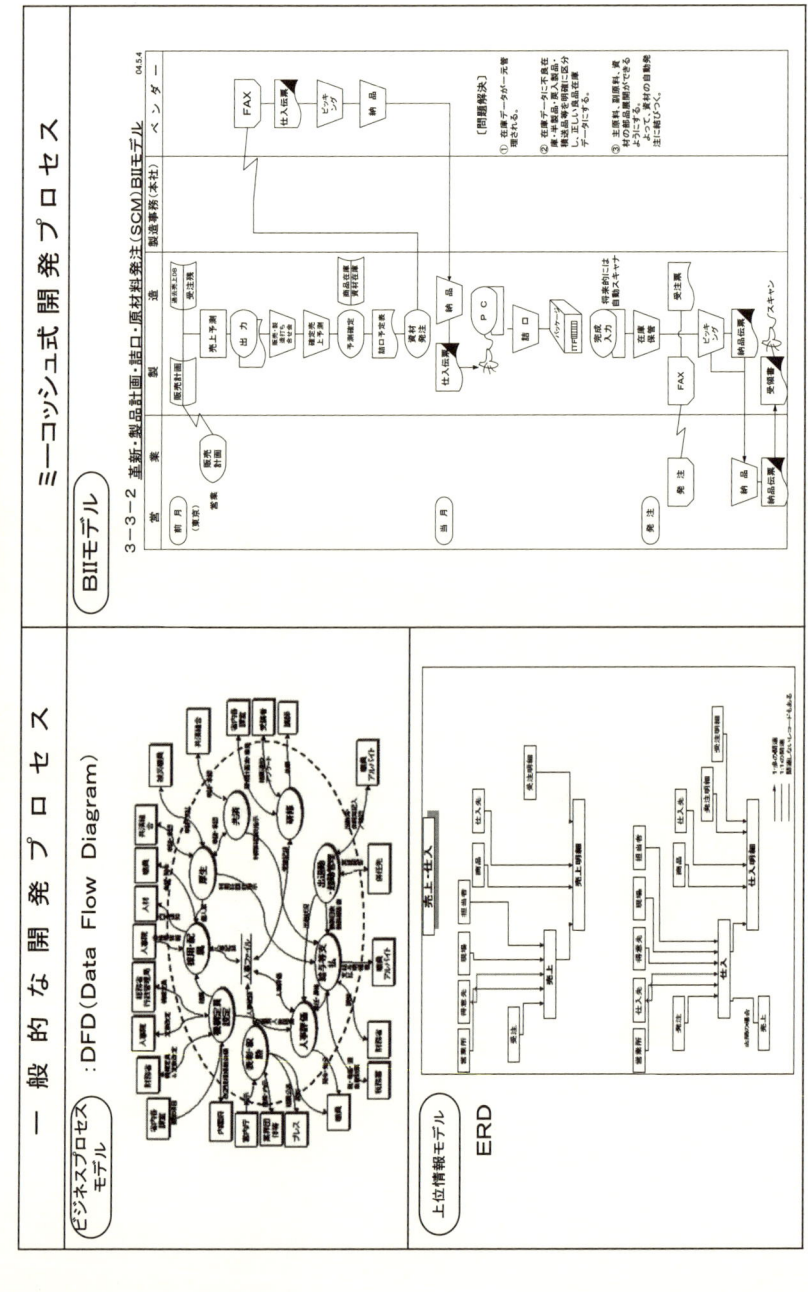

ツール91-② 開発プロセスの新機軸の考察 (Ver.3)

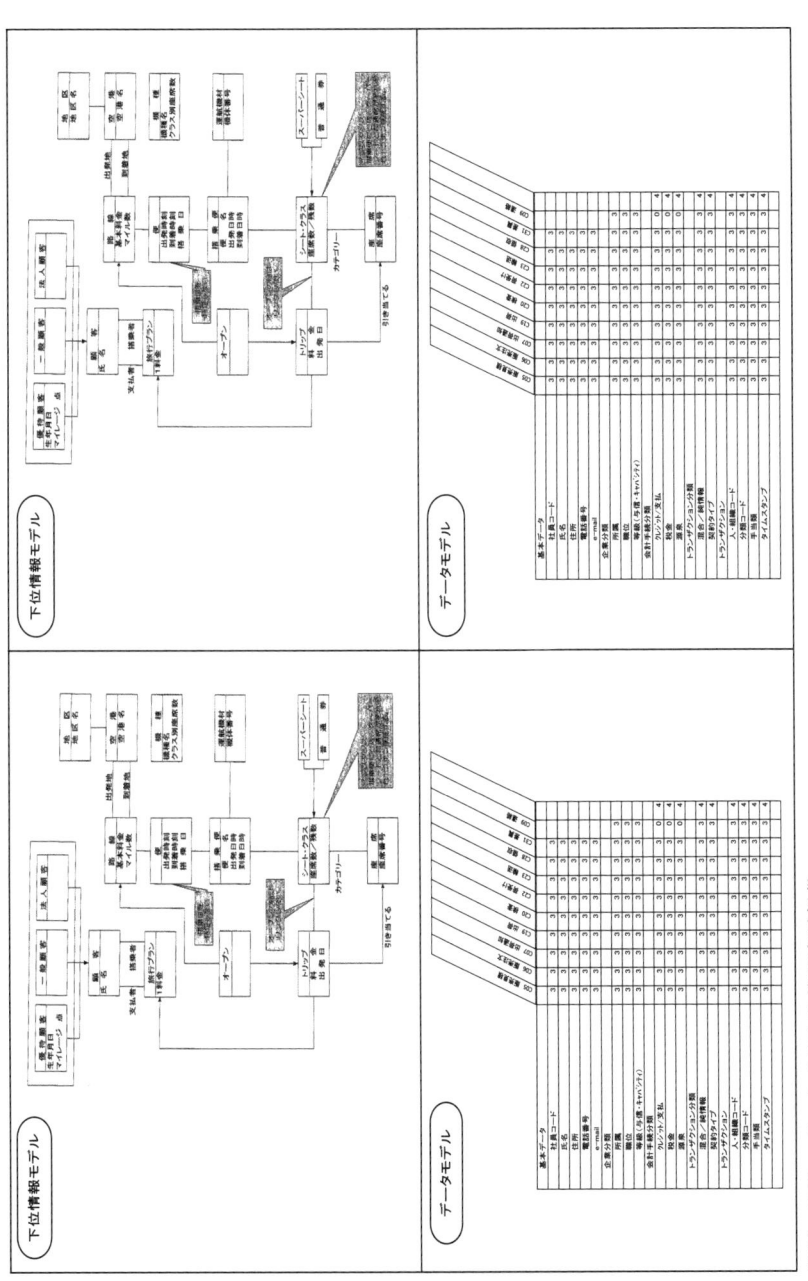

出所：ERD、データモデルは筒井恵氏提供

〔付属資料①〕ツール集 273

ツール93 システム移行スケジュール

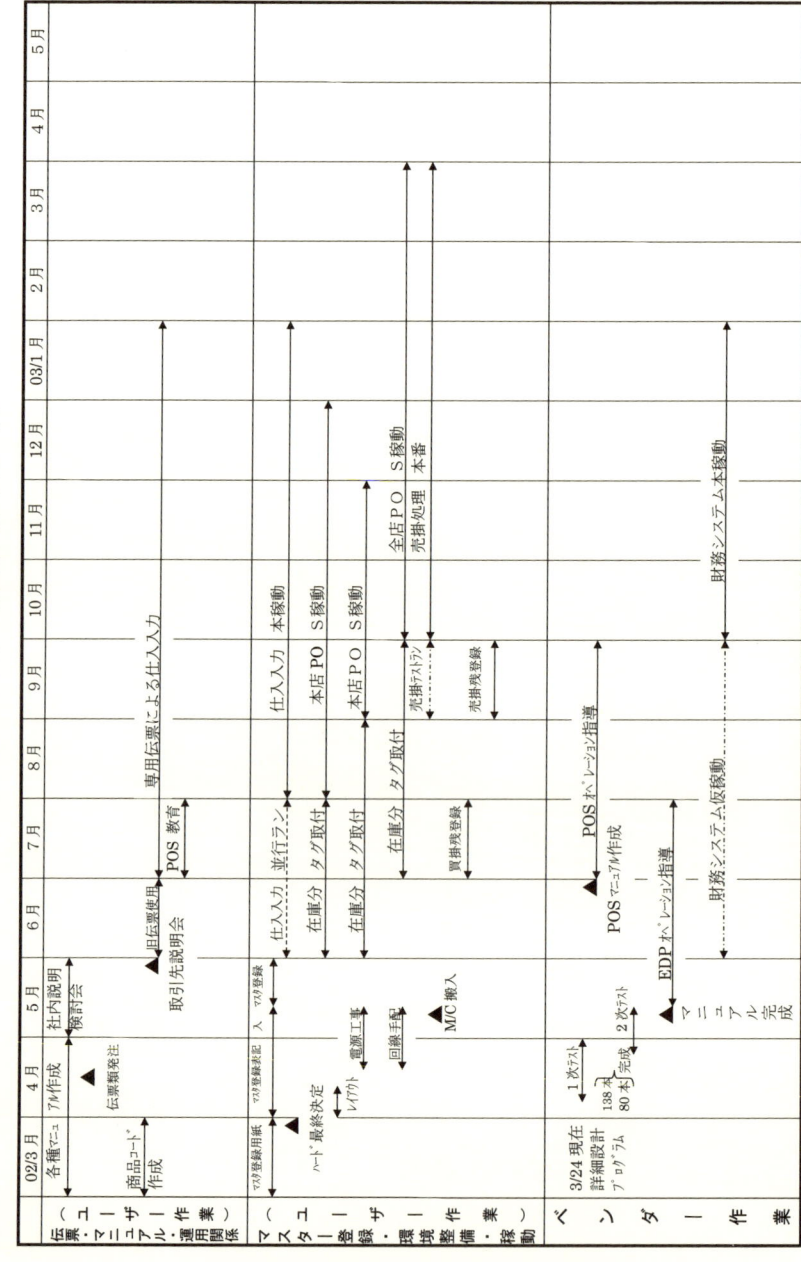

	02/3月	4月	5月	6月	7月	8月	9月	10月	11月	12月	03/1月	2月	3月	4月	5月
伝票・マニュアル・運用関係	各種マニュアル作成 / 商品コード作成	社内説明 / 検討会 ▲伝票類発注	担当票使用 取引先説明会	専用伝票による仕入入力 POS教育											
マスター登録・環境整備・稼動	マスタ登録用紙 / ハード最終決定 / プログラム	マスタ登録表記入 レイアウト	マスタ登録 電源工事 回線手配	仕入入力 並行ラン 在庫分 タグ取付 在庫分 タグ取付 M/C搬入		仕入入力 本稼動 本店PO S稼動 本店PO S稼動 在庫分 タグ取付 買掛残登録 売掛ﾏｽﾀ 売掛残登録		全店POS稼動 売掛処理 本番						
ベンダー作業	3/24現在 詳細設計	1次テスト 138本 80本完成 2次テスト	▲POSマニュアル作成 ▲EDPオペレーション指導 マニュアル完成	POSオペレーション指導 財務システム仮稼動						財務システム本稼動					

ツール98　経営革新フレームワーク（戦略ビジョン）(Ver.9)

（SWOT分析／重要成功要因）

- 社長の思い入れ
- 経営目標（KGI）

	O：機会	T：脅威
外部環境	①②③	①②③
内部環境		
S：強み	① ①②③	① ②③
W：弱み	①②③	①②③

【重要成功要因】

新経営ドメイン

（ミーコッシュ成熟度分析／革新テーマ）

成熟度	現状	目標	主要革命テーマ
MW			今までの考え方を白紙に戻して →体質そのものを変える
HW			ツギハギ改善ではなく →抜本的なリデザイン
CW			今までのとれ合い取引ではなく →ルールの抜本的な見直し
SW	直し		現状業務追随型ではなく →ソフトウェアを戦略的にすべき
HW			現状業務追随型ではなく →ハードウェアを戦略的にすべき
合計			

業種：1製造業　2販売業　3卸売業　4小売業　5飲食業　6諸商業　7流通業
状況選択欄：1赤字　2黒字　3破綻寸前　2老舗企業　3新生企業
現状業績：現経営常　革新経営

（企業革新のステップごと期待効果：KP I）

項目 ステップ	経営革新の内容	実施期間	革新前	革新後	期待効果	投資金額
第一ステップ						
第二ステップ						
第三ステップ						
第四ステップ						
第五ステップ						
合計						

【ITミーコッシュ革新マネジメント要件】

【マネジメント要件】
① マインドウェアイノベーション
② ヒューマンウェアイノベーション
③ コミュニケーションウェアイノベーション
④ ソフトウェアイノベーション
⑤ ハードウェアイノベーション

【具体策】
① ② ③
① ②
① ②
① ② ③
① ② ③ ④ ⑤

コアコンピタンス

〔付属資料①〕ツール集　275

ツール115　ファシリテーション（Facilitation）（Ver.2）

定義：複数の人の知的相互作用を促進させ創造価値を生むスキル
ファシリテーター：合理的なゲーム(議論)のルール(プロセス)を決めそれを守らせる人
効果①事業に役立つ新しいアイデアを生み出す
　　②従業員のモチベーションが高まり、エンパワーメントが進む。
　　③組織の実行力がつく
　　④リーダーとなる人材が育つ

ＰＭ１（Post Merger Integration）：買取後の企業の統合化
　　①強い危機感を共有する
　　②ビジョンを描き、動機づける
　　③変革推進方法を選択・実行する
　　④変更の勢いを継続する

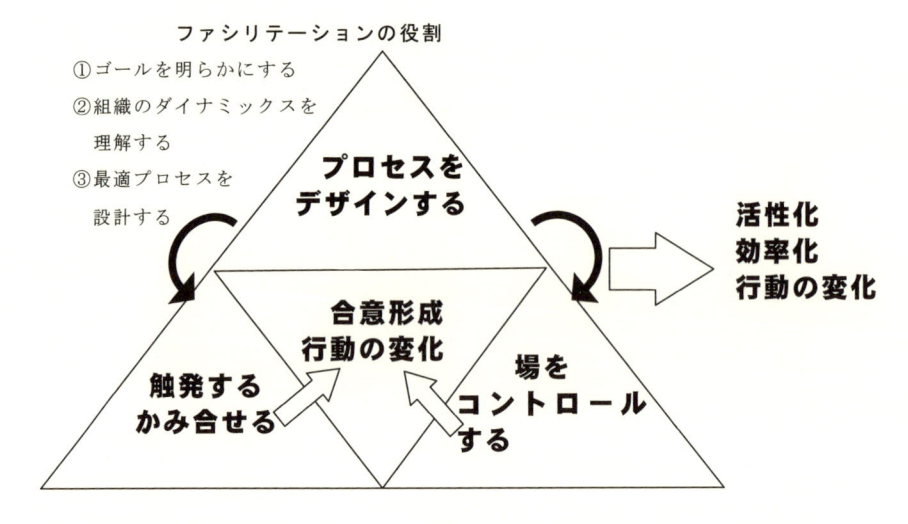

ファシリテーションの役割

①ゴールを明らかにする
②組織のダイナミックスを理解する
③最適プロセスを設計する

プロセスをデザインする

触発する
かみ合せる

合意形成
行動の変化

場をコントロールする

活性化
効率化
行動の変化

①示唆に富む問いかけ
　フレームワークの利用
②アジェンダを共有する
③直観力・推理力・
　分析力・論理力

①「感情的対立」を「意見の対立」に変換する
②「空中戦から地上戦」に
③「集団思考の落し穴」を避ける
④信頼関係つくる共感力・観察力

出所：森時彦著『ファシリテーター養成講座』p.30

ツール117　5つのトラ退治で過去の企業文化を一掃する

① **過去の経験に**トラ**われない。**
　〜今一番見直さなければならないのは過去の成功体験を一掃することである。

② **自分の立場に**トラ**われない。**
　〜中間管理職が自分の立場や保身することによって革新が遅れ・または拒まれる。

③ **今までのやり方に**トラ**われない。**
　〜だれもが今までやってきたことが一番良いと思っている場合が多いし、変化を嫌うものである。

④ **過去のルールに**トラ**われない。**
　〜今までの慣れ合い取引が革新を拒んでいる。過去のルールにトラわれない新しいルールを作ることだ。

⑤ **過去の情報システムに**トラ**われない。**
　〜ある意味情報システム部門が一番保守的ともいえる。それが一番楽なやり方だからである。

ツール134　マネジメント要件

（ＩＴミーコッシュ（ＭｉＨＣｏＳＨ）革命のマネジメント要件）

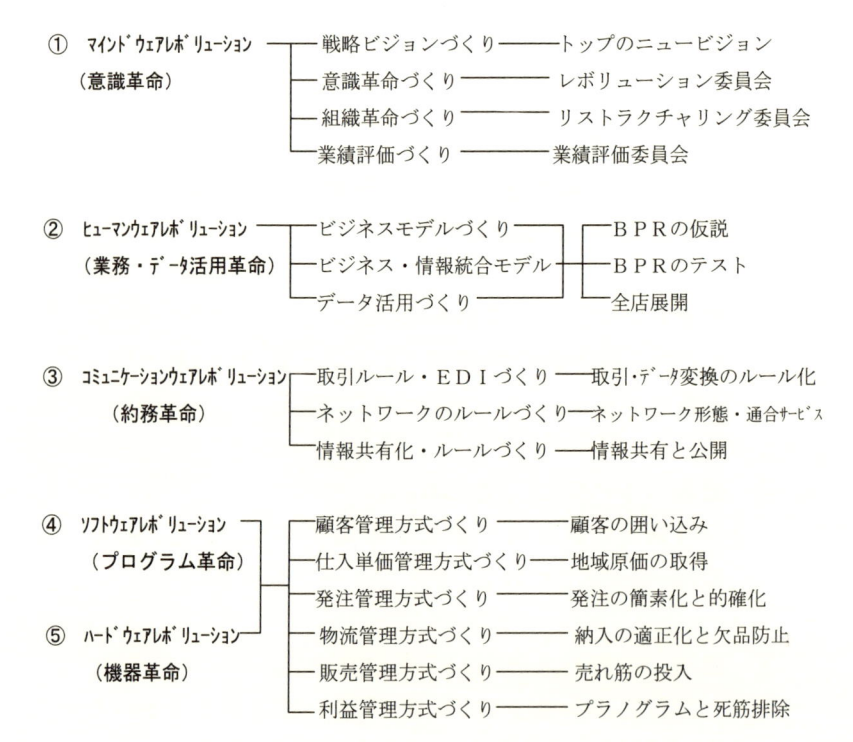

① マインドウェアレボリューション ─┬─ 戦略ビジョンづくり ──── トップのニュービジョン
　　（意識革命）　　　　　　　　├─ 意識革命づくり ────── レボリューション委員会
　　　　　　　　　　　　　　　　├─ 組織革命づくり ────── リストラクチャリング委員会
　　　　　　　　　　　　　　　　└─ 業績評価づくり ────── 業績評価委員会

② ヒューマンウェアレボリューション ─┬─ ビジネスモデルづくり ─┬─ ＢＰＲの仮説
　　（業務・データ活用革命）　　　　├─ ビジネス・情報統合モデル ├─ ＢＰＲのテスト
　　　　　　　　　　　　　　　　　└─ データ活用づくり ──── └─ 全店展開

③ コミュニケーションウェアレボリューション ─┬─ 取引ルール・ＥＤＩづくり ─── 取引・データ変換のルール化
　　（約務革命）　　　　　　　　　　　　　├─ ネットワークのルールづくり ─ ネットワーク形態・通信サービス
　　　　　　　　　　　　　　　　　　　　└─ 情報共有化・ルールづくり ── 情報共有と公開

④ ソフトウェアレボリューション ─┬─ 顧客管理方式づくり ──── 顧客の囲い込み
　　（プログラム革命）　　　　　├─ 仕入単価管理方式づくり ── 地域原価の取得
　　　　　　　　　　　　　　　├─ 発注管理方式づくり ──── 発注の簡素化と的確化
⑤ ハードウェアレボリューション ├─ 物流管理方式づくり ──── 納入の適正化と欠品防止
　　（機器革命）　　　　　　　　├─ 販売管理方式づくり ──── 売れ筋の投入
　　　　　　　　　　　　　　　└─ 利益管理方式づくり ──── プラノグラムと死筋排除

ツール141　伊勢丹の企業理念（2010年の伊勢丹のあるべき姿）

根本精神＝＜道義を守り、奉仕の心を持つ、企業経営＞

企業スローガン＝＜毎日が、新しい。ファッションの伊勢丹＞
　　　　　　　　Isetan gives new meaning to fashion

企業ビジョン＝＜伊勢丹は、人々とともに感じ、ともに考え、と
　　　　　　　もに歓び、明日の暮らしを創造する。＞

企業の姿勢＝＜私たちは「お客様第一」から出発し＞
- 「質の高い満足感」をさしあげる、最良の品ぞろえとサービスをいたします。
- 「健全な企業体質」を保っていくために、一人一人が努力します。
- 「あたらしさへ挑戦」し、現状に満足せず、勇気をもって仕事にあたります。
- 「良識ある社会人」として、高い倫理観と美しい心をもって行動します。
- 「かけがえのない環境」を守り、それを次の世代へつたえていくように努めます。

ツール144　マネジメント力

●企業再生トップに近づくためのチェックポイント２０（日産自動車）

分析力・着想力	① 変革の重点や道筋を考え、問題意識や経験に照らして確信と情熱が持てるか	
	② 従業員が具体性を感じるような言葉でビジョンを伝えられるか	
	③ 資本調達コストや与信管理のあるべき姿についても議論できる理解力があるか	
	④ 財務力や事業規模の身の丈に見合った事業構造や取引先の選択と集中を判断できるか	
情報収集力・観察力	⑤ 20～30代社員と率直に話し合える機会作りに向け活発に動き回っているか	
	⑥ たまには、あえてトップらしくない行動を見せて社員に「話しやすい人」という驚きを与えられるか	
	⑦ 現場社員の意見をやみくもに肯定・否定しようとせず、まず理解しようと努める対話姿勢を徹底できるか	
	⑧ 事業部門長や管理部門から説明を受けたときに、専門的な内容に理解を諦めて丸投げする姿勢を見せたりはしていないか	
	⑨ 社員からの提案や要望のメールには必ず返事をしているか。個別担当者からの返事が後日返ったかどうか確認できているか	
	⑩ 社内に欠けている知恵やノウハウを意識し、外部からの導入の必要性を判断する力があるか	
	⑪ (小売業の場合)店頭の接客の様子や棚割を見て、(製造業の場合)工場の様子を見て、管理上の問題点を自分で認識できる観察力があるか	
説得力・コーチング力	⑫ 所属部署の数字しか意識していない現場社員にも、会社の危機的な数字を理解させることができるか	
	⑬ 企業の課題を各部門別の目標数値や、シンプルな命令に落とし込むことで、個々の現場の「なすべきこと」を明確にイメージさせることができるか	
	⑭ 対話の場を通じて、面従腹背でない問題意識の高い社員を発掘できるか	
	⑮ ビジネスユニットの長に対してコミットメント文化を浸透させているか	
行動力・決断力	⑯ 個別部署の努力では解決できない組織の壁や業務ルールの問題に対し、新しい仕組みを企画できるか	
	⑰ 改革チームなどを邪魔するといわれるマネジャーを調べ、配置転換する方針を貫けるか	
	⑱ マネジャー層に面従腹背の動きがないかをチェックできるよう現場との率直な対話の機会作りを継続できるか	
	⑲ 取引先との折衝などに、時には自ら乗り込む熱意を持っているか	
	⑳ 改革への熱意を自ら維持し、活発に行動する姿勢を保ち続けられるか	

出所：『日経情報ストラテジー』日経BP社

図表148 満足度調査（モーラルサーベイ）

「職場に関する調査」調査結果（個別指数・全体指数の比較）
― ：個別指数（当社の調査結果）
--- ：全体指数（過去95社 6,765人の調査結果）

分類	質問項目	個別指数	全体指数
方針の徹底	①会社の経営方針を知っているか	-0.67	-0.29
	⑥職場の目標や計画は説明されているか	0.63	0.23
	⑩仕事が目標達成に役立っていると思うか	0.77	0.67
	⑮意見や提案は職場の改善に反映されていると思うか	-0.30	-0.31
組織運営	⑪仕事や職場のルールを上司が説明してくれるか	0.33	0.12
	②仕事に関して上司の指示は的確に行われているか	0.29	0.05
	⑦仕事の指図で誰に従ってよいか困る時があるか	0.21	0.34
	⑫会社の規則やルールはこれでよいと思うか	-0.38	-0.43
	㉘現在の仕事は能力や性格に適していると思うか	0.21	0.09
	⑲仕事の範囲や責任が明確になっていると思うか	0.07	-0.13
	㉑小集団活動や提案活動が活発に行われているか	-1.50	-0.54
	⑤職場のマナー、規律を守っているか	1.09	0.78
	㉗いきいきと活気に満ちた職場だと思うか	0.05	-0.38
コミュニケーション	③上司は信頼して仕事を任せてくれるか	0.56	0.50
	⑨あなたは仕事上、上司を信頼しているか	0.37	0.45
	④上司は個人的な相談相手になってくれるか	-0.36	-0.08
	⑭職場には自分の意見を率直に話せる雰囲気があるか	-0.37	-0.08
	㉔他の職場との協力はうまくいっていると思うか	-0.58	-0.51
	⑳仲間の失敗や成功を自分のことのように思うか	-0.02	-0.02
	⑧技術等が向上するよう上司は気を配ってくれるか	0.05	0.07
	㉓会社は社員教育に力を入れていると思うか	-0.29	-0.43
処遇	⑯給与や賞与は同僚に比べて公平だと思うか	0.50	-0.20
	⑰会社は仕事の実績を正当に評価していると思うか	0.39	-0.20
	⑱昇進や昇格の機会が適切だと思うか	-0.44	-0.36
	㉕あなたの職場では休暇は気安く取れるか	-0.33	-0.14
	㉖あなたは会社の福利厚生に満足しているか	-0.50	-0.57
満足度	㉚今後ともこの会社で働き続けたいと思うか	0.38	0.29
	㉒仕事の将来や経営に安心感を持っているか	0.00	-0.24
	㉙会社の動向に関心を持っているか	0.16	0.27
	⑬仕事にやりがいを感じているか	0.49	0.17

出所：中小企業基盤整備機構

ツール169　業績評価
事業部長・課長・担当者業績給算定マトリックス（Ver.3）②

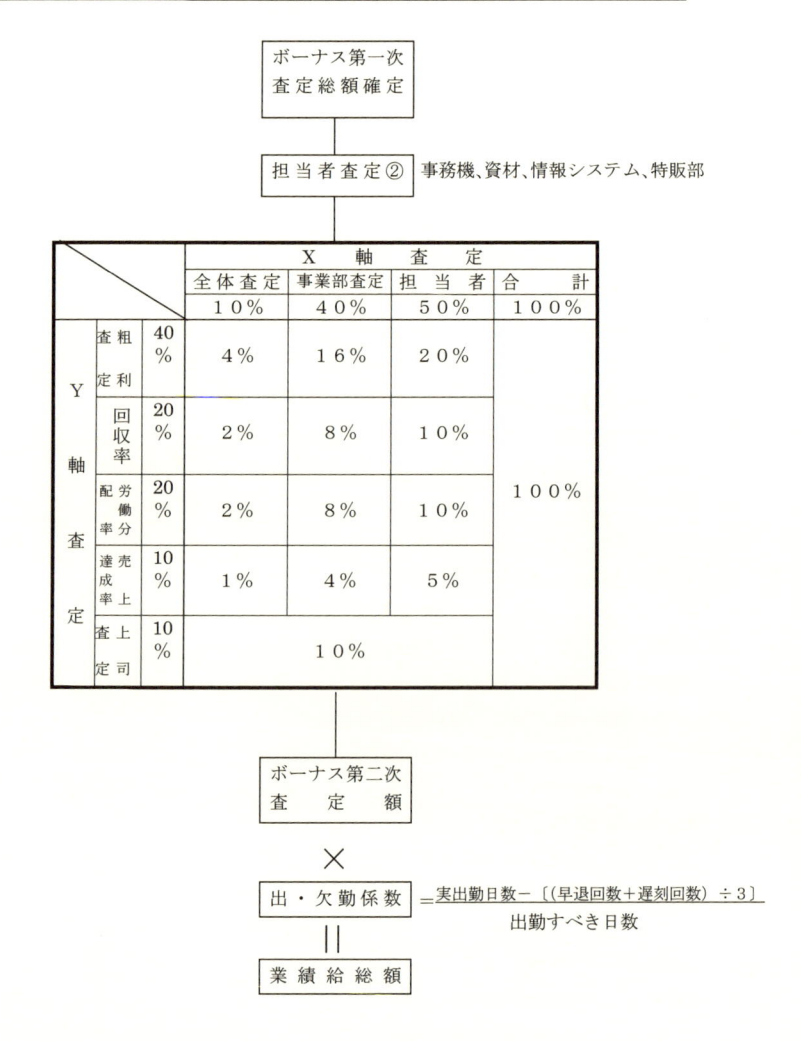

```
┌─────────────┐
│ ボーナス第一次 │
│ 査定総額確定  │
└──────┬──────┘
       │
┌──────┴──────┐
│ 担当者査定②  │　事務機、資材、情報システム、特販部
└─────────────┘
```

			X 軸 査 定			
			全体査定	事業部査定	担当者	合　計
			10％	40％	50％	100％
Y軸査定	査定	粗利 40％	4％	16％	20％	100％
		回収率 20％	2％	8％	10％	
		労働分配率 20％	2％	8％	10％	
		売上達成率 10％	1％	4％	5％	
		上司査定 10％	10％			

```
┌─────────────┐
│ ボーナス第二次 │
│ 査 定 額     │
└──────┬──────┘
       ×
┌──────┴──────┐　　実出勤日数－〔（早退回数＋遅刻回数）÷3〕
│ 出・欠勤係数 │＝────────────────────
└──────┬──────┘　　　　　　出勤すべき日数
       ‖
┌──────┴──────┐
│ 業 績 給 総 額 │
└─────────────┘
```

＊服務規定評価を設定する。

ツール179　ミーコッシュ手法のIT構築プロセスとツール活用の関係（Ver.2）

経営戦略及び情報戦略の併行策定	経営改善・経営改革企画・情報化企画の併行策定	各種資源関連及びシステム開発併行実行	経営改革・テスト導入同時実行	経営改革の運用及びデリバリーを同時実行

- 経営戦略
- ビジネスモデル
- BIIモデルモデル
- 下位情報モデル
- データモデル
- システムアーキテクチャー
- アプリケーションアーキテクチャー
- エンドユーザーコンピューティング
- メンテナンス

ツール182　スマイルカーブ

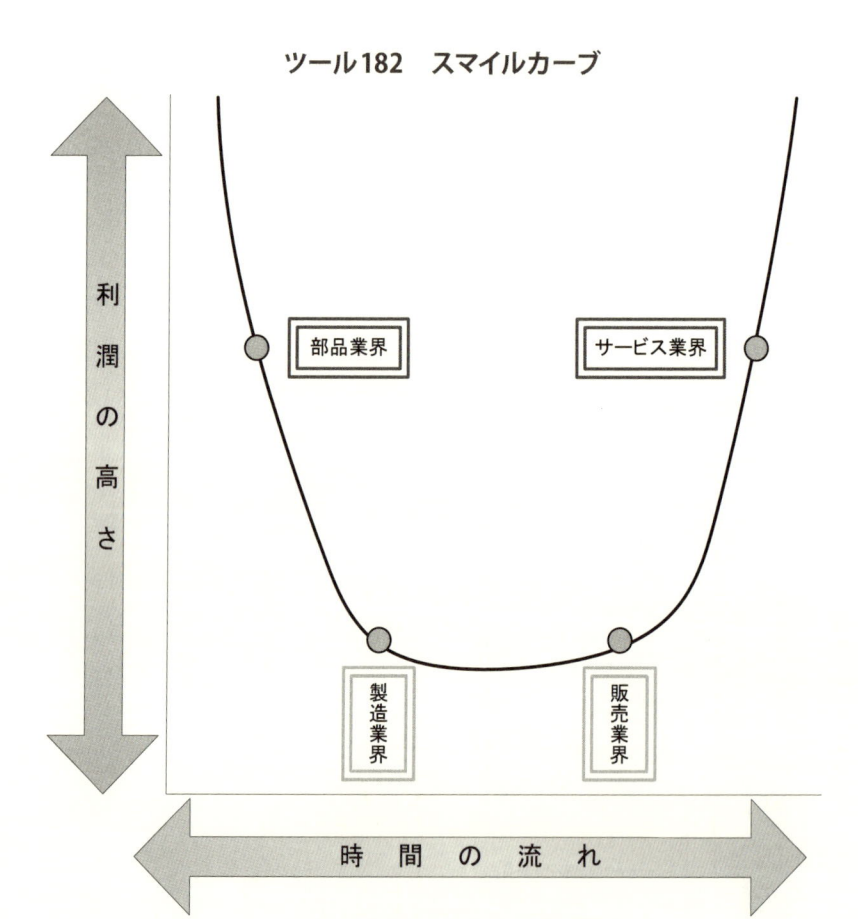

縦軸：利潤の高さ
横軸：時間の流れ

曲線上のポイント：部品業界、サービス業界（高い位置）／製造業界、販売業界（低い位置）

『部品業界とサービス業界は利潤が高いが、製造業界と販売業界は価格競争が激しく、利潤が低い』

出所：小林勇治著『利益を劇的に増やすミーコッシュ導入，活用の具体策』

ツール184　クレジットカード決済機能スマホPOS（Ver.2）

摘　要	従来のPOS／クレジット	スマホPOS／クレジット
必要な装置・準備	Windows POS ハンドスキャナ、POS、クレジット専用リーダー、CAFS（数万円）、プリンター、ドロアー （20万〜30万）	クラウド、スマホ／タブレット、ハンドスキャナ、外付リーダー（無料〜2000円）、プリンター、ドロアー （6万〜10万）
一般的な取引形態	加盟店 ⇔ クレジット会社 クレジットカードごとに個別に契約	加盟店 ⇔ 決済代行会社 ⇔ クレジット会社 スマホ決済:米スクエア、楽天、日本ペイパル、コイニー等
決済手数料	業種や取り扱い商品などにより、加盟店ごとに異なるが5〜8%がとられる	平均で3%前後、場合によっては1%台もありうる。スクエア3.25%、楽天・日本ペイパル・コイニー等は3.24%（13年8月時点）。
加盟店の条件	法人が原則 （事前審査方式）	個人でも契約可能
加盟手続と審査期間	書類や面談の審査 2週間〜1ケ月	Web受付が主流 即日から10日以内

ツール187　5W2Hとは

情報を論理的に分類して、「まとめる」手法のこと

	英語	意味	解説
1	When	いつ？	日時を明確に!
2	Who	誰が、誰に？	だれが、だれに合うのかとか
3	Where	どこで？	場所、どうやって行くか？
4	What	何を？	何の目的で、何を伝えたいか？
5	Why	なぜ、どうして？	どんな理由で、どうしてそれを伝えたいのか？
6	How	どのように	どんな方法で行われるのか？
7	How Mach	いくらで	金額はどれくらいか

ツール193　ティーチングとコーチングの違い

	ティーチング Teaching	コーチング Coaching
目　　的	正解を教える	自分で解決できるように支援する
解決の主体者	ティーチャー （上　司）	クライアント （部　下）
方　法　論	ティーチャー （上司のやり方）	クライアント（部下）個々のやり方
正解のありどころ	ティーチャー（上司）の中	クライアント（部下）の中
コミュニケーションの方向性	一　方　通　行	双　方　向

・共感とは、相手の関心に感心を持つことである。
・共感とは、「相手の目で見、相手の耳で聞き、相手の心で感じること」である。

出所：岩井俊憲著『アドラー心理学によるカウンセリングマインドの育て方』コスモス・ライブラリー

ツール204　組織の活性度判定

No.	組織の特性	硬直化した伝統的組織	生き生きとした変化創造型組織	現状	改革後
1	組織構造	階層型（集権組織）	分散型（ホリステック・チーム）	×	○
2	仕事のプロセス	複雑	シンプル（一気通貫）	○	○
3	個人の仕事範囲	狭い（分業）	広い（多能工化）	×	○
4	組織の役割	管理（コントロール）	自律的（エンパワーメント）	×	○
5	上司役割	管理職	コーチ・リーダー	×	○
6	社員の職業意識	雇われ（労使）	プロフェッショナル	×	○
7	満足させる相手	上司	顧客	×	○
8	評価対象	行動（努力）	結果追求（利益）	×	○
9	報酬形態	月給（時間給）	成果報酬	×	○
10	賢いとされる行動	リスク回避	チャンス創造（高リスク）	×	○
11	ほめられる行動	改善（マニュアル書き換え）	変革（シナリオ書き換え）	×	○
12	企業経営スタイル	維持延長（農耕）	戦略追求（狩猟・騎馬）	×	○

出所：一橋大学大学院客員教授 三枝匡氏

ツール218　契約の諸形態と発注者リスクの関係（Ver.3）

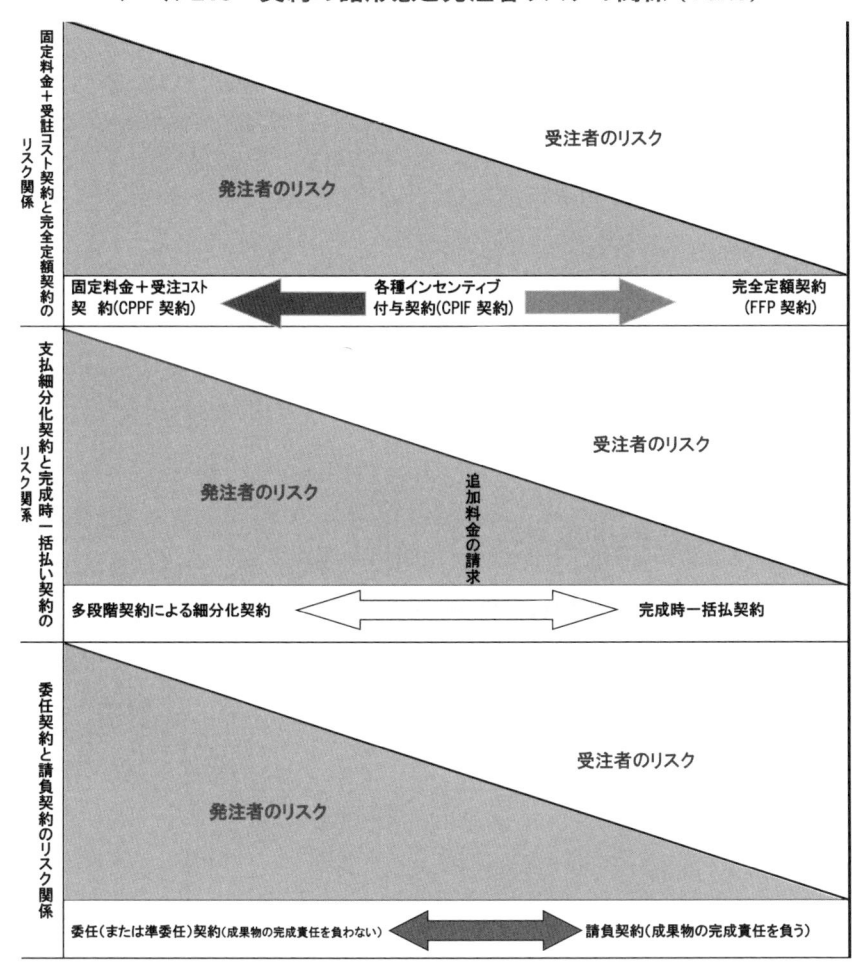

固定料金＋受注コスト契約と完全定額契約のリスク関係

受注者のリスク／発注者のリスク

固定料金＋受注コスト契約（CPPF契約） ←　各種インセンティブ付与契約（CPIF契約）　→　完全定額契約（FFP契約）

支払細分化契約と完成時一括払い契約のリスク関係

受注者のリスク／発注者のリスク／追加料金の請求

多段階契約による細分化契約　←→　完成時一括払契約

委任契約と請負契約のリスク関係

受注者のリスク／発注者のリスク

委任（または準委任）契約（成果物の完成責任を負わない）　←→　請負契約（成果物の完成責任を負う）

<補足説明>
　CPPF：コストプラス・コスト・パッセンテージ契約（Cost－Plus－Percentage－Fee）
　CPFF：コストプラス固定料金契約（Cost－Plus－Fixed－Fee）
　CPIF：コストプラス報償付料金契約（Cost－Plus－Incentive－Fee）
　FPIF：コストプロジェクト報償付料金契約（Cost－Plus－Incentive－Fee）
　FFP：完全定額契約（Firm－Fixed　Price（or Lump－Sum））またはFP（Fixed　Price（or Lump－Sum））

ツール221 システム構成図

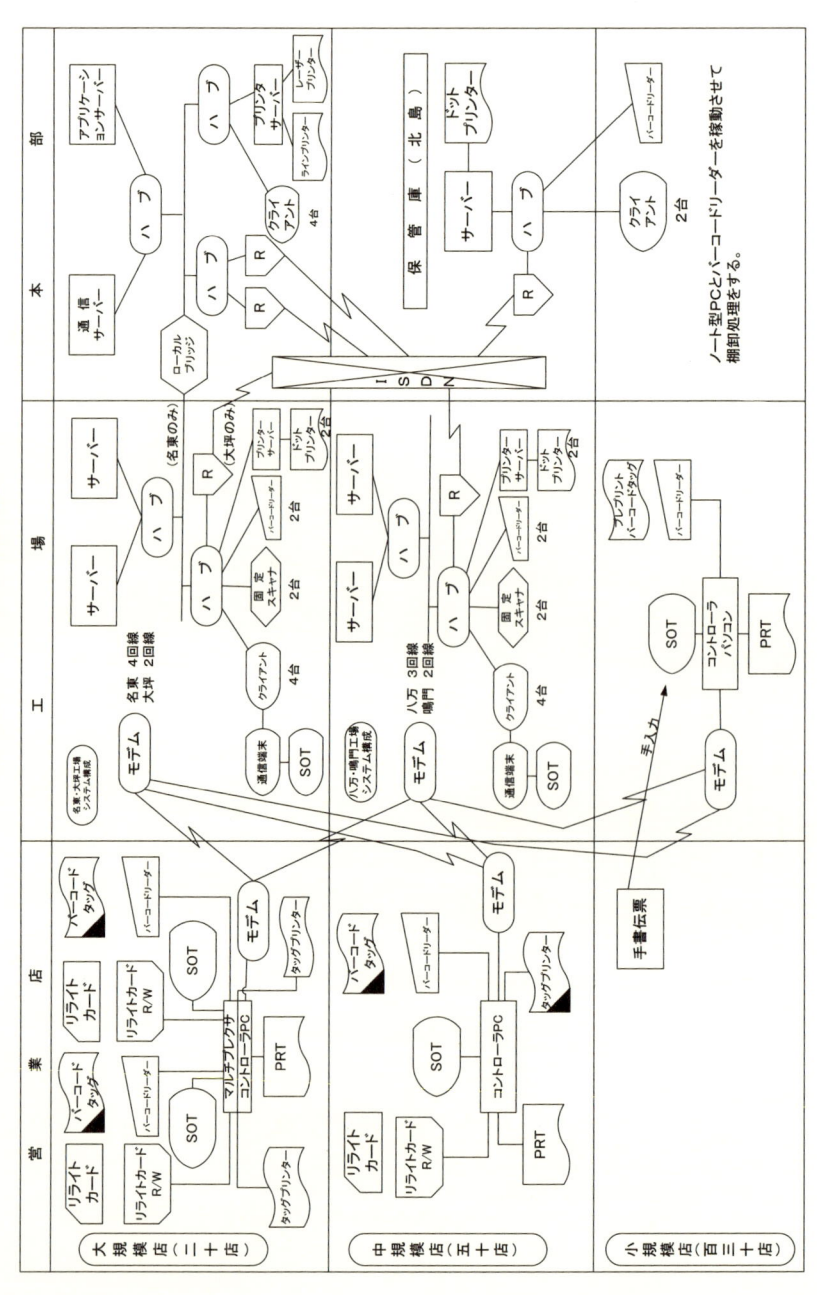

ツール222　ビジネス・情報統合（BII）モデル

ヒューマンウェア（業務プロセス表記）

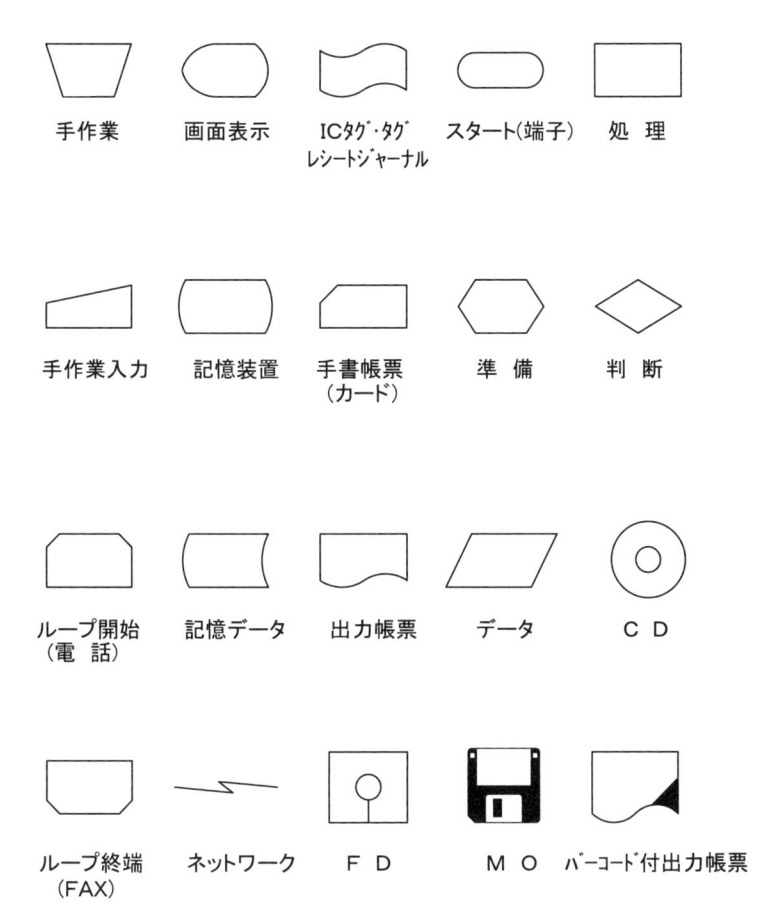

| 手作業 | 画面表示 | ICタグ・タグ レシートジャーナル | スタート（端子） | 処　理 |

| 手作業入力 | 記憶装置 | 手書帳票（カード） | 準　備 | 判　断 |

| ループ開始（電　話） | 記憶データ | 出力帳票 | データ | ＣＤ |

| ループ終端（FAX） | ネットワーク | ＦＤ | ＭＯ | バーコード付出力帳票 |

ツール246　革新物流コミュニケーションウェア (Ver.9) (関東物流センター利用)

	カテゴリー	月	火	水	木	木(セール)	金(セール)	土(セール)	日(セール)	合計
		日用品・カー用品 ペット・文具	インテリア・園芸 (資材家電)	DIY エクステリア	日用品 ペット					
店舗	定番	8:00～10:00	8:00～10:00	8:00～10:00	8:00～10:00					
	セール		1週間前 13:00～14:00							
本部	定番	10:00～11:00	10:00～11:00	10:00～11:00	10:00～11:00					
	セール		1週間前 14:00～15:00							
発信 VAN	定番	11:00～12:00	11:00～12:00	11:00～12:00	11:00～12:00					
	セール		1週間前 15:00～16:00							
受信	定番	12:00～13:00	12:00～13:00	12:00～13:00	12:00～13:00					
	セール		1週間前 16:00～17:00							
ベンダー	定番	16:00～21:00	16:00～21:00	16:00～23:00	16:00～21:00					
出荷	セール		8:00～12:00	8:00～12:00	8:00～12:00	8:00～12:00	同週 8:00～12:00			
物流センター	荷受		9:00～16:00	13:00～16:00	9:00～16:00	9:00～16:00				
	検品 積込			翌週 9:00～12:00						
	配送									
店舗	荷受			3:00～7:00	3:00～7:00	3:00～7:00	3:00～7:00			
	定番			翌週 16:00～17:00						
	セール			7:30～9:20	7:30～9:20	7:30～9:20	7:30～9:20			
店舗	陳列			翌週 17:00～20:00						
	ピース数									

ツール247　新ビジネスモデル

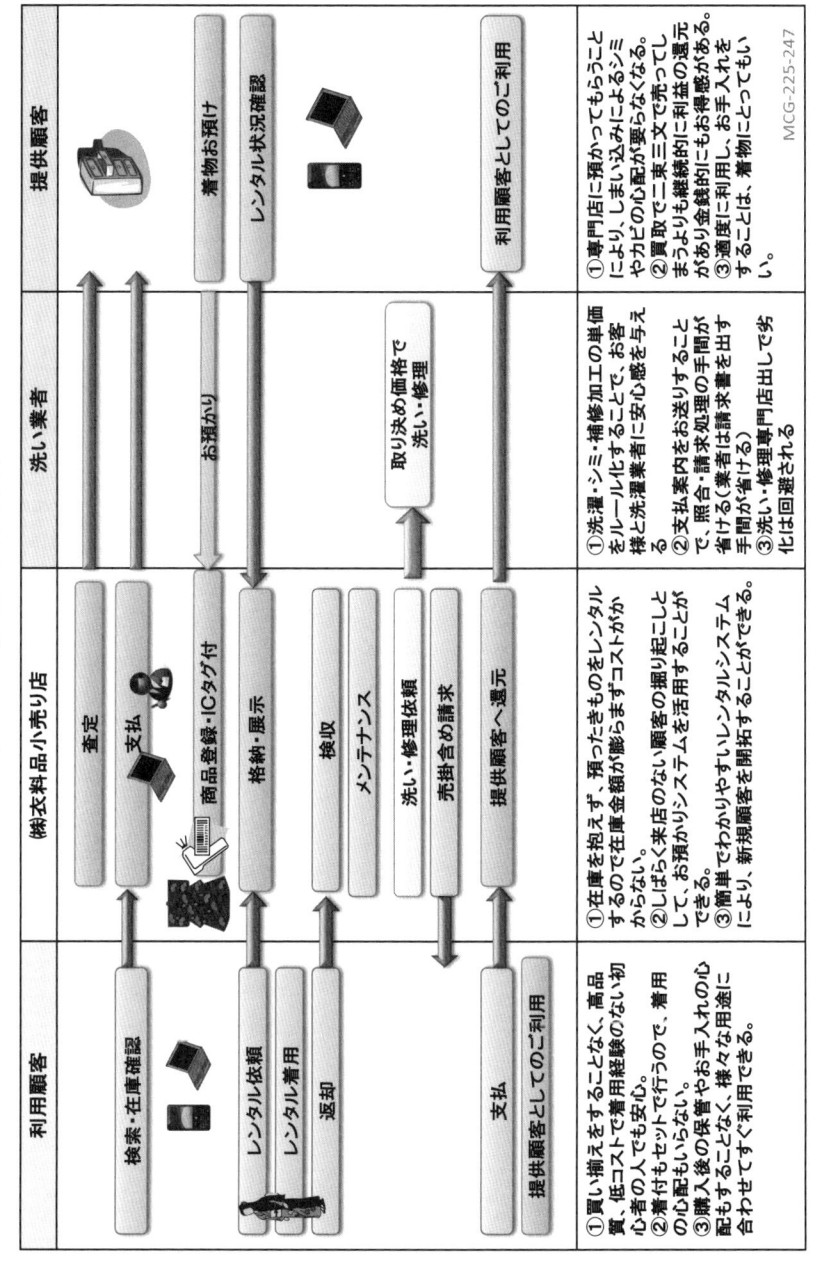

利用顧客	㈱衣料品小売り店	洗い業者	提供顧客
検索・在庫確認	査定 ←		
レンタル依頼	支払 →		着物お預け
レンタル着用	商品登録・ICタグ付		
返却	格納・展示		レンタル状況確認
	検収	お預かり →	
	メンテナンス		
	洗い・修理依頼 →	取り決め価格で洗い・修理	
	売掛金の請求		
支払 →	提供顧客へ還元 →		利用顧客としてのご利用
提供顧客としてのご利用			

利用顧客
①買い揃えをすることなく、高品質、低コストで着用できる初心者の人でも安心。
②着付けセットで行うので、着付けもいらない。
③購入後の保管やお手入れの心配もすることなく、様々な用途に合わせてすぐに利用できる。

㈱衣料品小売り店
①在庫を抱えず、預ったきものをレンタルするので在庫金額が膨らむことがない。
②しばらく来店のない顧客の掘り起こしとして、お預かりのシステムを活用することができる。
③簡単でわかりやすいレンタルシステムにより、新規顧客を開拓することができる。

洗い業者
①洗濯・シミ・補修加工の単価をルール化することで、お客様と洗濯業者にも安心感を与える。
②支払案内をお送りすることで、照合・請求処理の手間が省ける（業者は請求書を出す手間が省ける）。
③洗い・修理専門店出しでも劣化は回避される

提供顧客
①専門店に預かってもらうことにより、しまい込みによるシミやけなどの心配が要らなくなる。
②買取で二束三文で売ってしまうよりも継続的に利益の還元があり返り金銭的にもお得感がある。
③適度に利用し、お手入れをすることは、着物にとってもよい。

MCG-225-247

ツール252　現状販売業務（As-Is・BIIモデル）

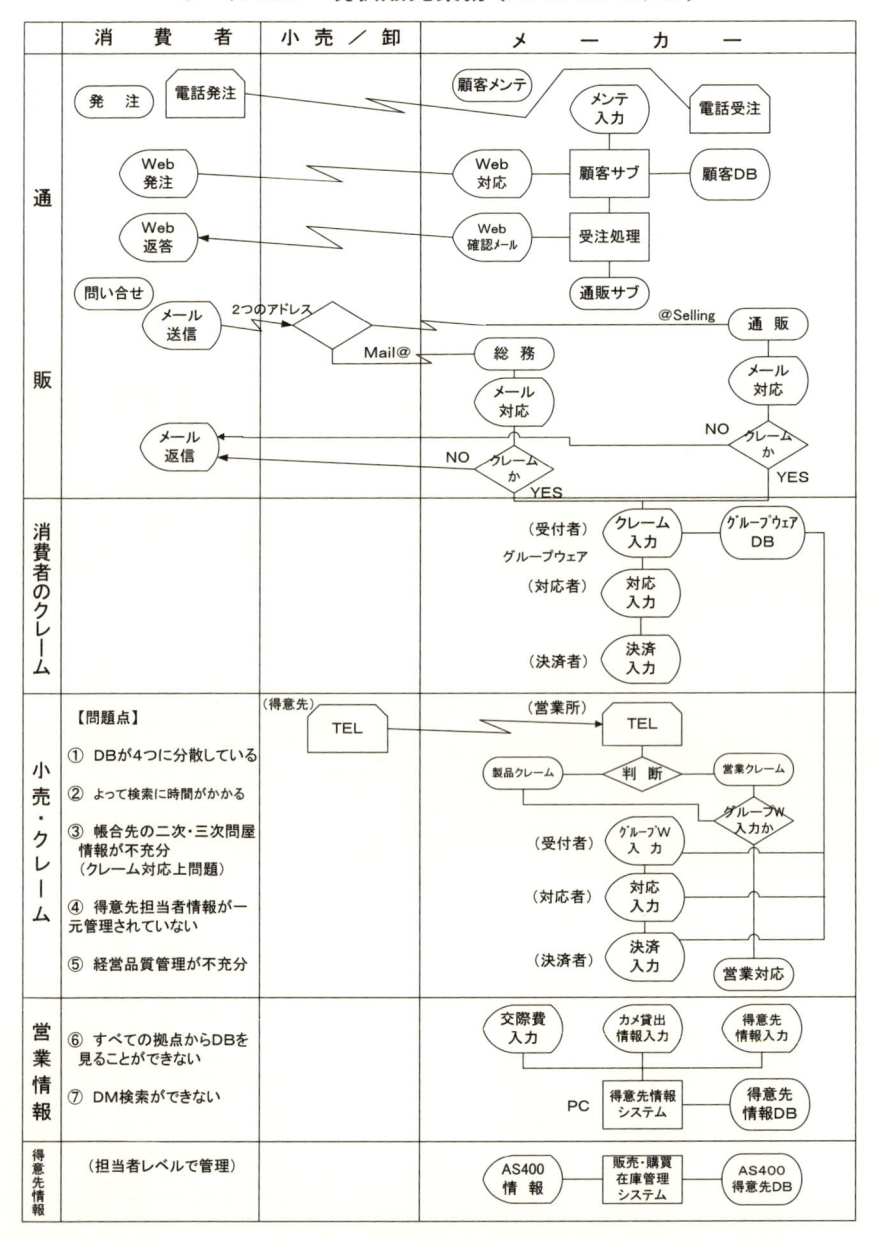

	消費者	小売／卸	メーカー
通販	発注／電話発注／Web発注／Web返答／問い合せ／メール送信	2つのアドレス／Mail@	顧客メンテ／メンテ入力／電話受注／Web対応／顧客サブ／顧客DB／Web確認メール／受注処理／通販サブ／@Selling／通販／メール対応／クレームか（NO/YES）
		総務／メール対応／メール返信（NO）／クレームか（YES）	
消費者のクレーム		グループウェア	（受付者）クレーム入力／グループウェアDB／（対応者）対応入力／（決済者）決済入力
小売・クレーム	【問題点】 ① DBが4つに分散している ② よって検索に時間がかかる ③ 帳合先の二次・三次問屋情報が不充分（クレーム対応上問題） ④ 得意先担当者情報が一元管理されていない ⑤ 経営品質管理が不充分	（得意先）TEL	（営業所）TEL／製品クレーム／営業クレーム／判断／（受付者）グループW入力か／（対応者）対応入力／（決済者）決済入力／営業対応
営業情報	⑥ すべての拠点からDBを見ることができない ⑦ DM検索ができない		交際費入力／カメ貸出情報入力／得意先情報入力／PC／得意先情報システム／得意先情報DB
得意先情報	（担当者レベルで管理）		AS400情報／販売・購買在庫管理システム／AS400得意先DB

294

ツール253　革新販売業務（To-Be・BIIモデル）

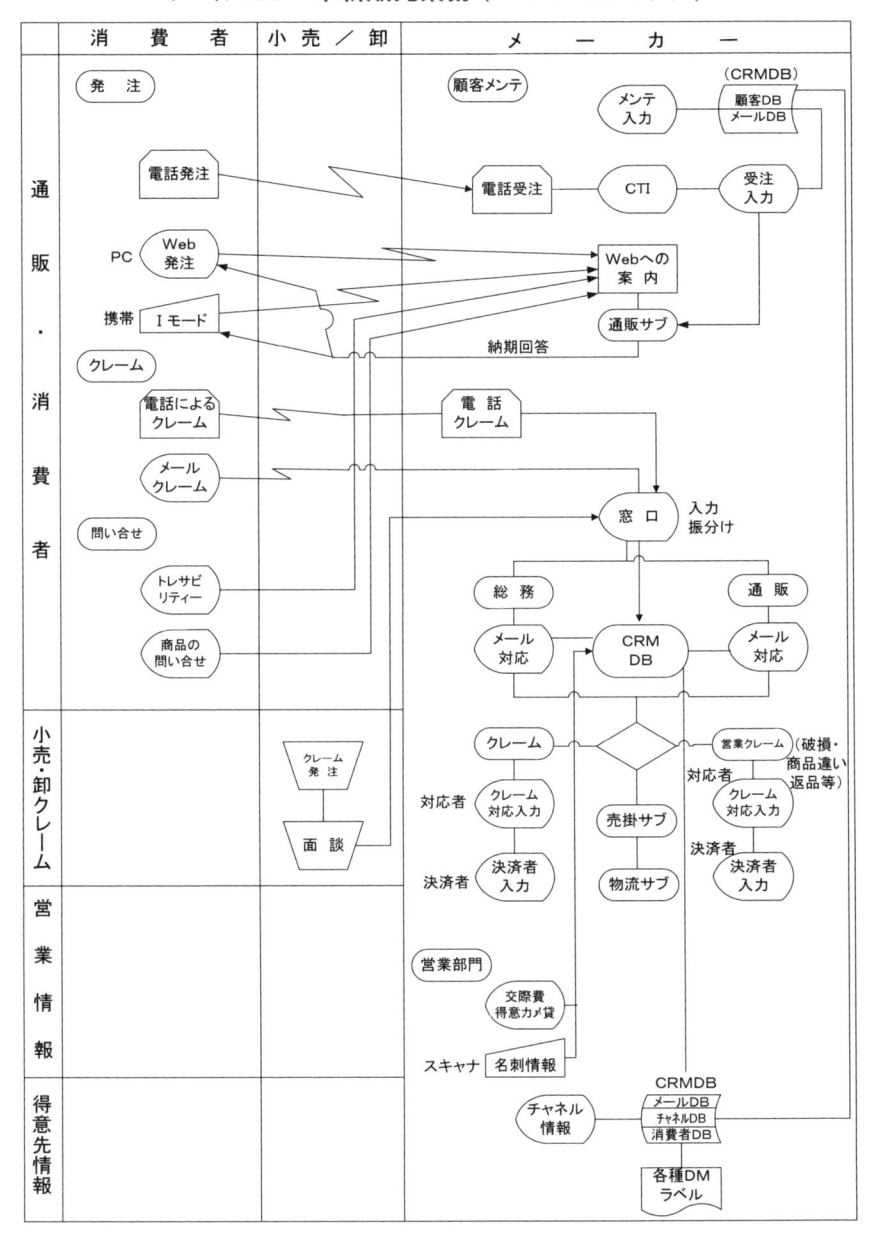

	消費者	小売／卸	メーカー
通販・消費者	発注：電話発注、PC Web発注、携帯 Iモード　クレーム：電話によるクレーム、メールクレーム　問い合せ：トレサビリティー、商品の問い合せ		顧客メンテ：メンテ入力（顧客DB メールDB (CRMDB)）、電話受注→CTI→受注入力、Webへの案内、通販サブ、納期回答、電話クレーム、窓口 入力振分け、総務 メール対応、通販 メール対応、CRM DB
小売・卸クレーム		クレーム発注、面談	クレーム 対応者 クレーム対応入力 決済者 決済者入力、売掛サブ、物流サブ、営業クレーム（破損・商品違い返品等）対応者 クレーム対応入力 決済者 決済者入力
営業情報			営業部門：交際費 得意カメ貸、スキャナ 名刺情報
得意先情報			チャネル情報、CRMDB メールDB チャネルDB 消費者DB、各種DMラベル

〔付属資料①〕ツール集　　295

ツール254　現状・県外販売物流業務（As-Is・BIIモデル）

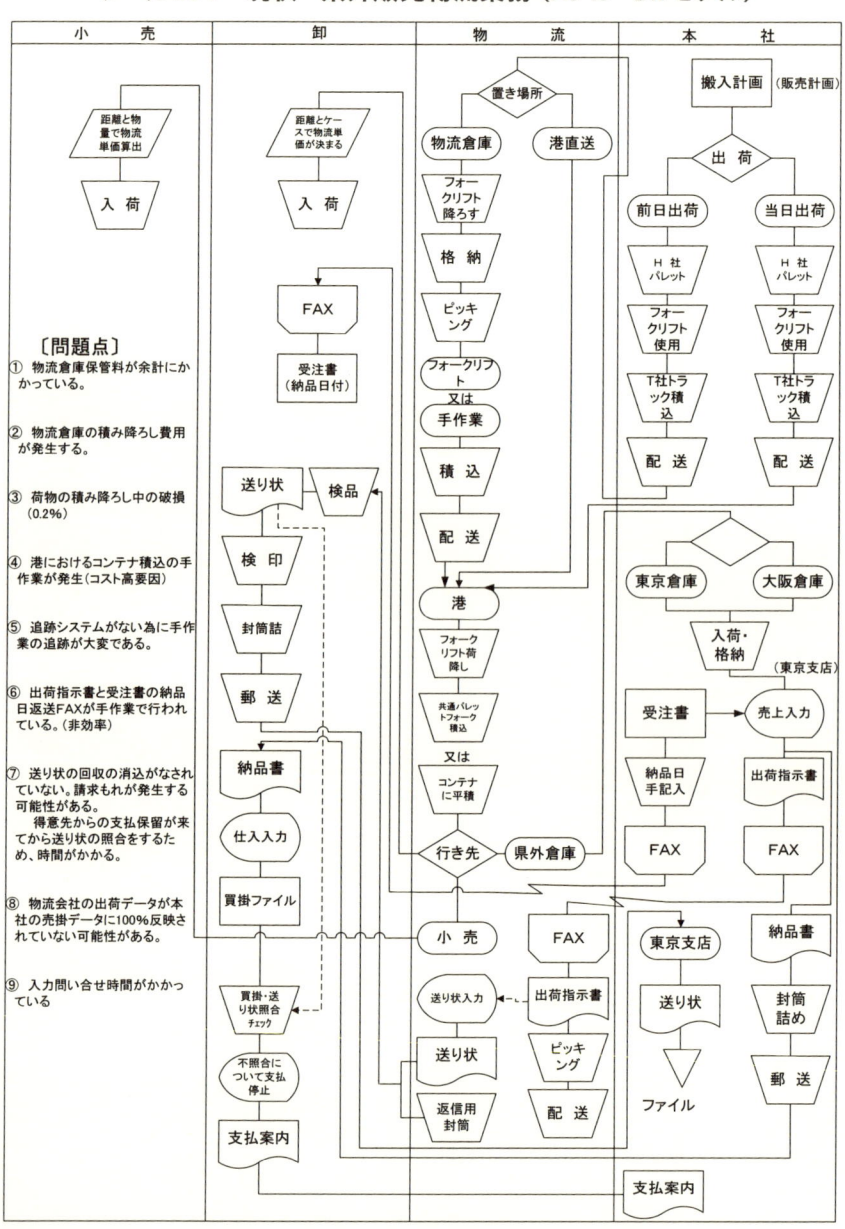

小　売	卸	物　流	本　社

〔問題点〕
① 物流倉庫保管料が余計にかかっている。

② 物流倉庫の積み降ろし費用が発生する。

③ 荷物の積み降ろし中の破損（0.2％）

④ 港におけるコンテナ積込の手作業が発生（コスト高要因）

⑤ 追跡システムがない為に手作業の追跡が大変である。

⑥ 出荷指示書と受注書の納品日返送FAXが手作業で行われている。（非効率）

⑦ 送り状の回収の消込がなされていない。請求もれが発生する可能性がある。
　得意先からの支払保留が来てから送り状の照合をするため、時間がかかる。

⑧ 物流会社の出荷データが本社の売上データに100％反映されていない可能性がある。

⑨ 入力問い合せ時間がかかっている

（小売列）
距離と物量で物流単価算出 → 入荷

（卸列）
距離とケースで物流単価が決まる → 入荷 → FAX → 受注書（納品日付） → 送り状 → 検品 → 検印 → 封筒詰 → 郵送 → 納品書 → 仕入入力 → 買掛ファイル → 買掛・送り状照合チェック → 不照合について支払停止 → 支払案内

（物流列）
置き場所 → 物流倉庫／港直送
物流倉庫：フォークリフト降ろす → 格納 → ピッキング → フォークリフト又は手作業 → 積込 → 配送 → 港 → フォークリフト荷降し → 共通パレットフォーク積込 又は コンテナに平積 → 行き先 → 小売／県外倉庫
小売：送り状入力 → 送り状 → 返信用封筒
県外倉庫：FAX → 出荷指示書 → ピッキング → 配送

（本社列）
搬入計画（販売計画） → 出荷 → 前日出荷／当日出荷
前日出荷：H社パレット → フォークリフト使用 → T社トラック積込 → 配送 → 東京倉庫
当日出荷：H社パレット → フォークリフト使用 → T社トラック積込 → 配送 → 大阪倉庫
→ 入荷・格納
（東京支店）
受注書 → 納品日手記入 → FAX
売上入力 → 出荷指示書 → FAX
東京支店 → 送り状 → ファイル
納品書 → 封筒詰め → 郵送
支払案内

296

ツール256 現状の製品・原材料調達業務（As-Is・BIIモデル）

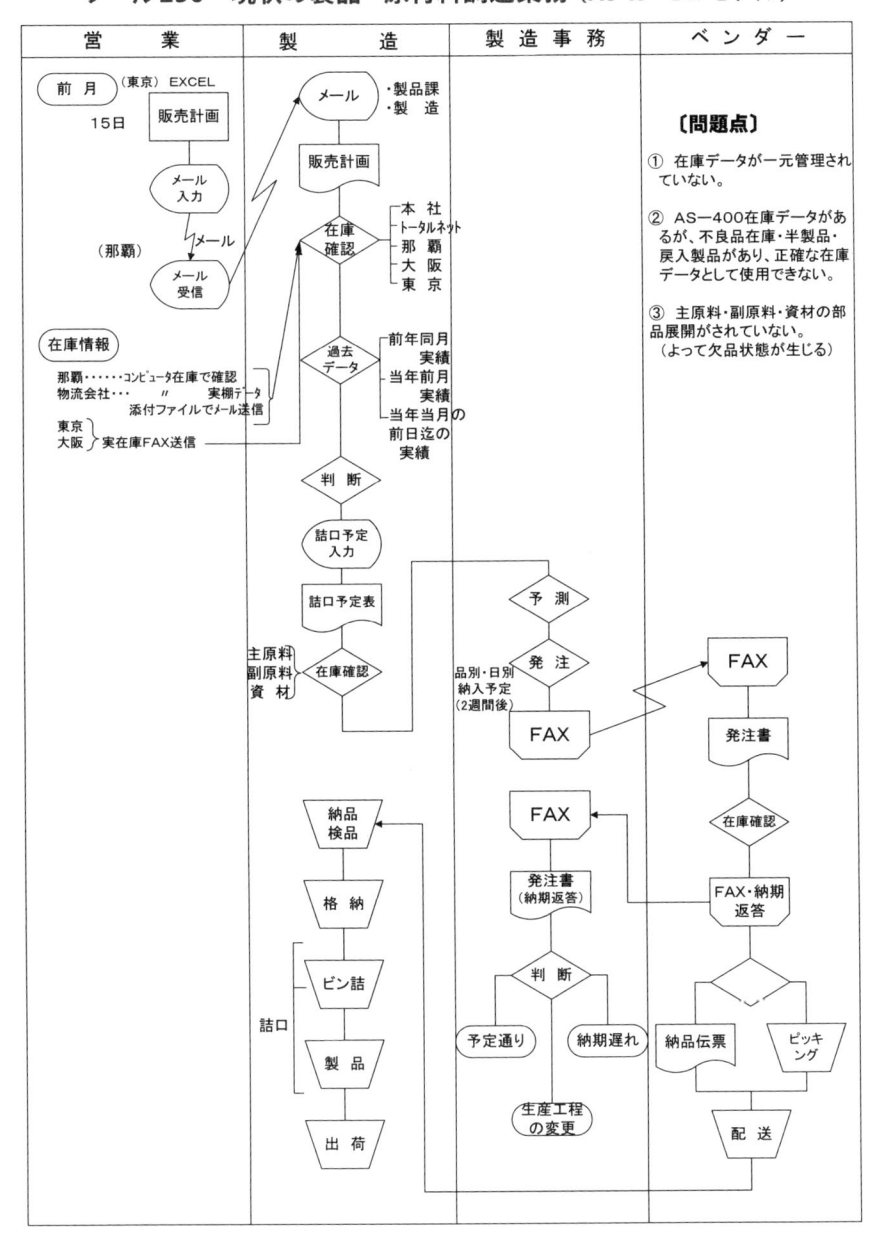

営　業	製　造	製造事務	ベンダー

営業：
- 前月（東京）EXCEL　15日
- 販売計画
- メール入力
- （那覇）
- メール受信

在庫情報
- 那覇……コンピュータ在庫で確認
- 物流会社… 〃 実棚データ 添付ファイルでメール送信
- 東京・大阪 実在庫FAX送信

製造：
- メール（・製品課 ・製造）
- 販売計画
- 在庫確認（本社／トータルネット／那覇／大阪／東京）
- 過去データ（前年同月実績／当年前月実績／当年当月の前日迄の実績）
- 判断
- 詰口予定入力
- 詰口予定表
- 在庫確認（主原料・副原料・資材）
- 納品検品
- 格納
- 詰口（ビン詰／製品／出荷）

製造事務：
- 予測
- 発注　品別・日別納入予定（2週間後）
- FAX
- FAX
- 発注書（納期返答）
- 判断（予定通り／納期遅れ／生産工程の変更）

ベンダー：
- FAX
- 発注書
- 在庫確認
- FAX・納期返答
- 納品伝票
- ピッキング
- 配送

〔問題点〕

① 在庫データが一元管理されていない。

② AS－400在庫データがあるが、不良品在庫・半製品・戻入製品があり、正確な在庫データとして使用できない。

③ 主原料・副原料・資材の部品展開がされていない。
（よって欠品状態が生じる）

ツール257　革新・原材料調達（To-Be・BIIモデル）

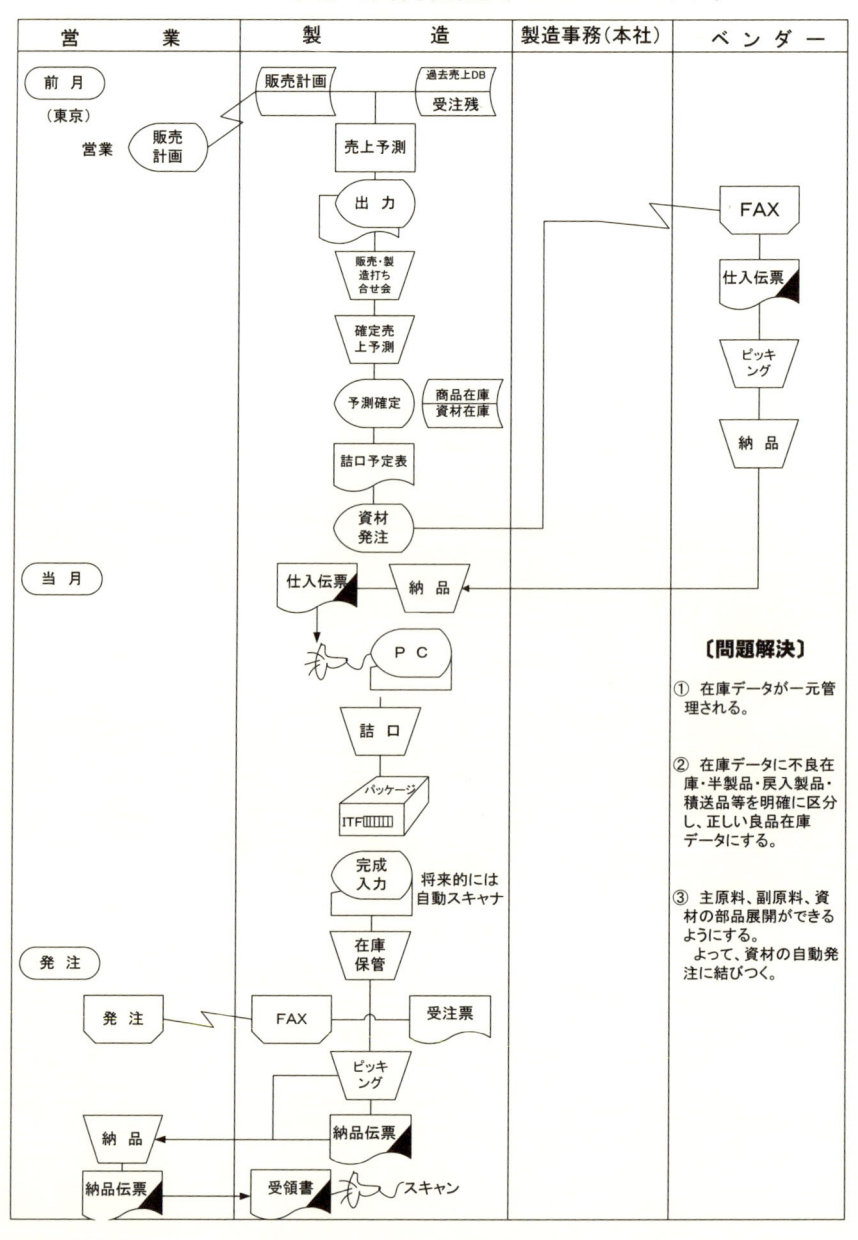

営　業	製　　造	製造事務(本社)	ベンダー

前月
(東京)
営業

- 販売計画
- 販売計画
- 過去売上DB
- 受注残
- 売上予測
- 出力
- 販売・製造打ち合せ会
- 確定売上予測
- 予測確定
- 商品在庫　資材在庫
- 詰口予定表
- 資材発注
- FAX
- 仕入伝票
- ピッキング
- 納品

当月

- 仕入伝票
- 納品
- PC
- 詰口
- パッケージ　ITF
- 完成入力　将来的には自動スキャナ
- 在庫保管

発注

- 発注
- FAX
- 受注票
- ピッキング
- 納品
- 納品伝票
- 納品伝票
- 受領書
- スキャン

〔問題解決〕

① 在庫データが一元管理される。

② 在庫データに不良在庫・半製品・戻入製品・積送品等を明確に区分し、正しい良品在庫データにする。

③ 主原料、副原料、資材の部品展開ができるようにする。
　よって、資材の自動発注に結びつく。

ツール260　ハーバード大学が提唱する戦略の四面体からの洗濯代行の検証

1. 領域(Domain)からの考察
①「クリーニング業」から「家事代行サービス」による生存領域を確立する。
　（又はホームコンシェルジュ）
②その中に洗濯代行も含まれる。

2. 資源展開(Resource)からの考察
①新洗蔵の設備資源の活用、コインランドリーの設備資源の活用ができる。
②新洗蔵に培ったクリーニング知識の知的資産の活用ができる。

3. 競争優位(Competitive Advantage)からの考察
①現状設備を利用できるコスト優位性
②現状人材を利用できるコスト優位性

4. 相乗効果(Synergy)からの考察
①現場資産(新洗蔵・コインランドリー、従業員)を互いに利用し合える
②現セルフの従業員(店舗)の労働生産性を高めることができる
③フルサービス(セルフ)、コインランドリー・洗濯代行とお互いの相乗効果を上げることができる。

出所：米ハーバード大学 ロバート・カッツ氏のマネージャーに求められる能力を参考に作成した。

ツール263　人材活性化カリキュラム

スキル	マインド・スキル		コンセプチュアル・スキル		コミュニケーション・スキル			ヒューマン・スキル	
中分類	基本的能力	問題解決能力	業務管理能力		コミュニケーションカ	対人影響力		業務遂行力	
小分類	トラ退治	判断力	計画力		表現力	リーダーシップ		業務処理能力	
	5S	発想力	業務統卒力		傾聴力	統卒力		業務知識	
	報・連・草	情報理解力	企画力		関係構築力	説得力		技術習熟度	
	行動基準	改善力	戦略設計力		行動柔軟性	交渉力		分析力	
	仁・義・礼・智・信	目的管理力	組織デザイン		対人配慮	ファシリテーション力			
	高い願望と情熱		権限委譲		プレゼン力	コーチング力			
教育時間	管理者	12	30	35		10	20		5
	監督者	12	35	10		20	30		5
	中堅社員	12	30	10		20	30		20
	新入社員	12	―	―		30	―		70
	パート社員	12	―	―		30	―		70

出所：米ハーバード大学ロバート・カッツ氏のマネージャーに求められる能力を参考に作成した。

300

ツール266　問題・課題解決の思考プロセス（洗濯代行進出の例）

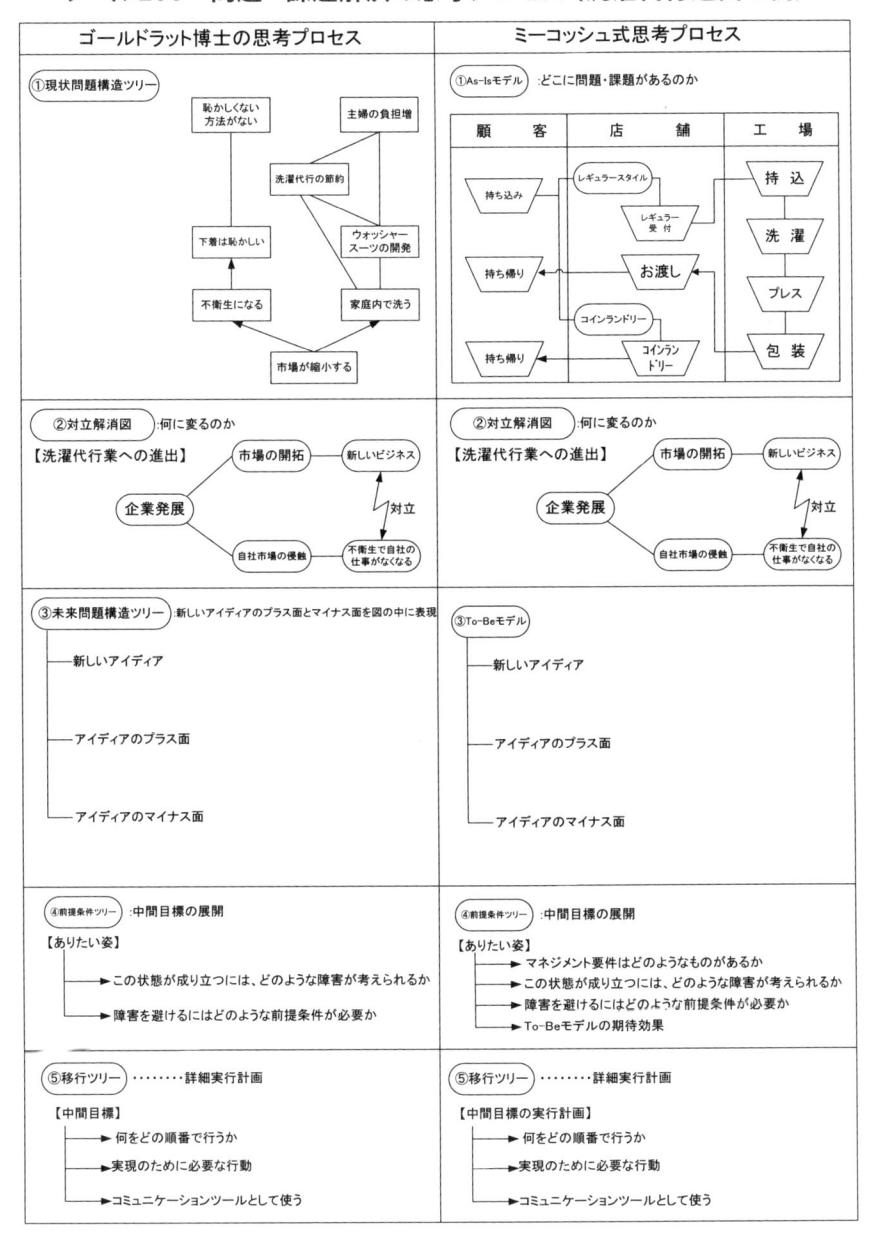

ゴールドラット博士の思考プロセス	ミーコッシュ式思考プロセス
①現状問題構造ツリー	①As-Isモデル：どこに問題・課題があるのか
（恥ずかしくない方法がない／主婦の負担増／洗濯代行の節約／下着は恥ずかしい／ウォッシャースーツの開発／不衛生になる／家庭内で洗う／市場が縮小する）	顧客／店舗／工場（持ち込み→レギュラースタイル→レギュラー受付→お渡し→持ち帰り／コインランドリー→コインランドリー→持ち帰り／持込→洗濯→プレス→包装）
②対立解消図：何に変るのか【洗濯代行業への進出】企業発展―市場の開拓―新しいビジネス／自社市場の侵触―不衛生で自社の仕事がなくなる（対立）	②対立解消図：何に変るのか【洗濯代行業への進出】企業発展―市場の開拓―新しいビジネス／自社市場の侵触―不衛生で自社の仕事がなくなる（対立）
③未来問題構造ツリー：新しいアイディアのプラス面とマイナス面を図の中に表現 ―新しいアイディア ―アイディアのプラス面 ―アイディアのマイナス面	③To-Beモデル ―新しいアイディア ―アイディアのプラス面 ―アイディアのマイナス面
④前提条件ツリー：中間目標の展開 【ありたい姿】 →この状態が成り立つには、どのような障害が考えられるか →障害を避けるにはどのような前提条件が必要か	④前提条件ツリー：中間目標の展開 【ありたい姿】 →マネジメント要件はどのようなものがあるか →この状態が成り立つには、どのような障害が考えられるか →障害を避けるにはどのような前提条件が必要か →To-Beモデルの期待効果
⑤移行ツリー………詳細実行計画 【中間目標】 →何をどの順番で行うか →実現のために必要な行動 →コミュニケーションツールとして使う	⑤移行ツリー………詳細実行計画 【中間目標の実行計画】 →何をどの順番で行うか →実現のために必要な行動 →コミュニケーションツールとして使う

〔付属資料①〕ツール集

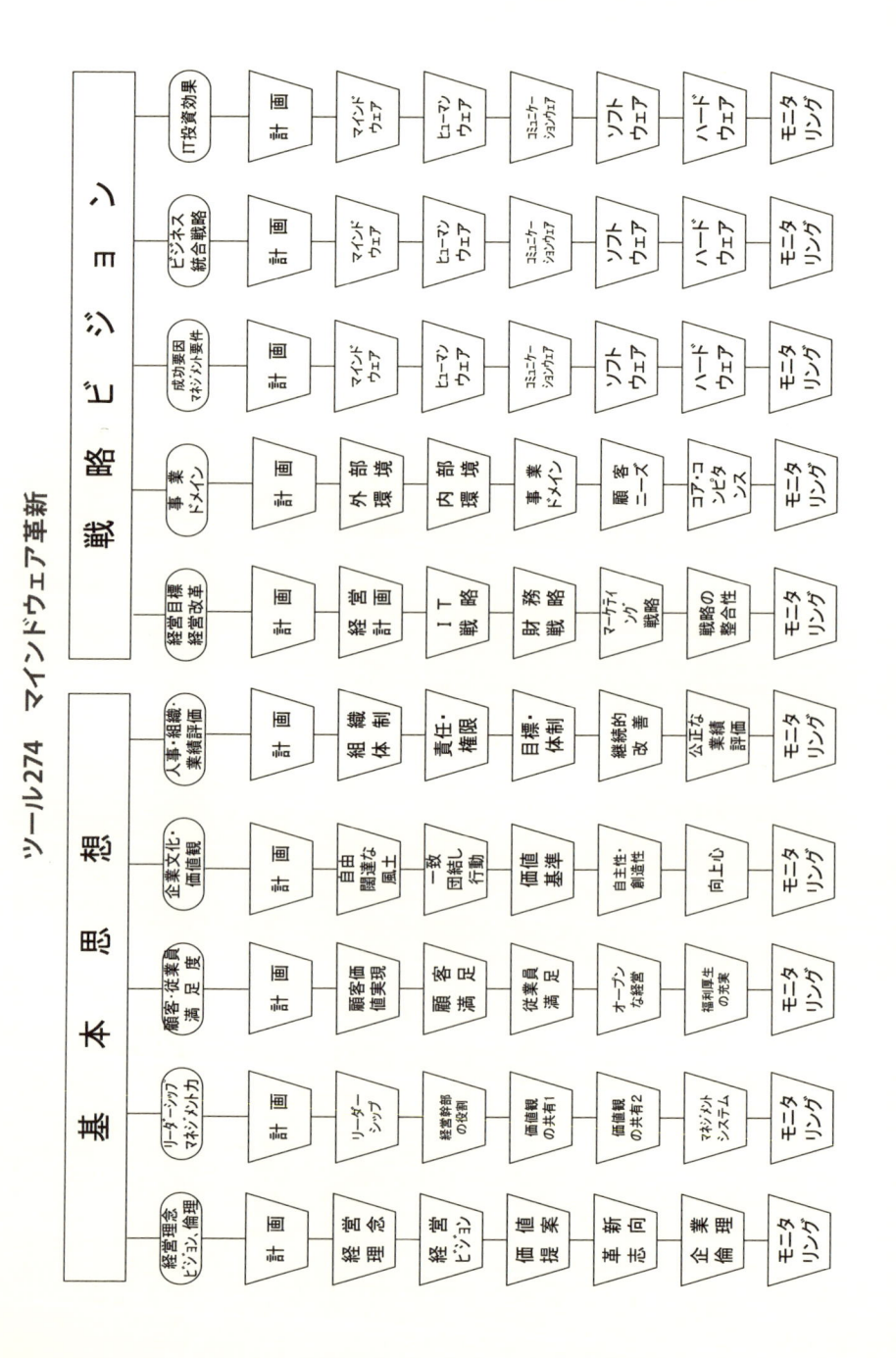

ツール274 マインドウェア革新

基本思想 / 戦略ビジョン	計画						モニタリンク
経営理念・ビジョン、倫理	計画	経営理念	経営ビジョン	価値提案	革新志向	企業倫理	モニタリンク
リーダーシップ・マネジメント力	計画	リーダーシップ	経営幹部の役割	価値観の共有1	価値観の共有2	マネジメントシステム	モニタリンク
顧客・従業員満足度	計画	顧客価値実現	顧客満足	従業員満足	オープンな経営	福利厚生の充実	モニタリンク
企業文化・価値観	計画	自由闊達な風土	一致団結し行動	価値基準	自主性・創造性	向上心	モニタリンク
人事・組織、業績評価	計画	組織体制	責任・権限	目標・体制	継続的改善	公正な業績評価	モニタリンク
経営目標・経営改革	計画	経営計画	IT戦略	財務戦略	マーケティング戦略	戦略の整合性	モニタリンク
事業ドメイン	計画	外部環境	内部環境	事業ドメイン	顧客ニーズ	コア・コンピタンス	モニタリンク
成功要因マネジメント要件	計画	マインドウェア	ヒューマンウェア	コミュニケーションウェア	ソフトウェア	ハードウェア	モニタリンク
ビジネス統合戦略	計画	マインドウェア	ヒューマンウェア	コミュニケーションウェア	ソフトウェア	ハードウェア	モニタリンク
IT投資効果	計画	マインドウェア	ヒューマンウェア	コミュニケーションウェア	ソフトウェア	ハードウェア	モニタリンク

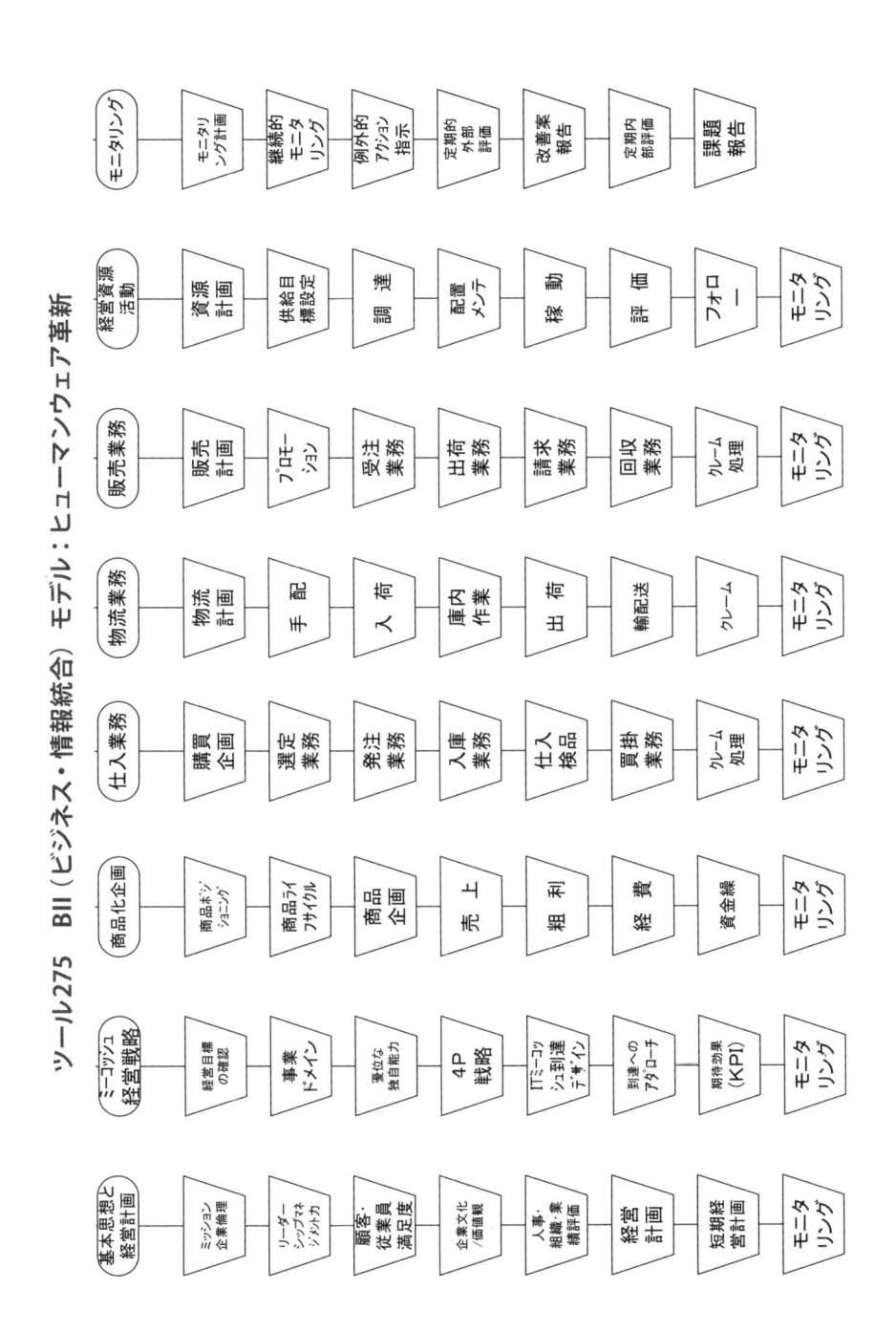

ツール275　BII（ビジネス・情報統合）モデル：ヒューマンウェア革新

モニタリング：モニタリング計画 → 継続的モニタリング → 例外的アクション指示 → 定期的外部評価 → 改善案報告 → 定期内部評価 → 課題報告

経営資源活動：資源計画 → 供給目標設定 → 調達 → 配置メンテ → 稼動 → 評価 → フォロー → モニタリング

販売業務：販売計画 → プロモーション → 受注業務 → 出荷業務 → 請求業務 → 回収業務 → クレーム処理 → モニタリング

物流業務：物流計画 → 手配 → 入荷 → 庫内作業 → 出荷 → 輸配送 → クレーム → モニタリング

仕入業務：購買企画 → 選定業務 → 発注業務 → 入庫業務 → 仕入検品 → 買掛業務 → クレーム処理 → モニタリング

商品化企画：商品ポジショニング → 商品ライフサイクル → 商品企画 → 売上 → 粗利 → 経費 → 資金繰 → モニタリング

ミッションと経営戦略：経営目標の確認 → 事業ドメイン → 優位な独自能力 → 4P戦略 → ITミーツシュ到達デザイン → 到達へのアプローチ → 期待効果（KPI） → モニタリング

基本思想と経営計画：ミッション企業倫理 → リーダーシップマネジメント力 → 顧客・従業員満足度 → 企業文化/価値観 → 人事・組織・業績評価 → 経営計画 → 短期経営計画 → モニタリング

〔付属資料②〕
用語の定義

ABC分析（ABC Analysis）
　商品管理に用いる分析手法。
　品目の多い商品の場合，売上高によって商品をABCの3クラスに分け，各クラスに合致した管理方法によって，効率的な管理を行う方法である。これは，社会現象では，少数の事象が結果の大部分を左右し，大部分の事象は，結果の小部分にのみ影響するという法則にもとづくものである。すなわち，ある商品グループの10～20％の品目が，全売上高の70～90％を占めることが多いため，クラス分析による重点管理を行うものである。

COBIT（Control Objectives for Information and Related Technology）
　米国情報システム内部統制財団が作成した情報技術コントロール目標をいう。
　自社の情報システムを適切に構築・活用するための基準を示し，ITガバナンスの成熟度を測るための国際的な規格をいう。IT関連業務を3,000のプロセスに分類して成熟度を測る。

ECR（Efficient Consumer Response）
　効率的消費者対応といわれている。食品や雑貨の業界にて，メーカー，卸売業者，小売業者が協力し，ITを活用して，サプライチェーン全体を通しての品揃え・商品補充・販促・新商品導入の効率化を実現することをいう。これにより提供価値を高め，消費者のニーズに応えることを目指す。

ICタグ
　小型ICチップに情報を記録する装置の総称。（RFIDと同意語）

IP-VPN（Internet Protocol-Virtual Private Network）
　複数の拠点間を結ぶ通信ネットワークを，インターネットやLANで一般的に使われる通信プロトコル「IP（インターネット・プロトコル）」に基づいて構築する手法のこと。これを実現するために，各通信事業者が提供している通信サービスを「IP-VPNサービス」と呼ぶ。（『日経情報ストラテジー』より）

KGI（キー・ゴール・インディケーター）
　重要達成指標のことで最終到達指標を指す。達成すべき目標をモニタリング可能な

指標の形で示される。

KPI (Key Performance Indicator)

　重要業績評価指標のことで，ITプロセスにおいて，要求事項を達成しているかどうかを把握することができる経過（先行）指標のこと。

QR (Quick Response)

　市場対応型生産・流通システムのこと（NEC総研）。
　消費者ニーズを把握し，その情報を小売店からメーカーへスピーディーに伝える情報システム。消費者ニーズに合った商品をスピーディーに生産し供給しょうとする仕組み。アメリカにおける，主に衣料品業界用EDIシステムの考え方（（財）流通システム開発センター）。
　「SCM」「ECR」については第10章第5節参照。

SWOT分析（スウォット分析）

　分析的に経営戦略を誘導するための技法のこと。企業環境から見た現状分析をするために，強み（Strengths），弱み（Weaknesses），機会（Opportunities），脅威（Threats）に分けて分析し，成功要因と戦略ドメインを求める。

クロスSWOT分析（成功要因の抽出）

　SWOT分析からS（強み）とO（機会）のクロス点を①事前機会を自社の強みにするにはどうするか。SとT（脅威）のクロス点を②脅威を自社の機会に変えるにはどうするか。W（弱み）とOとのクロス点を③機会を自社の弱みで取りこぼさない方策はなにか。WとTのクロス点を④脅威と弱みの補正をするにはどうするかの4つに分けて成功要因を抽出するやり方をいう。

WBS (Work Breakdown Structure)

　プロジェクトの目的を達成するための作業項目をトップダウンの階層で表したもの。WBSを作成することによって，作業項目の漏れを防ぎ，プロジェクトに必要なリソース，費用，期間を明らかにすることができる（日本システムアナリスト協会）。

ウォーターフォール方式
プログラム開発手法の1つで,要求仕様分析,システム設計,テストなどの開発フェーズごとにレビューを行いながら開発していく方法。

売上高
お客が商品やサービスの購入に対して負担した価格の総額のこと。店がお客への奉仕の結果として実現する。売上高には,総売上高と,お客からの返品や値引き高を引いた純売上高とがあるが,通常,売上高というと,純売上高を意味する。

売上高は,客数×客単価の2つに分解され,①お客をふやすことを常に考えること,②客単価は,お客1人当たりの買上個数×販売商品平均単価となり,マーチャンダイジングの基礎の1つとなる。

管理原価
会計上の標準原価とは異なり,営業政策や工場の管理政策のために管理会計上に用いられる原価管理手法。(第10章第5節参照)

限界利益
売上-(製造変動費+営業変動費)

検収
納入品(ハード・ソフト等)が要求仕様に合っているかの検査のこと。検収が済むと発注者は支払義務が発生するので注意する必要がある。

貢献利益
本部経費を差引く前の各カテゴリーにおける粗利益から経費を差引いた利益のこと。

在庫・販売高比率
在庫率ともいわれ,流行商品の月初在庫高を算出する場合等に用いられる。流行商品においては販売高,在高とも季別,月別に大きく変動するから,過去数年間(5年程度)の実績から在高・販売高予算に乗じて各月の月初所要(許容)を算出する。月別在庫め販売高比率は月初在高(小売価)÷当月販売高で求められる。これらの算出方法は,コンピュータによって比較的容易に求められることが可能となる。

札入率

売変ロス管理を効果的に把握するための当初値入率のこと。

月間総仕入売価－月間総仕入原価×100＝月間札入率

月間総仕入原価（第10章第5節参照）

商品回転率

ある特定の期間（通常は1年）に何回，新旧の在庫が入れ替わっているかをみる重要な商品管理計数である。商品回転率は，売上高を平均の在庫売価高で割って求める売価ベースの商品回転率，原価ベースのもの，そして数量ベースのものと3種類の計算式があるが，いずれも，分母，分子とも同一レベルであるから，新旧の在庫の回転をみることができるのである。

事業部利益（貢献利益）

管理可能利益－専有設備費

出荷，出庫（第10章第5節参照）

純利益

純利益は，本来財務会計士の税引き前当期純利益を指す用語である。税引き前当期純利益から法人税などを控除した残りを当期純利益という。（第10章第5節参照）

チャンス・ロス

機会損失。たとえば，在庫があれば必ず売れた商品が，品切れのために売ることができなかった場合の逸失利益。

伝送手順

オンラインデータ交換を行うための通信手法，手続き等の技術的取り決めごと。

統一伝票

ビジネス・プロトコルの標準化のために，複数業界団体で規格を統一した伝票をいう。取引事務の合理化，流通経費の削減を図るのが目的で，現在，幾つかの業界単位で統一伝票が実施されている。代表的な統一伝票には，チェーンストア統一伝票，百

貨店統一伝票があり，最も普及度が高い。また，最近では，買い手側で伝票を発行した伝票によって納入する受発注システムが多くなってきており，それに対応したターン・アラウンド伝票も多く使用されてきている。(図表3-4-2参照)

トレーサビリティ

食品の原料・家畜の飼料や製造業者・飼育業者等の記名や出荷後の流通業者等の追跡管理のこと。

売価変更（Alteration Of Selling Price）

小売業は，仕入れる段階で売価を設定するが，すべての商品が当初の売価どおり販売されるものではない。当初の売価を上げたり，下げたりすることを売価変更という。端境期の処分商品，鮮度劣化の商品，特売などの売価変更がそれである。

発生頻度と商品政策の重要度から，値を下げるほうに重点をおく。値を下げた商品が売れ残ったら元の売価に戻す場合と，元の売価の値打ちがなくなって値を下げる場合があり，前者を「値引き」，後者を「値下げ」という。特に後者は，売価変更をやらないと利益が過大評価される。前者の中の特売目玉の場合，計画性がないのが現状なので，値引きによる利益貢献は少ない。(図表10-5-1参照)

廃棄ロス

店が独自で決めた陳列期間，賞味期間，品質基準などによって廃棄処分された商品の総金額のことを，通常，廃棄ロスという。売価管理をしているとすれば，廃棄処分商品の売価を廃棄処分伝票に記入する，その総金額のことである。

マーチャンダイジングの計数から考えれば，把握された100％の値下げということである。廃棄ロスのロスと棚卸しロスのロスが混同されやすいので注意が必要である。(図表10-5-1参照)

ファシリテーション（Facilitation）

人と人とのインタラクション（相互作用）を活発にし，創造的なアウトプットを出すもの。

ミーコッシュ（MiHCoSH）

英語のミーコッシュ（mecosh）は「私の思い入れた金棒」との意味があるようだ

が，ここで言っている言葉は造語で，情報システムを有効活用するための診断構築支援手法をいう。情報システム全体を①マインドウェア（Mind Ware：戦略，組織，企業文化，業績評価），②ヒューマンウェア（Human Ware：業務プロセス，情報リテラシー），③コミュニケーションウェア（Communication Ware：ネットワーク，EDI，約束ごと），④ソフトウェア（Soft Ware：プログラム），⑤ハードウェア（Hard Ware：機器）の5つの構成要素に分けることに特徴がある（ミーコッシュ（MiHCoSH）は小林勇治の登録商標）。

ミーコッシュ（MiHCoSH）分析・構築手法

情報システムを構築する場合に構成する要素を，①マィンドウェア（Mind Ware），②ヒューマンウェア（Human Ware），③コミュニケーションウェア（Communication Ware），④ソフトウェア（Soft Ware），⑤ハードウェア（Hard Ware）の5つの構成要素に分けて分析しその問題点や課題点を革新しながら解決する「IT総合問題解決手法」をいう（小林勇治が提唱）。

ミーコッシュ（MiHCoSH）革命

ハードウェア，ソフトウェア等の①システムインテグレーションだけでは，IT投資効果が低い。マインドウェア，ヒューマンウェア，コミュニケーションウェア等の②ビジネスインテグレーションにウェイトを置いた革命で，ITの本来の能力を引き出して利益を劇的に改善する全社的革命運動をいう。よって，最終的には情報至福社会の実現を図ろうというものである。

輸入，移入（第10章第5節参照）

利益，粗利益，営業利益（第10章第5節参照）

流通BMS

流通ビジネスメッセージ標準のこと。経産省が主導し，業界団体の検討も加え作成された，流通業界における新しいEDIのガイドライン。通信基盤はインターネット，通信手順は国際標準，取引先／商品コードは国際標準コード体系，データ表現形式はXMLを採用するほか，データフォーマットや業務プロセスなども標準化された。

参考文献

『競争の戦略』M.Eポーター著，土岐坤・中辻萬治・服部照夫訳　ダイヤモンド社
『競争の戦略新訂版』M.Eポーター著，土岐坤・中辻萬治・服部照夫訳　ダイヤモンド社
『コトラーのマーケティング入門第4版』フィリップコトラー，ゲイリー・アームストロング著，恩蔵直人監修　月谷真紀訳　丸善出版
『ITコーディネータ専門知識教材テキスト04　情報化の成熟度』ITコーディネータ専門知識教材共同開発グループ
『ITコーディネータ専門知識教材テキスト09　経営戦略リファレンスモデル1情報化の成熟度』ITコーディネータ専門知識教材共同開発グループ
『ITコーディネータ専門知識教材テキスト10　経営戦略リファレンスモデル2情報化の成熟度』ITコーディネータ専門知識教材共同開発グループ
『ITコーディネータ専門知識教材テキスト14　情報モデルとデータモデル情報化の成熟度』ITコーディネータ専門知識教材共同開発グループ
『ITコーディネータ専門知識教材テキスト16　情報システム運用プロセスとリファレンスモデル』情報化の成熟度』ITコーディネータ専門知識教材共同開発グループ
『日経コンピュータ』2014年10月16日号，2008年12月1日号，2003年11月17日号，日経BP社
『小売業「超POSマーチャンダイジング革命」の具体策』小林勇治著　経林書房
『中小企業にもできる利益を劇的に増やす「ミーコッシュ」導入・活用の具体策』小林勇治著　経林書房
『日本型ECR・QRの具体策と成功事例』小林勇治編著　経営情報出版社
『ニューモラル』№529　モラロジー研究所
『アドラー心理学入門』岸見一郎著　ベスト新書
『CPFRガイドライン』VICS著　公益財団法人流通経済研究所翻訳／出版
『トンデモ"IT契約"に騙されるな』上山浩著　日経コンピュータ編　日経BP社
『疑う技術』藤沢晃治著　PHP新書
『超高速開発が企業システムに革命を起こす』関隆明監修　日経BP社
『日経ITプロフェッショナル』2005年6月号　池田大造稿　日経BP社
『ECR：流通再編のリエンジニアリング』カート・サイモン・アソシエイツ・インク著，村越稔弘監訳　NEC総研
『ファシリテーター養成講座』森時彦著　ダイヤモンド社
米国 The Standish Group 2012年調査
経済産業省　人事給与業務での機能関連図

著者紹介

小林 勇治（こばやし ゆうじ）

明治大学専門職大学院グローバルビジネス研究科修了（MBA），中小企業診断士，ITコーディネータ，日本NCR（株）17年勤務後独立。現在，早稲田大学大学院ビジネス情報アカデミーCIOコース講師，イー・マネージ・コンサルティング（協）代表理事，（株）マネジメントコンサルタンツグループ代表取締役，（一社）中小企業診断協会元副会長，東京都中小企業診断士協会顧問，特定非営利活動法人ITコーディネータ協会副会長，（一社）日本事業再生士協会理事，東京都経営革新優秀賞審査委員長，日本で一番大切にしたい会社大賞審査委員。

著書：『POSのはなし』横浜商工会議所 単著，『小売業超POSマーチャンダイジング革命の具体策』経林書房 単著，『中小企業にも使えるミーコッシュ導入・活用の具体策』経林書房 単著，『日本型ECR・QRの具体策と成功事例』経営情報出版社 編著，『卸売業のインターネット活用の具体策』経林書房 編著，『小売業の情報システム活用の具体策』経林書房 編著，『クラウド時代を勝ち抜くモバイル革新戦略』三恵社 編著，その他146冊の編著。合計153冊。

論文：中小企業診断協会主催シンポジウム「POSシステムを効果的に活用するために」診断協会会長賞受賞（1986年）。中小企業診断協会主催シンポジウム「中小小売業における戦略的POSシステム構築への診断・指導と公・民融合化事例」（1990年）。中小企業診断協会主催シンポジウム「POSソフトメリット追求のためのABCDZ分析と商品ライフサイクル管理」中小企業庁長官賞受賞（1994年）。流通システム開発センター所管第1回情報指向型卸売業研究論文「SCM成功のための業界スタンダードとしての三「GEN」システムの提言」（1998年）。中小企業診断協会主催シンポジウム「期待される中小企業診断士協会化とその実践事例」診断協会会長賞受賞（2004年）。中小企業診断協会シンポジウム「中小企業IT経営革新阻害要因5つのギャップ解消のための提言」中小企業庁長官賞受賞（2011年）。

mail：kobayashi@e-mcg.net
TEL：03-3366-3400
事務所：東京都新宿区西新宿8-14-17アルテール新宿207

2015年7月31日　第1刷発行

中小企業の正しいIT構築の進め方

Ⓒ著 者　小 林 勇 治

発行者　脇 坂 康 弘

発行所　株式会社 同友館

〒113-0033 東京都文京区本郷 3-38-1
TEL.03(3813)3966
FAX.03(3818)2774
http://www.doyukan.co.jp/

落丁・乱丁本はお取り替えいたします。　西崎印刷／萩原印刷／松村製本所
ISBN 978-4-496-05148-7　Printed in Japan

本書の内容を無断で複写・複製（コピー），引用することは，
特定の場合を除き，著作者・出版者の権利侵害となります。